ISBN 978-0-483-76590-0
PIBN 10414845

ANTIGÜEDADES PERUANAS

POR

MARIANO EDUARDO DE RIVERO,

DIRECTOR DEL MUSEO NACIONAL DE LIMA Y MIEMBRO CORRESPONSAL DE VARIAS SOCIEDADES CIENTÍFICAS DE EUROPA Y AMÉRICA

JUAN DIEGO DE TSCHUDI,

DOCTOR EN FILOSOFÍA, MEDICINA Y CIRUGÍA, CABALLERO DE LA REAL ÓRDEN DEL ÁGUILA ROJA, MIEMBRO DE LA ACADEMÍA CESÁREA LEOPOLDINA CAROLINA; DE LA ACADEMÍA IMPERIAL DE CIENCIAS DE VIENA, DE LA DE BAVARIA Y DE MUCHAS SOCIEDADES DE MEDICINA, HISTORIA NATURAL, GEOGRAFÍA Y AGRICULTURA SOCIO EFECTIVO Ó CORRESPONSAL

Los monumentos son como la Historia, y
como ella inviolables. Ellos deben conservar
la memoria de los grandes sucesos nacionales
y ceder tan solo á los estragos del tiempo

Casimir Perrier.

VIENA.

IMPRENTA IMPERIAL DE LA CORTE Y DEL ESTADO.

1851.

AL

SOBERANO CONGRESO

DEL PERÚ.

Señor!

Siglos han transcurrido sin que el Perú posea una coleccion de sus antiguos monumentos arqueológicos, que el tiempo, la codicia y supersticion destruyeron en parte. Estos testigos mudos pero elocuentes, revelan la historia de sucesos pasados y nos muestran la inteligencia, poder y grandeza de la nacion que rigieron nuestros Incas.

Cábenos el distinguido honor de ser los primeros en presentar este trabajo, fruto de algunos años, aunque no con la extension y perfeccion que deseabamos; y al dedicarlo á la

Soberanía Nacional, nos asiste la confianza de que merecerá benévola acojida.

Acceptad, Señor, el pequeño tributo de nuestros desvelos y las consideraciones

de

Vuestros atentos y obsecuentes servidores

Mariano Eduardo de Rivero.   Dr. Juan Diego de Tschudi.

PROLOGO.

La historia de las naciones, ó de los siglos en que vivieron, no solo interesa por saber á qué grado de poder y cultura llegaron estas y de qué medios se valieron los que las regían para subyugarlas, ó engrandecerlas; sino tambien, para instruirnos de sus progresos en el comercio, artes y ciencias, palancas poderosas y únicas que cultivan el entendimiento, desarrollan las riquezas naturales, allanan los obstáculos y preparan á los pueblos para el goze de una libertad racional.

El código que gobernaba la antigua Nacion Peruana, dictado por su primer fundador Manco-Capac y ampliado por sus sucesores, fijó las bases de la felicidad pública de que disfrutaron durante algunos siglos sus descendientes; mas no las de la libertad política que mueve, inspira grandes ideas, propaga las luces, y ensancha la esfera de nuestros conocimientos.

Su gobierno teocrático cuidaba de que no desmayase el culto á la Divinidad que adoraban y de que se extendiese por todas partes, medio que eligieron, como otros monarcas del viejo mundo, como el mas adecuado para afianzar su poder; que la moral no se relajase tolerando el desórden; que la agricultura y la industria adelantasen; que las obras públicas se construyesen, conservándose las que existian; por último, que nadie pudiese estar sin ocupacion y sin ser útil al Estado y á sus semejantes. Reyes y Pontífices á la vez, mandaban en nombre del Sol con absoluta indepedencia; mas no por esto se sobrepusieron á las leyes de justicia y humanidad.

Estudiar, pues, instituciones tan benéficas sobre los mismos lugares; examinar sus monumentos arqueológicos; poseer un conocimiento exacto de su idioma, religion, leyes, ciencias y costumbres, como de todo aquello que tiene relacion con el Imperio Andino, fué el plan que nos propusimos al volver á pisar el suelo de los Incas.

Muchos fueron los obstáculos que se oponian para realizarlo: 1º las disenciones políticas que se sucedieron unas á otras, teniendo al pais en contínua alarma: 2º los diversos climas, malos é intransitables caminos de la costa y cordilleras; peligros que vencer al visitar sitios abandonados, espesos y tupidos bosques, en que la naturaleza con pródiga mano ostenta su profusion y poder fertilizador, presentando árboles que parecen servir de puntales al techo celeste: 3º la falta absoluta de un itinerario, ó guias instruidos que nos indicasen las localidades y las antigüedades dignas de observarse; pero nada pudo arredrarnos para insistir en nuestro intento, y presentar al público una obra sobre las Antigüedades Peruanas.

En 1841 dijimos hablando de este asunto: „Ojalá algun dia pueda tener la satisfaccion de participar á mis compatriotas que se halla completa y publicada esta coleccion, que á mi entender es de alguna importancia" *). Vaticinio que se ha realizado á los diez años, con inmenso trabajo y grandes sacrificios pecuniarios.

Durante algunos años estudiamos los monumentos antiguos, recogiendo con indecible anhelo cuantas curiosidades del tiempo de los Incas pudimos conseguir, mandando dibujar y pintar todas las que existian en poder de Peruanos y estranjeros. Concluido trabajo tan penoso, impetramos de los Gobiernos Peruanos auxilios para publicarlo, no pudiendo por sí solos llevar al cabo empresa tan costosa. La suma que se nos concedió fué tan pequeña que no alcanzó para sacar las copias de algunas láminas, y por consiguiente quedó encajonado el manuscrito hasta el año de 1850.

Decididos á hacer cualquier sacrificio por no privar al Perú y demas naciones de esta coleccion, que da una idea exacta del poder de sus monarcas é industria de sus súbditos, escribimos á D. Francisco de Rivero, Encargado de Negocios de la República Peruana, cerca de su Majestad Británica, para que se publicase de acuerdo con el Dr. J. D. de Tschudi. ¡Cuantos fueron estos sacrificios pecuniarios, lo juzgará fácilmente el lector que recorra el hermoso átlas que acompaña al texto, y por lo ocurrido despues de haberse presupuestado los gastos!

Comenzado el trabajo de las láminas por uno de los mas distinguidos artistas de Viena, se nos informó, que no podia seguirse con la impresion, á causa de haber subido el precio del papel y la mano de obra, debido á los acontecimientos políticos de los años pasados,

---

*) Antigüedades peruanas; parte Iª, por M. E. de Rivero. Lima, 1841. 8º.

que produjeron una reaccion notable en todos los Estados europeos. Se hicieron nuevos desembolsos para su continuacion.

En todos tiempos los Gobiernos que han mirado por el progreso de la ilustracion con el loable objeto de instruir las masas, y de tenèr datos exactos sobre la historia, comercio, artes é industria, protejieron empresas que tienden á este fin. La mayor parte de los Gobiernos que han regido la República Peruana, teniendo en su seno hombres distinguidos, han estado animados de estos mismos sentimientos y deseos, tanto mas, cuanto veian que la República de Chile mandó publicar por el infatigable Mr. Gay su historia natural y política, y que Bolivia favoreció en cuanto pudo los trabajos interesantes del naturalista d'Orbigny; pero esos sentimientos y esos deseos de nuestros Gobiernos, han sido desgraciadamente estériles á causa de la anarquía que ha dominado el pais por tantos años. Sin embargo se ha dado ya principio, para llenar en parte el vacío.

El Dr. J. D. de Tschudi, miembro de varias Academias de ciencias, é ilustrado viagero europeo, dió á luz en 1846 y 48 sus investigaciones sobre la Fauna Peruana, obra en folio de setecientas páginas, y de setenta y dos láminas iluminadas, la cual trata de los cuadrúpedos, aves, reptiles y peces del Perú, y otros trabajos de historia natural (antigüedades, filología y medicina), siendo muy apreciables las de las razas primitivas de la América Meridional. Prescott con su acostumbrada maestría nos ha dado una historia de la conquista con documentos y pormenores interesantes.

Nos es grato recordar el interes que han mostrado los SS. Don Manuel Ferreyros y Don Francisco de Rivero para la publicacion de esta obra; la generosidad con que los Señores Weddel, Rugendas y

Pentlandt nos han franqueado algunos croquis y dibujos, y el empeño del Dr. Tschudi en la coordinacion del texto que se le dirigió del Perú, agregando las observaciones sobre los cráneos peruanos, lengua quichua, religion etc., que podían. sugerirle su saber, su vasta instruccion y las copiosas obras y manuscritos de la Biblioteca Imperial de Viena que ha tenido á su disposicion; elementos de que carecemos en el Perú.

No era solo nuestro objeto dar una descripcion de las ruinas de edificios suntuosos, tristes reliquias de la grandeza y poder del imperio de los Incas, de sus ídolos y artefactos encontrados en las huacas y túmulos; sino el cuadro de una nacion sumamente interesante por su historia trágica.

La descripcion de las instituciones políticas, del sistema religioso, de sus ceremonias, de las ciencias y artes cultivadas por los Peruanos, ofrecerán á los investigadores un apoyo para sus trabajos, desvaneciendo errores que se hallan á cada paso en los escritos de autores antiguos y modernos, quienes nos los transmiten de relaciones verbales de individuos que se consideran instruidos.

No pertenecemos al número de aquellos ciegos admiradores de la cultura de la Nacion Peruana, que han exagerado las instituciones políticas de los Incas y de los progresos que en las ciencias y artes hicieron sus súbditos; pero tampoco somos partidarios de aquellos historiadores que niegan el desarrollo de facultades en los primitivos habitantes del Perú, considerando tan solo las relaciones de los antiguos cronistas españoles como meras fábulas.

La comparacion concienzuda de estas relaciones con los restos de la antigüedad peruana, y las consecuencias que se sacan, forman la base de este trabajo. Bien conocemos que no ofrecemos al público una obra que deje exhausta la rica materia que hemos tratado. La dificultad de las investigaciones, la de carecer de traducciones verdaderas de los quippos en que estaban consignados los hechos notables de su historia y los datos de su Estadística, en fin los cuantiosos gastos que requieren obras de esta clase, solo se pueden vencer por el concurso de los sabios y por los poderosos subsidios de los Gobiernos. No dudamos que la Nacion Peruana, al recorrer la obra, apreciará nuestras pequeñas vigilias y patrióticos sacrificios, como igualmente sabrá excusar algunas ligeras imperfecciones concernientes á la tipografía, consecuencia inevitable de haber sido impresa en una capital en que es estrangero el idioma español.

TABLA DE LAS MATERIAS.

Dedicatoria.

Prólogo.

Capítulo primero.

Relaciones de ambos hemisferios entre sí ántes de los descubrimientos de Colon pág. 1.

Capítulo segundo.
Antiguos habitantes del Perú pág. 21.

Capítulo tercero.
Consideraciones sobre la historia del Perú precedente á la llegada de los Españoles pág. 37.

Capítulo cuarto.
Sistema de Gobierno é instituciones políticas de los Incas pág. 67.

Capítulo quinto.
La lengua quichua pág. 86.

Capítulo sexto.
Cultura científica bajo la dinastía de los Incas pág. 120.

Capítulo séptimo.

Sistema religioso de los Incas pág. 143.

Capítulo octavo.

Ceremonias religiosas pág. 186.

Capítulo nono.

Estado de las artes entre los antiguos Peruanos pág. 210.

XIV

Capítulo décimo.
Monumentos antiguos pág. 258.

CAPITULO PRIMERO.

Relaciones de ambos hemisferios entre si antes de los descubrimientos de Colon.

Entre todas las ciencias que reclama el estudio de la historia, descuella por su importancia la arqueología, ó sea la ciencia de la antigüedad y sus monumentos, ciencia que, arrancada por los asíduos é ingeniosos trabajos modernos de su estado de crisálida ó período de flaqueza comun á las demas ciencias, ha conseguido rasgar el velo, que cubria los siglos pasados, reconstruir sintéticamente las edades remotas, y suplir á la escasez ó ausencia total de crónicas y tradiciones. En todo el hemisferio occidental, numerosas obras del arte, como otras tantas páginas indelebles, refieren al viajero observador la índole, los acontecimientos, los fastos de la antigüedad americana, con mas veracidad y elocuencia que tantos manuscritos apolillados que duermen en nuestros archivos; al paso que, como antorchas fulgorosas, conducen al historiador filósofo en la noche que envuelve los siglos trascurridos en que se agitaron las primeras sociedades del Nuevo Mundo.

Cuando, acaudillados por el intrépido é ingenioso navegador Cristoval Colon, hollaron por primera vez los Españoles las playas de un orbe hasta entonces desconocido, creyeron que habitaban tan solo esas inmensas regiones razas toscas y salvages; mas no tardaron en desengañarse á consecuencia de expediciones ulteriores, y á convencerse, que las naciones vencidas poseian cierto grado de cultura y recuerdos interesantes.

Ya en los decenios inmediatos á la conquista, algunos varones celosos, miembros los mas de órdenes religiosas, dedicárense á describir fisicamente las nuevas regiones, contar los hechos de los europeos en el Nuevo Mundo, y recopilar las tradiciones y recuerdos de la razas subyugadas, procurando escribir una historia metódica que abrazase los principales acontecimientos de las vastas comarcas que cedieron al valor y pericia de los pueblos del Oriente. Esta última empresa era empero bastante escabrosa, pues siendo la única base las tradiciones de los vencidos, tradiciones confusas, contradictorias, á menudo mezcladas con fábulas y mitos, y á vezes malignamente torcidas y falsificadas, era dificil y casi imposible orientarse en tan inmenso caos; y así no es de estrañar los pocos frutos de los laboriosos afanes de tantos ingenios esclarecidos que se perdieron en tan intrincado y tenebroso laberinto. Los trabajos modernos han sido mas felices, siendo privilegio de nuestro siglo el haber en parte disipado la noche que envolvió la antigüedad del hemisferio occidental, y, gracias á las indagaciones perseverantes de los sabios de nuestros dias, nos consta positivamente que, antes de la llegada de Colon, comunicaban entre si ambos hemisferios.

¿ Cuales eran estas relaciones y que naciones visitaron la América en épocas remotas? Tales son las preguntas que naturalmente se ocurren y á que procuraremos responder eon cierta prolijidad.

Opínase que varias naciones ú hordas estrangeras invadieron el continente americano, y al apoyo de esta asercion han sido alegadas pruebas fundadas, ó en datos históricos irrefutables, ó en inducciones procedentes de la religion, monumentos, constitucion física y lengua de los pueblos del Nuevo Mundo, ó bien en hechos históricos contemporáneos de ambos hemisferios.

Al discutir estos testimonios, tan ingeniosos como doctos, empezaremos por la parte situada al nordeste de la América septentrional, que solo nos ofrece un punto de apoyo irrevocable.

Hace doce años que el secretario de la Sociedad de anticuarios de Copenhágue, Don Carlos Christian Rafn, describió, segun manuscritos escandinavos publicados en las *antiquitates americanae,* los primeros viages que hicieron á la América los Escandinavos en los siglos décimo y undécimo[1]) que consignó probablemente en el siglo duodécimo el sabio obispo Thorlak Runolfson, autor del mas antiguo derecho eclesiástico de Islandia, y biznieto de Thorfinn Karlsefne, que acaudillaba una de las mas considerables expediciones dirigidas al hemisferio occidental. Nos consta por estos datos, que en el año 986, Bjarne Herjulfson, viajando de Islandia á Groenlandia, en aquella época obispado bastante extenso, navegó á lo largo de la costa oriental de la América. Estimulado con sus relaciones, compróle su buque Leif, hijo mayor de Erik el rojo, y empezó en el año mil con treinta y cinco compañeros sus descubrimientos. Llegó Leif á la costa ya descubierta por Bjarne

---

[1]) Don Francisco de Rivero ha traducido al castellano la primera obrita de Rafn sobre estos viages.

que denominó HELLULAND (en el dia New-Foundland); dirigióse
despues al mediodia, y arribó á una costa montuosa que nom-
bró MARKLAND (actualmente New-Scotland, New-Brunswick y
Canadá); de ahí llegó á un litoral muy ameno, donde un aleman llamado TYRKER, indivíduo de la expedicion, halló uvas sa-
brosas en abundancia, y en consecuencia dió Leif el nombre
de VINLAND (tierra de vino) al pays que hoy corresponde á la
costa entre el Cabo-Sable y el Cabo-Code. Volvió á Groenlandia, y en el verano siguiente (1002), emprendió su hermano
THORVALD ERIKSON, en la misma embarcacion, nueva travesía;
visitó las regiones ya descubiertas por su hermano, penetró
mas adelante en el verano de 1004, y cerca del Cabo-Code
(al sudeste de la ciudad actual de Boston), trabó pendencia
con los Scralingueros (Esquimales), pereciendo de un flechazo
que recibió bajo el brazo, y fué enterrado en Gurnes-Point,
parage que él mismo habia indicado, y que, segun el deseo
del moribundo, fué llamado KROSSANES (Punta de la cruz).
En el verano de 1006, emprendió tambien THORSTEIN, hijo tercero de Erik, una expedicion en aquellas regiones; desgraciada
fué la travesía, no pudiendo hallar el litoral, y murió, agoviado
de trabajos, en Groenlandia en el invierno siguiente. En el
año 1007, hízose á la vela una flota de tres buques, que con
160 hombres de tripulacion y bastante ganado, dejó la playa
groenlandesa, capitaneada por los célebres THORFINN KARLSEFNE
y SNORRI THORBRANDSON; y llevando el rumbo ordinario, si bien
inclinándose algo mas al mediodia, permaneció algun tiempo en
la isla de Marthas Vineyard, navegó despues al occidente, y
detúvose dos inviernos en Mount Hope Bay cerca de Sea-
connet, á un grado y medio de latitud mas alla de la Nueva-
York.

Desgraciadamente cesaron en el invierno siguiente las buenas relaciones entre los aventureros escandinavos y los Esquimales: estos atacaron á aquellos con fuerza superior, y hubieran acabado con ellos, si no los hubiese librado de una ruina completa el denuedo de una muger llamada FREYDIS. Este infausto acontecimiento indujo á Karlsefne, á abandonar el plan de fundar una colonia en aquellas costas, y á volver á Groenlandia á principios del año 1011.

Aun mas funesto fué el resultado de otra expedicion que hicieron en el mismo año dos habitantes de Norvega, los hermanos HELGE y FINNEBOGE, los cuales, con treinta compañeros suyos, perecieron á manos del marido de Freydis á impulso de esta muger varonil, que tomó parte en la empresa con 35 Escandinavos.

Pocas y escasas noticias tenemos acerca de las comunicaciones posteriores entre la Groenlandia y la costa nordeste de América. Nos consta, que en el año 1121 pasó á Vinland el obispo groenlandés ERIK; mas nada sabemos de un modo positivo relativamente al tiempo que moró allí, como tampoco al estado de esas colonias, ni á su extension, ni á su grado de progreso ó decadencia. Ello es cierto, que los monumentos, inscripciones, armas, utensilios, herramientas y cadáveres recientemente hallados en los estados de Rhode-Island, Massachussets y otros, atestiguan una entrada de estrangeros en este pais mucho mas considerable, que las que nos refieren los manuscritos citados.

Mayor atencion merecen en nuestro concepto las noticias contenidas en los documentos comunicados por Rafn, las cuales hacen mencion de una nacion que, segun las tradiciones de los Esquimales, habitaba en la cercanía de estos, se vestia de blanco, daba gritos y hacia uso de pértigas con pedazos de paño. Segun una hipótesis verosímil, el pais ocupado por esta nacion era el HVITRAMANNALAND, (el pais de hombres blancos), que se extendia á lo largo de la bahía de CHESAPEAK hasta la Carolina y aun mas allá en la direccion del mediodia. Cuéntase que un recio temporal arrojó en sus playas en 983, al ínclito caudillo ARE MARSON de REYKJANES en Islandia, cuyo biznieto, el célebre erudito islandés ARE FRODE certifica, que habian asegurado á su tio los Irlandeses, segun noticias verbales del Jarl Thorfinn Sigurdson de las islas Orkney, que el nombre de Are Marson era conocido en Huitramannaland, que en esta comarca habia tenido autoridad este intrépido aventurero, mas que no le permitieron regresar á su patria los indígenas. La opinion mas probable es, que una poblacion católica habia cultivado aquellas vastas regiones: así se infiere de las circunstancias de los hombres vestidos de blanco, los gritos que daban estos, y las pértigas con pedazos de paño, pormenores conservados en las tradiciones de los Esquimales y que coresponden á una procesion sacerdotal con cantos y estandartes ó banderas de una comunidad católica. El testimonio del Jarl Thorfinn Sigurdson que confirma la presencia de Are Marson en Huitramannaland señala una comunicacion, aun en los tiempos posteriores, de la Irlanda con esta parte de la América del Norte.

En los mismos manuscritos se nota otra relacion que eleva la hipótesis mencionada al grado de la certidumbre. BJOERN ASBRANDSON con el sobrenombre Breiðvíkíngakappi, socio de la célebre liga de héroes de Jomsburg, y uno de los mas impávidos campeones en la batalla de Fyrisvalle en Suecia, tenia trato ilícito con THURID, hermana del poderoso gefe Snorri

Gode en Fordaa de Islandia, por cuyo motivo se vió obligado á emigrar en el año 999, embarcándose en Hraunhöfen en Snäfellsnes. Empujado por un viento nordoeste, pronto dejó la costa el buque, y por largo tiempo no se tuvo noticia alguna de la suerte de Bjørn que juzgaban sus compatriotas sepultado en el piélago profundo. Sucedió á la sazon, que un mercader islandés llamado GUDLEIF GUDLAUGSON, hermano de Thorfinn, cepa del insigne historiador SNORRI STURLUSON, quiso volver de Dublin á Islandia, tomando el rumbo al oeste de Irlanda; mas violentos huracanes procedentes del nordoeste, lo impelieron al poniente y luego al sudoeste, llegando, despues de una travesía larga y penosa, á una costa desconocida, cuyos indígenas lo prendieron inmediatamente despues de su desembarco. En breve acudió un tropel de hombres, precedidos de un estandarte, hablando una lengua parecida á la irlandesa, y dirigidos de un anciano á caballo, de aspecto noble é imponente, á quien tocaba decidir de la suerte de los presos. Mandó traer á Gudleif á su presencia y preguntóle en lengua escandinava, quien era y de donde venia; y, contestándole Gudleif ser natural de Islanda, informóse el anciano, que era el mismo Bjørn Asbrandson, amante de Thurid, del paradero de esta y de su hijo Kjartan. Despues dió libertad á Gudleif y á sus compañeros, aconsejándoles que partiesen cuanto antes de un pais tan poco hospitalario; y, al despedirse, le dió un anillo para Thurid, y una espada para su hijo Kjartan. Volvíó Gudleif á Dublin, y en el verano siguiente á Islandia, donde entregó los regalos, convencidos todos que los habia enviado Bjørn Asbrandson.

Esta sencilla narracion, escrita poco despues de los acontecimientos, es en nuestro concepto una prueba importante en

favor de la opinion, de que colonias irlandesas se establecieron
en el Huitramannaland, la Carolina actual y probablemente tambien en la Florida; y que la inmigracion de estas mismas colonias tuvo lugar mucho antes de la primera navegacion de los
Escandinavos al Nuevo Mundo, pudiéndose fijar con certidumbre
en el siglo nono de nuestra era.

Varias otras hipótesis han sido alegadas relativamente á la
poblacion de las comarcas americanas por naciones occidentales
antes del descubrimiento de Colon, hipótesis que, si bien no
presentan un grado de verosimilitud igual al de la precedente,
no dejan de estribar en razones mas ó menos ingeniosas y en
fundamentos mas ó menos sólidos. Entre otras merece particular mencion la que atribuye el orígen de las razas americanas á las tribus componentes del antiguo reino de Israel,
esto es las nueve y media tribus vencidas y conducidas cautivas á Samaria, mientras aun permanecian en el reino de
Judá y en las ciudades en la orilla opuesta del Jordan, las tribus de Judá, Benjamin y la mitad de la tribú de Manase.

El docto Rabbi MANASE BEN ISRAEL en su célebre obra
intitulada *La Esperanza de Israel* (Amst. 1650), fué el primero que trató esta materia, á ruegos de MONTESINI que
viajó en la América meridional, y reconoció en el Indio
que le guiaba, un israelita quien le aseguró que vivian en
las Cordilleras un numero considerable de indios del mismo
orígen. Aunque los hechos históricos alegados por Manase
Ben Israel son menos numerosos, que los de sus sucesores,
las pruebas que ofrece, son plausibles y llenas de agudeza;
y es cosa singular, que GREGORIO GARCIA, autor antiguo, hace
mencion en su interesante obra *Orígen de los Indios*, de
una tradicion española, segun la cual proceden los Americanos

de las nueve y media tribus de Israel, que llevó cautivas
SALMANASAR, rey de Asiria.

Prescindiendo de las pruebas mas ó ménos ingeniosas alegadas por Heckewelder, Beltrami, de Laet [1]), Emanuel de Moraez,
Beatty, Sam. Stanhope Smith[2]), William Penn, el conde de
Crawford y otros muchos, haremos particular mencion de ADAIR[3]),
que vivió cuarenta años entre los Indios, y que, despues del
mas maduro exámen y minuciosa comparacion, asegura que el
orígen de los Indios es israelita, fundándose principalmente en
el culto religioso, que efectivamente presenta muchos puntos
de contacto con el pueblo hebreo.

Como los Judíos, ofrecian los Indios las frutas primerizas,
celebraban las bendiciones del novilunio y la fiesta de las expia-
ciones á fines de Septiembre, ó principios de Octubre, y dividian el año en cuatro estaciones correspondientes á las fiestas
judáicas. Segun Charlevoix y Long hospeda en su casa á la
viuda el hermano del difunto marido despues de un tiempo conveniente, y la considera como consorte legítima. Tenia tambien lugar cierta circuncision en algunas regiones de la América meridional, de que hablan Acosta y Lopez de Gomara;
y habia mucha analogía entre ambas naciones en lo tocante á
varios ritos y costumbres, como las ceremonias de la purifi-
cacion, el uso del baño, el unto de grasa de oso, el ayuno
y el modo de orar. Igualmente absteníanse los Indios de la
sangre de los animales, como tambien de los peces sin escamas;

---

[1]) Orbis novus s. descriptio Indiae occidentalis.
[2]) On the varieties of the human species.
[3]) History of the American Nations, pag. 15 — 212.

consideraban inmundos diversos cuadrúpedos, aves y reptiles, y acostumbraban quemar en holocausto el primer pedazo de la res. Refieren Acosta y Emanuel de Moraez, que varias naciones tenian únicamente usos matrimoniales con los de su tribu, ó linage, siendo este otro rasgo característico muy notable y de mucho peso. Pero lo que mas tiende á fortalecer la opinion emitida relativamente á la filiacion hebrea de las tribus americanas, es la especie de arca, parecida á la del testamento, que llevaban los Indios á la guerra, arca que nunca debia tocar el suelo, sino reposar sobre piedras y maderos, siendo ilícito y sacrílego el osar abrirla. Los sacerdotes americanos custodiaban rigorosamente su santuario, y el arcipreste llevaba en el pecho una concha blanca adornada de piedras preciosas, que recuerda el *Urim* del sumo sacerdote judío, como igualmente una faja de plumas blancas en la frente.

Segun el testimonio fidedigno de Adair, los Indios de la América del Norte celebraban la fiesta de las frutas primerizas con danzas religiosas y cantando en coro estas palabras místicas: *Yo Meschiha, He Meschiha, Va Meschiha*, formando así el nombre de Jehova con las tres sílabas iniciales, y el nombre de Mesías tres veces pronunciado despues de cada inicial. En otras ocasiones oíase en sus cantos las palabras *Aylo, aylo* que corresponde al hebreo El „Dios"; en otros cantos se oyen las palabras *hiwah, hiwah, — hydchyra*, „el alma inmortal", y *Schiluhyo, Schiluhe, Schiluhva*, y opina el autor precitado, que *Schiluh* es lo mismo que la palabra hebrea *Schaleach* ó *Schiloth* que quiere decir nuncio, ó pacificador. No era raro el uso de palabras hebráicas en las funciones religiosas de los Indios de la América del Norte, y asegura Adair que llamaban el reo *haksit canaha*, pecador de

Canaan, y que al que no era atento al culto divino, le decian: *Tschi haksit canaha*, te pareces al pecador de Canaan. Tambien asegura Escorbatus haber oido cantar Aleluya á los Indios de la América del Sud.

No concuerdan entre sí los autores, que atribuyen una estirpe hebrea á las razas americanas, en lo concerniente á la entrada de los Israelitas en el Nuevo Mundo: unos opinan que llegaron directamente de oriente á occidente, estableciéndose en la parte central y meridional de este hemisferio; pero los mas piensan, que atravesaron la Persia, la frontera de la China, y entraron por el estrecho de Behring en el continente occidental.

Un ingenioso autor de nuestros tiempos considera como los primeros pobladores de las regiones americanas á los Cananéos, los cuales, procediendo de la Mauritania Tangitánica, arribaron al golfo de Méjico. „Mil y quinientos años despues de la expulsion de los Cananéos por Josué, pasaron las nueve y media tribus de Israel por el estrecho de Behring, y asaltaron como Godos y Vandalos esta nacion. Por segunda vez y en otro continente, los descendientes de Josué atacaron á los Cananéos, cuyo orígen habian reconocido, y animados del antiguo odio, quemaron sus templos y destruyeron sus torres y ciudades gigantescas.“

A primera vista parecen concluyentes las pruebas alegadas por diferentes autores en favor de la inmigracion israelita; no obstante, si se examina, se verá, que esta opinion no se apoya en cimientos sólidos.

Mas por ahora conviene ocuparnos de otra hipótesis no ménos interesante, y hasta ahora no bien examinada, cuyo autor es Don PABLO FELIX DE CABRERA de Guatemala, que ingeniosamente se esfuerza en demostrar, fundado en inscripciones geroglíficas mejicanas, las relaciones entre los Fenicios y Americanos. Esta brillante teoría merece ser expuesta con cierta latitud.

Don FRANCISCO NUÑEZ DE LA VEGA, obispo de Chiapa, poseia, segun lo refiere este mismo prelado en la constitucion diocesana publicada en Roma en 1702, un documento, en que cierto viajero llamado VOTAN, describió minuciosamente los paises y naciones, que habia visitado. El manuscrito se hallaba en lengua Tzendal, con geroglíficos grabados en piedra, y, por órden del mismo Votan, debia quedar conservado en una casa lóbrega en la provincia de Soconusco, y confiado á la custodia de una Señora noble indiana y de un número de Indios que continuamente se reemplazaban. Así continuó por siglos, quizas por dos mil años, hasta que el mencionado obispo Nuñez de la Vega, al visitar aquella provincia, apoderóse del manuscrito, y lo mandó destruir en 1690 en la plaza pública de Huegetan, en términos que hubieran quedado completamente anonadadas las curiosas noticias que contenia, si no hubiese existido en manos de Don Ramon de Ordoñez y Aguiar en Ciudad-Real, segun sus comunicaciones, una copia sacada en los primeros tiempos de la conquista, y que fué publicada en parte por D. Pablo F. Cabrera.

El título, ó frontispicio de este documento consiste en dos cuadrados de diferentes colores, y paralelos en sus ángulos, uno de los cuales representa el antiguo continente y se halla señalado con dos figuras verticales en forma de una S, y el otro representa el nuevo continente y tiene dos S horizontales. Al hablar Votan de los lugares del primero, marca el capítulo con una S, pero hablando de los del segundo, los indica con este signo ∽, que, como bien se ve, es una S horizontal.

Entre ambos cuadrados se lee el siguiente tema: *prueba que soy una culebra.* Dice el autor en el texto, que es el tercer Votan, y por naturaleza una culebra, por ser un Chivim; que se habia propuesto viajar hasta encontrar el camino del cielo, en que iba á buscar las culebras sus parientes; que se habia dirigido desde Valum Chivim á Valum Votan y conducido siete familias de este último parage; que habia llegado felizmente á Europa y visto construir en Roma un templo magnífico; que habia caminado por la via abierta por sus hermanos las culebras, hecho indicaciones en esta misma via, y pasado por las casas de las trece culebras. En uno de sus viages encontró á otras siete familias de la nacion Tzequil, que reconoció tambien por culebras, enseñándoles todo lo necesario para preparar una comida decente; y ellas por su parte le hicieron conocer al verdadero Dios y lo eligieron por gefe. Tal es el tenor del documento.

En las ruinas de Palenque halló Don ANTONIO DEL RIO, capitan de artillería, enviado en 1786 por el rey de España Carlos III, para examinar los restos de esta ciudad, varias figuras que representan á Votan en ambos continentes, y esta tradicion fué confirmada algunos años mas tarde por diversas medallas.

Con suma diligencia y trabajo sirvióse Cabrera de las fuentes y comentarios de la historia de la antigüedad, y sacó de ella la consecuencia siguiente, que ofrecemos aquí á nuestros lectores, no permitiéndonos los límites de esta obra tratar por extenso de las ingeniosas pruebas alegadas por su autor. Opina Cabrera, que un *Chivim* es lo mismo que un Givim, ó Hivim, descendiente de Heto, hijo de Canaan. Givimos, ó Hívitos (Avimos, ó Avitos) de que hacen mencion el

Deuteronomio (cap. II, v. 23) y Josué (cap. XIII, v. 3), eran tambien Cadmo y su muger Hermione que, como se lee en las Metamórfosis de Ovidio, fueron cambiados en serpientes y elevados á la dignidad de Dioses. A esta fábula dió probablemente lugar la circunstancia que en lengua fenicia la palabra *Givim* incluye tambien la significacion de culebra. La ciudad de Trípoli, bajo la dependencia de Tiro, llamábase antiguamente *Chivim;* y el tema de Votan: *soy culebra, porque soy chivim*, debe entenderse: *soy un Hivit de Trípoli*, ciudad que llama *Valum Votan.* Fundado en consideraciones profundas de la historia antigua, cree Cabrera que el Hércules Tirio, que, segun Diodoro, recorrió el mundo entero, era abuelo de Votan; que la isla Española es la antigua Septimia, y la ciudad de Alecto la de Valum en que empezó Votan sus viages. Piensa igualmente el mismo autor que las trece culebras significan las trece islas Canarias, cuyo nombre deriva de sus habitadores los Cananéos que en ellas moraban juntamente con los Hivitos, y que las señales, ó indicaciones que erigió Votan en el camino á sus hermanos, quieren decir las dos columnas de mármol blanco halladas en Tanger con la inscripcion fenicia: *Somos los hijos de los que huyeron del salteador Jesus (Josué) hijo de Nave (Nun) y hallaron aquí un asilo seguro.*"

El viage de Votan á Roma y el vasto templo que vió construir en esta ciudad, son circunstancias que, segun las conclusiones antecedentes, debieron tener lugar en el año 290 ántes de la era cristiana, cuando, despues de una guerra porfiada y sangrienta de ocho años con los Samnitas, concedieron los Romanos la paz á este pueblo, y el consul Publio Cornelio Rufo mandó erigir un suntuoso templo en honor de Rómulo y

Remo, acontecimiento que, segun la cronología mejicana, tuvo lugar en el año *ocho conejos* (Toxtli). Las siete familias Tzequiles que encontró Votan á su vuelta, eran tambien fenicias, y probablemente naúfragos de la embarcacion fenicia mencionada por Diodoro.

Segun Cabrera, la primera emigracion, ó colonia de los Cartagineses en América, acaeció en la primera guerra púnica. Las demas inducciones de este autor relativamente á la fundacion del reino de Amahuamecan por los Cartagineses, la emigracion de los Tultecas, etc., son incompatibles con los límites de nuestra obra; mas no podemos ménos de citar aquí el parecer de muchos doctos varones que opinan, que el Dios tultecano Quetzalcoatl es idéntico al apóstol Santo Tomas, y lo que sorprende es, que el sobrenombre, ó apellido de este apóstol Dídimo, tiene la misma significacion en griego que Quetzalcoatl en mejicano. Tambien es cosa que pasma las numerosas y vastas comarcas recorridas por el apóstol Santó Tomas; miéntras unos las ciñen á la Partia, las extienden otros á la Calamita, ciudad problemática en la India; otros hasta Maliopur (hoy ciudad de Santo Tomas) en la costa del Coromandel; otros hasta la China; y como ya hemos visto, no falta quien opine que llegó el apóstol hasta la América central.

Prescindiremos de reflexiones concernientemente al documento de Votan é interpretaciones de Cabrera, pues si no pueden ser consideradas como fábulas, ó patrañas, tampoco presentan el carácter de evidencia é irrecusabilidad al abrigo de toda sospecha.

Omitiendo minuciosidades inútiles é hipótesis mas ó ménos ingeniosas, citaremos sucintamente las opiniones sobre las relaciones de ambos continentes ántes de Colon, que en nuestro

concepto no ofrecen algunas mayor grado de verosimilitud.
Segun SANDOVAL fué poblado el hemisferio occidental por emigraciones procedentes de Trapobana, ó Ceylan al Sud de la
península llamada India desde la mas remota antigüedad. GEORGIO
COLUNA atribuye un orígen gaélico á las razas americanas;
CHARRON se pronuncia por una estirpe céltica; y en el parecer
de MARCO POLO y JOHN RANKIG, Manco Capac el primer Inca
del Perú era hijo del gran Khan Kublai, y Montezuma nieto
de Askam, noble mogol de Tangut. El célebre HUMBOLDT opina,
que los Tultecas derivan su orígen de los Hunos.

Mas supera á estas en importancia la hipótesis del Señor
DE GUIGNES, que, fundado en las crónicas de la China, atribuye la cultura peruana á emigraciones procedentes, sea del
imperio celeste, ó de la India oriental. Recientes investigaciones
parecen confirmar este dictámen: ya en el año 1844 probó el
ingenioso erudito francés M. DE PARAVEY, que el pais de Fu-
sang descrito en los anales chinos es el imperio mejicano que,
como consta de estos mismos anales, en el siglo quinto era
conocido de los Chinos. Un año mas adelante trató del mismo
asunto como cosa nueva el Señor Neumann de Mónaco, si bien
tuvo noticias de los trabajos de su predecesor. Ambos eruditos
no supieron vencer el embarazo que presentaba la diferencia
de la fauna mejicana y las tradiciones chinas, embarazo aparente, cuya resolucion no es difícil á una persona versada en
la Zoología. M. de Paravey añadió en 1847 un apéndice interesante el que indica que en Uxmal de Yucatan, se halla
figurado un Buddha de Java, sentado bajo la cabeza de un Siva,
que fué copiado en el mismo sitio por el Señor Waldeck.

Así como son de suma importancia los documentos islan-
deses para atestiguar la entrada de los Escandinavos por la

costa atlántica del Nuevo Continente, lo son igualmente las crónicas chinas conservadas en la obra intitulada Pian-y-tien, para
demostrar la comunicacion del Asia con América por la parte
oriental del primero de estos continentes bañada por el mar
Pacífico. Y si, andando el tiempo permitiesen nuevos descubrimientos é investigaciones probar, que no anduvo errada la interpretacion del documento de Votan, en nada obstará esto á me-
noscaber el testimonio de los anales chinos, al contrario ser-
virán á probar la autenticidad de las curiosas aventuras que
refiere su maravillosa historia.

No admite duda que Quetzalcoatl, Bochica, Manco-Capac
y demas reformadores de la América Central, eran sacerdotes
budistas que, por su doctrina superior y civilisatriz, consiguieron
señorear los ánimos de los indígenas y elevarse á la supre-
macía política. [1])

Notable analogía y numerosos puntos de contacto presentan
entre si la religion de Buda y Brama con el culto mejicano.
Como entre los Indios orientales el ente indefinido, Brama, lo
divino en general, se manifiesta en el Trimurti [2]) como Dios

---

[1]) Una lucha prolongada entre dos sectas religiosas, la de los Bramanes y Bu-
daistas, acabó por la inmigracion de los Chamanos al Tibét en la Mongolia, á la
China y al Japon. Si esta raza tartara pasó á la costa del Noroeste de la América
y de allí al Sur y al Este hácia las orillas de Gila y del Misury, como lo indican
las investigaciones etimológicas de Vater, no parecera entonces estraño, encontrar entre
los pueblos semi-barbaros del nuevo continente, ídolos y monumentos arqueológicos,
una escritura hiroglifica, un conocimiento de la duracion del año, y tradiciones sobre
el primer orígen del mundo, que todo recuerda los conocimientos, artes y opiniones
religiosas de los pueblos antiguos.

Humboldt, monumentos americanos.

[2]) El Trimurti de la religion de los Indios orientales corresponde en cierto
modo á la Trinidad del Cristianismo.

especial bajo tres formas: Brama, Vischnú y Siva; tal así era venerada entre los Indios de Méjico la esencia suprema en tres formas: Ho, Huitzilopochtli [1]) y Tlalok, que formaban el Trimurti mejicano. Los atributos y culto de la diosa mejicana Mictanihuatl guardan la mas perfecta analogía con los de la sanguinaria ó implacable KALI, como igualmente la leyenda de la divinidad mejicana Teayamiqui con la formidable BHAVANI, esposas ambas de Siva-Rudra. No es menos sorprendente la semejanza característica que entre si presentan las pagodas de la India y los teocalis mejicanos, al paso que los ídolos de ambos templos ofrecen una similitud en la fisonomia y en las posturas que no pueden menos de notar las personas que han recorrido ambos paises.

La misma analogía se observa entre el Trimurti oriental y el peruano: en este CON corresponde á Brama, PACHACAMAC á Vischnú y HUIRACOCHA á Siva. Los peruanos nunca osaron erigir un templo á su Dios inefable que jamas confundian con las otras deidades, circunstancia notable que recuerda igual conducta de parte de los habitantes de la India oriental para con Brahma, esto es el Eterno, la sustancia abstracta. Igualmente el estudio de ambos cultos muestra relaciones íntimas entre los atributos y esencia de las devadasís (sirvientes ó criadas de los dioses) y las vírgenes del Sol peruanas.

Todas estas consideraciones y otras muchas que nos fuerzan á omitir los límites de esta obra, prueban de un modo evidente que la mayor parte de las religiones asiáticas, como

---

1) Las investigaciones mas interesantes sobre esta Deidad se hallan en la obra del Dr. J. G. Müller: *Der mexicanische Nationalgott Huitzilopochtli.* **1847.**

la de Fo en la China, de Budsdo en el Japon, de Sommona-Codom en la India, el Lamaismo de Tibét, la doctrina de Dschakdschiamuni entre los Mongoles y Calmucos, así como tambien el culto de Quetzalcoatl en Méjico y el de Manco-Capac en el Perú, son otros tantos ramos de un mismo tronco cuya raiz no han podido determinar con certidumbre los trabajos arqueológicos y filosóficos modernos, á pesar del teson, constancia, sagacidad y audacia sintética de los eruditos que se han ocupado en estas investigaciones.

Por otra parte ¡cuan grande es la analogía del Cristianismo y el Budaismo! Los primeros misioneros cristianos que visitaron el Tibét, en que esta última religion domina, quedaron sorprendidos al hallar los usos religiosos en acuerdo perfecto con los de los paises cristianos, en términos que consideraron el Budaismo como un Cristianismo degenerado, aunque consta positivamente que este es mucho mas reciente. Hallaron los misioneros entre los sectarios de Buda el cayado ó báculo, el rosario, el ayuno, frailes mendigos, templos adornados con pinturas y esculturas, velas ardiendo en el culto divino, vestidura talar de los sacerdotes, incensarios, el uso de cantar ciertos himnos, el empleo de la campanilla como señal para los fieles reunidos; al mismo tiempo, sacrificios, veneracion de reliquias, agua bendita, romerías y breves de indulgencias conferidos por el Gran Lama.

No fué menor la sorpresa de los primeros religiosos españoles que encontraron, al llegar á Méjico, un sacerdocio tan bien organizado como en los paises mas cultos. Revestidos de una autoridad eficaz que se estendia á todas las situaciones del hombre y á todas las edades de la vida, los sacerdotes mejicanos eran mediadores entre el hombre y la divinidad, agregaban al recien-nacido á la sociedad religiosa, dirigian su educacion y enseñanza, determinaban la entrada del adolescente en el servicio del estado, consagraban los matrimonios, consolaban á los enfermos y asistian á los moribundos. Esta autoridad sacerdotal, parecida en todo á la de los ministros de la iglesia cristiana, se mostraba sobretodo por una especie de confesion que tenia lugar en el imperio mejicano en el que prevalecia un dogma, que el delito confiado al sacerdote y expiado mediante penitencias impuestas por este, quedaba completamente borrado é inaccesible á la justicia humana y poder secular.

Por último, no podemos menos antes de concluir este capítulo, de insistir en este punto, que Quetzalcoatl y Manco-Capac eran ambos misioneros del culto de Brama ó Buda; y probablemente de diferentes sectas. No cabiendo en el cuadro que nos hemos trazado las pruebas positivas de esta conclusion, nos lisongeamos darlas por extenso en una obra especial que nos proponemos dar á luz. Pasemos ahora á la consideracion especial de los habitantes del Perú bajo sus diferentes aspectos.

CAPITULO SEGUNDO.

Antiguos habitantes del Perú.

Las investigaciones zoológicas y fisiológicas, la botánica y la petrologia, forman la base de la historia física de un pais y constituyen sus fastos, como las tradiciones orales, monumentos, inscripciones y anales son los elementos indispensables para la síntesis histórica bajo el aspecto político y moral. Como al historiador propiamente dicho, cabe al antropologista ó sea al historiador físico, la estrecha obligacion de no dejarse descarriar por preocupacion alguna, hacer uso cuerdo é imparcial de los materiales que posee, buscar sinceramente la verdad, y admitirla sin hesitacion una vez hallada, aun cuando por su naturaleza tendiese á desmoronar nociones abrigadas desde la infancia y apoyadas en el dictámen universal. Los progresos que en nuestros dias han logrado varios ramos científicos, se oponen aparentemente á las tradiciones hebráicas conservadas en la Santa Escritura, y de todos estos ramos la antropología es tal vez el que menos se armoniza á primera vista con el sentido generalmente atribuido á los primeros capítulos del Génesis, como que por explicaciones ingeniosas intenta á demostrar, que no procede toda la raza humana de un tronco comun, y que poblado fué el Nuevo Continente sin intervencion alguna de inmigracion oriental. Prescindiendo de examinar materia tan espinosa, nos limitaremos á exponer hechos mediante los cuales podrá cada lector adoptar el parecer que mas conveniente juzgue.

La conformacion singular de los cráneos peruanos, las diferencias de estructura que presentan comparativamente á los demas cráneos americanos, fueron repetidas veces objeto del estudio peculiar de los naturalistas. Para explicar estas diferencias se ha recorrido á diversas hipótesis, ninguna de las cuales es satisfactoria, no teniendo los eruditos que las formaron suficientes materiales para estribarlas. Segun las recientes observaciones numerosas é investigaciones concienzudas del Dr. J. D. de Tschudi [1]) que, por su larga residencia en el Perú pudo examinar centenares de cráneos de los antiguos habitantes de este pais, resulta que tres razas distintas lo habitaban antes de la fundacion del reino de los Incas. Examinemos la descripcion exacta de estos cráneos en cada una de las tres naciones.

Primera forma.

El cráneo, visto por su parte anterior, representa una pirámide truncada con la base vuelta hácia arriba; la cara es

1) Ueber die Urbewohner von Peru von Dr. J. D. von Tschudi, en Müller's *Archiv für Physiologie, 1845*, pag. 98 — 109.

pequeña, las órbitas son transversalmente óvales, .la quijada superior desciende casi perpendicularmente, las apófisis zigomáticas son cortas y casi perpendicularmente dirigidas abajo, los arcos orbitarios poco protuberantes, la encorvadura del coronal muy poco sensible, casi perpendicular hasta el arco orbitario y se inclina gradualmente hasta la sutura coronal. Las elevaciones frontales son muy distintas, como igualmente las eminencias frontales de los huesos parietales, formando á los lados los puntos mas salientes del cráneo. Hácia los lados y por atrás únense ambos parietales en direccion casi perpendicular con los temporales y el occipital. La pared posterior del colodrillo, hasta la línea semicircular superior, es perpendicular, y se encorva poco á poco oblicuamente hácia adentro y abajo hasta el gran agujero occipital.

Segunda forma.

Visto por su parte anterior tiene el cráneo una forma oval, y lateralmente afecta la forma de una bóveda bastante regular y algo alargada. El espacio ocupado por la cara es grande, las órbitas cuadrangulares y su diámetro vertical igual al transversal; la quijada superior sesga, las apófisis zigomáticas del coronal cortas y dirigidas enérgicamente hácia afuera, la apófisis nasal del coronal muy ancha y convexa. El coronal se encorva con una inclinacion bastante regular, si bien mas marcada que en la forma precedente. Los arcos orbitarios son muy poco distintos, las elevaciones coronales casi imperceptibles. Los parietales se inclinan ya desde su union con el coronal hácia atrás y abajo; las eminencias de estos huesos son poco distintas y situadas profundamente, en términos que no forman el mayor diámetro transversal de la cabeza, el cual mide la raiz superior de la apófisis zigomática de un parietal hasta el punto correspondiente del lado opuesto. La porcion escamosa del hueso occipital baja desde la sutura lamdoídea verticalmente, una pulgada con corta diferencia; pero subitamente se inclina fuertemente hácia adelante, y continua un tanto inclinada al horizonte hasta el gran agujero occipital.

Tercera forma.

Visto por su parte anterior presenta el cráneo la figura de un cuadrado alargado de abajo y adelante, hácia atrás y arriba, cuyo lado anterior del pómulo al opuesto, forma el mayor diámetro transversal de la cabeza. La parte de la cara es muy pronunciada, pero mas corta que en la segunda forma. Las órbitas son algo óvales y su diámetro vertical supera en longitud al transversal de algunas líneas. La apófisis nasal del coronal es mas ancha que en la primera forma, pero algo mas estrecha que en la segunda. El coronal es estrecho y largo y su inclinacion muy fuerte. En muchos cráneos es cóncavo en su parte media, y presenta un poco antes de su conjuncion con los parietales una fuerte tuberosidad frontal media. Detras de la sutura transversal la superficie de la bóveda del cráneo es bastante cóncava; y en este parage se encorvan un poco hácia arriba los parietales, y bajan luego en línea recta á unirse con el occipital. La porcion escamosa de este hueso entre la sutura lamdoídea y la línea semicircular superior, se inclina oblicuamente hácia adentro y se dobla desde este sitio subitamente hasta el gran agujero occipital hácia abajo y adelante.

Estas importantes proporciones anatómicas dan orígen á otras relaciones no menos interesantes que no podemos dejar de exponer á continuacion.

I. En la primera forma el diámetro recto (de la glabella [1]) del coronal hasta el punto opuesto del colodrillo un poco mas arriba de la línea semicircular superior) es igual al diámetro transversal. La inclinacion del coronal al primer diámetro es de 68 grados. La inclinacion de la parte inferior de la porcion escamosa del occipital (del gran agujero occipi-

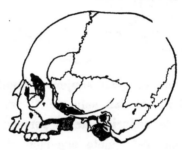

tal hasta la eminencia occipital esterna) al horizonte es de 45 grados, y de la parte superior de 82 grados. Una línea que sale del punto de reunion de los huesos parietales con el frontal y pasa sobre el lado esterno del cráneo hasta su base, toca casi al borde anterior del agujero auditivo esterno, y se encuentra con la línea correspondiente del lado opuesto delante del borde anterior del gran agujero occipital. El ángulo de Camper [2]) es de 77 grados.

---

1) Con este término técnico latino designamos aquella parte lisa del hueso coronal que se halla situada entre ambos arcos orbitarios.

2) Desígnase con este término ese ángulo importante en la antropología, observado y descrito por el insigne anatómico holandés Don Pedro CAMPER, ángulo

II. En la segunda forma el diámetro recto (de la glabella hasta la reunion del tercio medio y posterior de los parietales) se halla con respeto al transversal en la proporcion como 1 : 1,3. La inclinacion del frontal al primer diámetro es de 45 grados. La inclinacion de la porcion es-

camosa inferior desde el gran agujero occipital hasta la línea semicircular superior, es tan solo de 17 grados; desde esta última hasta el quinto superior de la porcion escamosa es de 55, y la inclinacion del quinto superior de 85 grados. La línea arriba citada tirada de la union de la sutura coronal con la longitudinal hasta la base, pasa detrás de la apófisis mastoídea y se encuentra con la opuesta en medio del gran agujero occipital. El ángulo de Camper es de 68 grados.

III. En la tercera forma el diámetro recto (de la glabella del coronal hasta el punto de reunion de la sutura

---

cuya mayor ó menor abertura indica la superioridad intelectual de la raza, y hasta cierto punto la de los individuos. Una de las líneas, que lo forman, mas ó menos oblícua, es tangente á la parte mas protuberante del coronal y de la quijada superior, la otra es horizontal, pasa por el agujero auditivo externo y forma el vértice con la primera línea. Este ángulo, llamado tambien *facial*, es casi recto en las estatuas griegas y tipos mas puros de la raza caucasiana.

longitudinal con la lamdoídea), se halla en proporcion al transversal como **1 : 1,5.** La inclinacion del coronal al primer diámetro asciende unicamente á **23** grados; la inclinacion de la porcion escamosa del occipital es de **32** grados, la de la superior de **60.** La línea tirada del ángulo formado por la sutura coronal y longitudinal hasta la base del cráneo, toca al

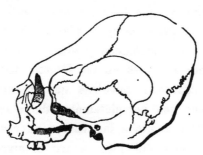

punto de reunion del hueso parietal, temporal y occipital, y se encuentra con la línea correspondiente del lado opuesto, entre el borde posterior del gran agujero occipital y la línea semicircular inferior. El ángulo de Camper es de **69** grados.

Examinemos ahora la distribucion geográfica de estas tres razas.

La primera ocupaba el litoral del Pacífico, terminado al Norte por el despoblado de Tumbes, al Sur por el inmenso desierto de Atacama, al Este por las Cordilleras y al Oeste por el Oceano. Esta raza la designamos bajo la denominacion de los CHINCHAS, segun el nombre de su tribú mas memorable que habitaba entre los grados **10** y **14** de latitud austral. Cráneos de esta raza se encuentran en casi todas las colecciones antropológicas de Europa, siendo facil adquirirlos en las inmediaciones de los puertos peruanos, en que apenas los oculta una ligera capa de arena. Hay entre ellos variedades artificialmente producidas y diferentes segun las localidades: unas veces se halla el colodrillo al lado derecho, otras veces al izquierdo sumamente aplastado en términos que el relieve ó protuberancia de uno de los huesos parietales es poco ó nada marcado, mientras que se muestra tanto mas pronunciado en el otro; hay algunos en que se halla tan deprimida la porcion escamosa del occipital, que las eminencias parietales sobresalen considerablemente. Estas irregularidades fueron seguramente producidas por causas mecánicas y eran consideradas como distinciones de familias, pues en tal *Huaca* hállase siempre la misma forma de cráneos, mientras que en otra, á corta distancia, las formas son completamente distintas.

La segunda raza habitaba las vastas alturas peru-bolivianas que se elevan á doce mil piés sobre el nivel del mar. M. d'Orbigny la designa bajo el nombre de los AYMARAES. En ella tomó principio la dinastía de los Incas que, en el espacio de pocos siglos, redujo á su dominacion las demas tribús. Los cráneos de estas razas ofrecen igualmente diferencias notables segun las localidades, particularmente en el contorno de la bóveda.

Conviene advertir que hay una gran conformidad entre la configuracion de esta raza con la de los Guanchos ó habitantes de las islas Canarias, que hacian tambien uso del mismo proceder para conservar los cadáveres; y esta semejanza es otra prueba que milita en favor de lo que refiere el documento de Votan.

La tercera raza, sobre la cual no tenemos tantos datos positivos, ocupaba el terreno comprendido entre las Cordilleras y los Andes, entre los grados 9 y 14 de latitud austral. Esta raza que denominaremos la nacion de los HUANCAS segun el nombre de la mas poderosa de las tribús que la componian, ofrece una configuracion muy rara y característica, que no permite confundirla con las precedentes y la distingue de las naciones heterogéneas que con ella se encuentran á veces mezcladas.

Como ya hemos insinuado, la raza de los Aymaraes fué la estirpe de los Incas ó Emperadores peruanos, y á ellos se debe el movimiento de expansion de sur á norte que atestigua la historia de esas vastas comarcas, cuyas consecuencias fueron la conquista de las naciones adyacentes, y las modificaciones físicas y morales que á efecto de esta misma conquista experimentaron las razas que las poblaban. Los Huancas como los mas próximos fueron subyugados los primeros; despues siguieron los Chinchas, y ambos pueblos vencidos se vieron en la obligacion, segun el derecho del mas fuerte, de adoptar las costumbres, religion y lengua de los vencedores, siendo el resultado natural una mezcla frecuente de las naciones entre sí, y conformaciones mixtas en los cráneos de las nuevas generaciones.

Conviene pues tener materiales suficientes á su disposicion para averiguar las relaciones primitivas de estas razas; toda síntesis que no satisfaciese á esta condicion seria necesariamente errónea, temeraria y sin consistencia.

Ahora se ofrecen dos cuestiones:

I. ¿Cual es la configuracion de los cráneos de los Indios actuales?

II. ¿Hállanse en alguna parte, en la actualidad, las citadas razas puras y sin mezcla alguna?

Las investigaciones mas escrupulosas nos han dado los resultados siguientes:

II. Los Indios actuales que moran en aquella parte del Perú que, si bien estuvo antes en poder de los Españoles, nunca se mezclaron con Européos ó Africanos, indican por la configuracion de sus cráneos, una raza muy distinta de todas las demas tribús de la América del Sud, en términos que podria considerarse como raza primitiva, si los datos ya expuestos no demostrasen irrecusablemente que proceden de la union de las tres razas ya descritas.

El cráneo, en sus contornos, se acerca de la forma cuadrada de los cráneos de los Chinchas. El espacio de la cara es estenso, la quijada superior bastante protuberante y oblicua, las órbitas son cuadradas, la apófisis zigomática del coronal fuerte y dirigida hácia atrás, la apófisis nasal del frontal enérgicamente convexa y desciende perpendicularmente, el borde orbital en forma de cojinete; la encorvadura del coronal tiene, como en los Aymaraes, una inclinacion bastante marcada desde la glabella; las eminencias frontales son apenas aparentes, la bóveda del cráneo es gruesa, la parte posterior del coronal y ambos parietales se asemejan á los de los Huancas, si bien el punto de union de estos últimos huesos con la porcion escamosa del occipital recuerda la configuracion de los Aymaraes, encorvándose el occipital desde la sutura lamdoídea ligeramente al principio, y mas rápidamente en seguida hasta la base del cráneo.

El diámetro recto del cráneo pasa, como en los de los Huancas, desde la glabella hasta el punto de reunion de la sutura lamdoídea con la sutura longitudinal, pero como en los cráneos de los Aymaraes, el mayor diámetro transversal pasa desde la raiz superior de la apófisis zigomática del hueso temporal hasta el mismo punto del lado opuesto. La proporcion que guarda con el primer diámetro es como **1 : 1,1**, por consiguiente la mayor aproximacion á la proporcion de los cráneos chinchas que es como **1 : 1,0.**

Aunque la mayor parte de los cráneos de los Indios actuales están de acuerdo con estos datos, no obstante hay excepciones numerosas y mas ó menos aproximacion á las tres razas primitivas, aproximacion que, por otra parte, depende de las provincias en que moran los Indios, observándose que predomina mas ó menos una ú otra forma primitiva en aquellas comarcas que fueron desde época remota domicilio de una ú otra de las razas típicas.

II. La segunda cuestion es de suma importancia, como que en su resolucion estriba la prueba, de si las configuraciones de los cráneos resultaron ó no de una presion mecánica. Muchos fisiólogos, como generalmente consta, consideraron estas formas anómalas, como efecto exclusivo de la presion producida en la cabeza de los niños con tablillas y fajas anchas con que se solia apretar la cabeza de los reciennacidos. Proceder semejante es harto notorio que tenia lugar entre varias naciones bárbaras del Nuevo Mundo; y aun entre los Chinchas subsistia para producir distinciones de familia, abuso que prohibió una bula apostólica en el siglo decimo sexto. Sin embargo, en nuestro concepto erraron los fisiólogos que pretendieron, que los diversos aspectos frenológicos que ofrece la raza peruana eran exclusivamente artificiales. Esta hipótesis se apoyaba en materiales insuficientes; sus autores pudieron ejercer unicamente sus observaciones sobre cráneos de individuos adultos, y hay solo pocos años que dos momias de niños fueron llevadas á Inglaterra, las cuales, segun la descripcion bastante exacta del

Dr. Bellamy [1]) pertenecen á las tribús aymaraes. Los dos cráneos, (ambos de niños apenas de un año de edad) tienen enteramente la misma forma que los de los adultos. Igual
circunstancia hemos podido observar en muchas momias de
niños de tierna edad que tenian aun sus mantas, sin haber
nunca encontrado vestigios ó aparato de presion. Hay mas:
la misma configuracion presentan los niños aun no nacidos, y
de esta verdad hemos podido convencernos á la vista del feto
encontrado en el vientre de una momia de muger preñada, que
sacamos de una cueva de Huichay á dos leguas de Tarma,
y que existe actualmente en nuestra coleccion. El profesor
d'Outrepont, una de las primeras celebridades de la ciencia
obstetricia, nos ha asegurado que este feto tiene siete meses
de edad. Pertenece segun la configuracion muy pronunciada
del cráneo á la tribú de los Huancas. En la lámina VII del
Atlas se halla figurada esta prueba interesante y decisiva contra los partidarios de la accion mecánica como causa única y
exclusiva de la forma frenológica de la raza peruana. Lo mismo
prueba la momia figurada en la lamina VI* que existe en el
museo de Lima, regalada por Don M. E. de Rivero.

No es posible explicar como, mediante la presion con ven-
das, pueda tránsformarse el hueso occipital á un plano casi horizontal, sin que resultase al mismo tiempo una declinacion considerable del sincipucio, que falta totalmente á los Aymaraes y
que encontramos en los Huancas, cuyo occipucio no señala vestigio alguno de presion, no pudiendo servir de ningun modo su
inclinacion regular como punto de reaccion para aplastar la frente.

---

[1]) Annals and Magazine of natural history, October 1842.

La considerable extension en longitud del hueso coronal, de los parietales y occipital en las dos últimas razas, haria tal vez sospechar que la presion tenia lugar á los lados; mas se opone á esta opinion la inclinacion de la frente y del colodrillo; pero prueba mas eficaz será tal vez contra el uso de medios mecánicos, la existencia actual de las tres razas en distintas aunque limitadas localidades, en que no se notan trazas de envolvimiento, ó presion en la cabeza de los recien-nacidos.

Podemos asegurar con certidumbre:

I. Que la raza de los Chinchas se halla actualmente, sin mezcla alguna, en varios pueblos de la costa así del Perú del Norte, como de la provincia de los Yauyos;

II. Que la tribu de los Aymaraes se encuentra en las sierras del Perú meridional;

III. Que en algunas familias del departamento de Junin, se conserva pura la tribu de los Huancas, como hemos tenido ocasion de verlo.

Por último conviene señalar una anomalía osteológica muy interesante que se observa en los cráneos de las tres razas, y es, que los de los niños de edad tierna, en los primeros meses despues del nacimiento, presentan un hueso interparietal (*os interparietale*) perfectamente distinto, hueso que, como lo indica su nombre, se halla colocado entre ambos parietales, y afecta una forma mas ó ménos triangular cuyo ángulo mas agudo guarda una direccion superior limitado por los bordes posteriores de los huesos parietales, miéntras que su base se agrega al hueso occipital por una sutura que parte del ángulo de reunion del temporal con el occipital, un poco mas arriba de la línea semicircular superior hasta el mismo ángulo del lado opuesto. Resulta que el hueso interparietal ocupa precisamente aquella parte del occipucio que en los demas cráneos la porcion escamosa del occipital, y que conexo

encuentra con los parietales mediante la sutura lamdoídea. A los cuatro ó cinco meses únese este hueso regularmente al occipital, y la reunion empieza por el medio de la sutura y avanza poco á poco hácia ambos lados, si bien aun despues de un año no se halla completamente efectuada, y solo en el medio indica un surco la traza de la sutura, surco que persiste y no borra la edad mas avanzada, siendo fácil reconocerlo en todos los cráneos de estas razas. A veces tiene lugar muy tarde esta reunion, como en el cráneo arriba figurado perteneciente á un mancebo de diez ó doce años de la tribu de los Chinchas, y que deja ver la sutura occipital abierta en toda su extension. La longitud del hueso interparietal en este individuo es de cuatro pulgadas en su base, y de una pulgada y diez líneas de altura; dimensiones que prueban suficientemente que no confundimos esta formacion singular con la de los huesesillos supernumerarios llamados *Wormianos* que se encuentran entre los parietales, de un modo constante en todos los cráneos humanos, miéntras que el hueso interparietal es una verdadera anomalía.

El doctor Bellamy fué el primero que hizo mencion de la existencia de este hueso que tuvo ocasion de ver en una de las momias citadas. Entre los numerosos cráneos que hemos tenido ocasion de examinar en el Perú, hemos podido convencernos que esta sutura se halla constantemente ó abierta, ó en parte cerrada, ó completamente unida al hueso occipital, si bien indicada por un surco muy pronunciado.

Es circunstancia digna de la atencion de los sabios antropologistas, que se halle en una seccion del género humano, un fenómeno anómalo constante que falta en las demas, pero que es característico en los animales rumiantes y carnívoros. ')

') El Señor Prescott asegura que los cráneos de la raza inca manifiestan una superioridad incontestable sobre las demas razas del pais, en cuanto á la extension de la inteligencia; y á esta superioridad intelectual anunciada exteriormente por el cráneo, atribuye el eminente publicista el orígen de aquella civilizacion particular y de aquella política social que hizo á la monarquía peruana superior á los demás estados de la América del Sud.

La obra del Doctor Morton, citada por el Señor Prescott, contiene varios diseños del cráneo inca y del cráneo comun peruano, probando que el ángulo facial del primero, aunque no muy grande, era mucho mayor que en el segundo el cual era sumamente chato y escaso de caracter intelectual. *Crania Americana* (Filadelfia 1829)·

Sea nos permitido indicar, que los cráneos peruanos figurados en la obra del Sr. Morton, pertenecen á los de las tribús descritas en este capítulo. Dudando como dudamos, que el sabio antropologista haya podido conseguir cráneos de la familia Real de los Incas, pues á excepcion de las momias que se condujeron á Lima de cuatro Emperadores, las que se enterraron en un corral de Santa Ana y cuyos restos no se han podido descubrir, se ignora hasta el dia los sepulcros de los demás, como de la nobleza que descendia de ellos. Si hoy se pone en problema la existencia de los restos de Francisco Pizarro, depositados en las bóvedas de la iglesia catedral de Lima, ¿como no sera difícil constatar sin equivocarse, que verdaderamente posée el Señor Morton ú otra persona cráneos de esa raza? Por otra parte, ¿no habrían sufrido modificaciones por la mezcla, como es de suponerse, con otras razas nobles de diferentes tribús que existian en la capital?

Mucho sentimos que la falta de materiales no nos permita describir la configuracion de los cráneos de los Indios bárbaros al oriente del Perú.

Baste lo dicho para formarse el lector una suficiente reseña sobre la constitucion física de los antiguos habitantes del Perú. Pasemos ahora á la historia de esta region antes de la llegada de los Españoles.

CAPITULO TERCERO.

Consideraciones sobre la historia del Perú precedente á la llegada de los Españoles.

El orígen del imperio peruano, como el de todos los pueblos conocidos, se halla envuelto de fábulas y tradiciones sobrenaturales, ocultando de tal modo la verdad que es muy difícil y tal vez imposible desentrañarla. La inclinacion del hombre á lo maravilloso, su ignorancia de las causas, la perspectiva mágica de los recuerdos, la impostura calculada del sacerdocio, y sobretodo el patriotismo egoista ú orgullo colectivo de raza, indujeron á la major parte de los pueblos á atribuirse una proteccion especial del cielo y una estirpe divina á sus gefes. Los Peruanos creian que el Sol, divinidad tutelar de su imperio, habia enviado á sus mismos hijos para reformarlos é instruirlos, cuyos descendientes eran sus Incas ó Emperadores. Antes de la llegada de estos hijos del sol, el Perú, como las demas comarcas del Nuevo-Mundo, se hallaba segun la tradicion, dividido en diversas naciones ó tribús independientes, nómadas ó fijas, toscas y feroces, cuyo humor díscolo y batallador las movia á guerrear continuamente entre si. Careciendo de toda industria y cultura, ignorando toda ley, moralidad ó pacto social cualquiera, erraban por las selvas, mas semejantes al bruto que á la raza humana, sometidos á la inclemencia de los elementos y á las molestias y males consecuentes de este estado salvage, sin que nada les anunciase que debia mejorar su situacion, cuando el clemente Padre, el Sol, puso dos hijos suyos en la laguna de Titicaca y les dijo „que fuesen por do quisiesen y do queria que parasen á comer ó á dormir procurasen hincar en el suelo una barrilla de, oro que les dió, para señal y muestra; que donde aquella barra se les hundiese de un golpe, que con ella diesen en tierra, allí queria el Sol que parasen y hiciesen su asiento y corte. Llegado en el valle del Cuzco, despues de haber tentado en vano por todo el camino do quiera que paraban hincar la barra, fueron en el cerro del Huanancauri y alli procuraron de nuevo hincar en tierra su barrilla, la cual con mucha facilidad se les hundió al primer golpe que dieron con ella que no la vieron mas. Entonces dijo el varon á su hermana y muger: en este valle manda nuestro padre el Sol que paremos y hagamos nuestro asiento y morada para cumplir su voluntad. Por tanto reyna y hermana conviene que cada uno por su parte vamos ó convocar y atraher esta gente para los doctrinar y hacer el bien que nuestro padre el Sol nos manda." [1]) Del cerro de Huanancauri fue el varon al septentrion y su muger al mediodia y harengaron á la multitud, exhortándola á unirse, abrazar

---

[1]) Garcilasso de la Vega *comentarios reales*, T. I, lib. I, Cap. XV y XVI.

otra vida, y recibir como dones del cielo los consejos é instrucciones que se dignaban darles por mandado de su Padre el Sol. Fascinadas por su aspecto, fortificadas por el respeto que les inspiraban esos seres extraordinarios, los siguieron las hordas errantes al valle de Cuzco en que echaron los cimientos de una ciudad. Esta region era la parte céntrica de aquellas tribus, y su nombre, segun Garcilasso, significa *Ombligo* en el lenguage de los Incas, y ello parece cierto, segun las tradiciones de los indígenas, que, como el ombligo es el conducto por do recibe vida é incremento el infante en el claustro materno, la llanura de Cuzco fué núcleo de civilizacion y foco de luz para el estado fundado por *Manco Capac* y *Mamá Ocllo Huáco* que así se llamaba la celestial pareja.

Estos hijos del Sol establecieron una union social entre las diversas tribus peruanas, combinaron sus esfuerzos reunidos, aumentaron sus deseos, y dieron un rumbo nuevo y mas elevado á sus pensamientos. Manco Capac enseñaba á los hombres la agricultura, industria y artes útiles. Al mismo tiempo sabio legislador quiso darles una felicidad mas sólida y duradera mediante leyes adecuadas, un pacto social y un sistema político perfectamente organizado, de cuya descripcion minuciosa prescindiremos actualmente, siendo esto objeto de nuestros ulteriores capítulos, y el del presente únicamente la parte histórica del imperio peruano. Por otra parte, Mamá Ocllo enseñaba á las mugeres el arte de hilar, tejer y teñir, y á la vez las virtudes domésticas, la gracia decente, el pudor, y la felicidad conyugal.

Tal fué el orígen de la monarquía de los *Incas*, hijos del Sol y descendientes en línea recta de Manco Capac y Mamá Ocllo. Poco considerable en su orígen apénas se extendia á algunas leguas mas allá de Cuzco, mas en este estrecho recinto ejercia Manco Capac una autoridad sín límites, y los mismos derechos conservaron sus sucesores á medida que se aumentaba por las armas el ámbito del imperio. La autoridad del Inca igualaba á la de los mas poderosos monarcas del orbe.

Mas á este poder ilimitado se aliaba, segun las tradiciones de los Indios, un tierno afecto por sus súbditos y un gran afan por el bien del pueblo, no teniendo sus conquistas por movil una ambicion vana, sino el deseo de hacer partícipes de las ventajas de la civilizacion á los pueblos bárbaros que sometian.

Así lo asegura Garcilasso de la Vega, descendiente de los mismos Incas, cuyos escritos serán los primeros que examinaremos en la breve reseña que nos proponemos hacer de algunos de los principales autores que han tratado de la historia y arqueología peruana, tanto por el fondo de tradiciones y documentos que contiene, como para precaver al lector contra el tono panegírico del autor, que bastaria ya por sí solo para hacerlo sospechoso, aun cuando no mediasen otros y mayores motivos. GARCILASSO DE LA VEGA es de todos los escritores de la antigüedad peruana, el mas importante, y el que mas merece fijar nuestra atencion, y como descendiente de la antigua dinastía peruana, ninguno ha alcanzado tanta celebridad, ni ha sido tan citado por los historiadores mas recientes.

• Hijo de Garcilasso de la Vega, partidario de Gonzalo Pizarro, y de una Ñusta, sobrina de Huayna-Capac y nieta del Inca Tupac-Yupanqui, nació nuestro autor en Cuzco en **1540**. La falta de cultura consecuente del orígen de su madre, y la vida aventurera del padre, fueron causa que su educacion fuese descuidada hasta la edad de diez y ocho ó veinte años. Sin embargo sus disposiciones naturales y asíduo estudio suplieron en parte á la falta de enseñanza.

Pasó el joven Garcilasso á España en 1558 ó 1560, y abrazó la carrera militar, distinguiéndose en varios encuentros y llegando hasta el grado de capitan bajo el mando de Don Juan de Austria; pero la rencorosa corte de España no olvidó que Garcilasso el padre, habia abrazado el partido revolucionario y seguido en todas sus empresas peligrosas á Gonzalo Pizarro, y la desconfianza pesaba sobre el hijo, que desesperando en consecuencia de ascender en su carrera ó lograr otro empleo cualquiera á que parecia hacerlo acreedor su nacimiento, hizo demision de su cargo y retiróse á Córdova donde se dedicó á las ciencias y trabajos literarios. A los setenta años de edad dió á luz la primera parte de los *Comentarios reales,* su obra mas importante, y la que actualmente nos ocupa. Consta esta de dos cientos setenta y dos capítulos divididos en nueve libros, y contienen el estado del Perú antes de los Incas, el orígen de estos, su historia, conquistas y leyes; las costumbres políticas y religiosas de las diferentes naciones que formaron el vasto imperio del Perú; el estado de las ciencias y artes bajo la dominacion de sus reyes y numerosos documentos relativos á la lengua, geografía é história natural del pais.

El orígen peruano de Garcilasso, orígen de que blasona y que á cada momento recuerda, la grave confianza con que refiere la naracion de lo pasado, tanto por lo concerniente á la historia de su patria como por lo relativo á la biografía de los personages, sus trabajos asíduos y la aparente imparcialidad resultante de su doble descendencia europea y americana, le han grangeado una aprobacion general, una confianza unánime en la verdad de sus relatos, una fama universal y el título de monu-

6

mento mas importante de la historia antigua peruana; no obstante un análisis escrupuloso y concienzudo lo encuentra defectuoso bajo mas de un título, y una crítica severa mas exacta lo halla crédulo en demasía, insuficiente en sus pruebas,
y falto de imparcialidad que exige la historia de los sucesos
antiguos ó modernos.

Las fuentes de Garcilasso son principalmente los informes
de su madre y de uno de sus tios, y sus observaciones propias relativas á las costumbres y religion de sus compatriotas, todo
lo cual empezó á notarlo desde que se retiró del servicio
militar, al paso que entabló correspondencia con algunos amigos suyos que moraban en el Perú, para adquirir nuevos informes y dar nuevo pábulo á su memoria. La obra fué publicada en Lisboa, en 1609, cincuenta años despues de haber
dejado el autor su patria, si bien el manuscrito estaba ya concluido en 1570 ó 1575, siendo natural que hallase impedimen-
tos el descendiente de los Incas para públicarlo en aquella época
y en España.

La tacha mas grave de Garcilasso es su parcialidad evidente, que es el mayor defecto de todo historiador. Deslum-
brado por su regia prosapia, se esfuerza en pintar á los Incas
sus abuelos como monarcas ideales, tanto como legisladores y
guerreros, como bajo el aspecto de inventores y protectores
de las artes y ciencias, amontonando encomios cuya monotonía
no cesa hasta el último periodo de la historia en que la averi-
guacion es mas facil y la perspectiva menos mágica por ser
mas cercana. Al llegar á la época del Inca Huascar, Garcilasso, proximo pariente de este príncipe, toma zelosamente su
partido, y los vínculos de consangüinidad le hacen perder el
juicio, y este solo pasage basta á probar la poca fé que me-

rece un historiador tan parcial y de tan poco tino siempre que se trata de sus parientes ó antecesores. Otra prueba no menor es el teson con que defiende las acciones ilegales de Gonzalo Pizarro, sin mas motivo que por que su padre militó bajo las banderas de este caudillo.

Hay tambien que notar, que los comentarios de Garcilasso ofrecen, en muchas partes, contradicciones flagrantes con las relaciones de sus antecesores, como Acosta, Fray Marcos de Niza, Pedro Cieza de Leon, Francisco Lopez de Gomara, Balboa, Zarate y otros, como tambien con varios de sus sucesores, siendo facil convencerse por el cotejo de los textos, que los acontecimientos y alegaciones son falsas no por ignorancia y escasez de informes, sino por la parcialidad del autor que omite ó falsifica lo que tiende á oponerse á sus miras. Tampoco se puede negar, que la mayor parte de las noticias de sus comentarios carecen de base efectiva, y es preciso reconocer que toda la obra es un tejido de compilaciones de tradiciones; y esta asercion es evidente si se considera, que Garcilasso insertó ó, por mejor decir, hacinó las narraciones que de boca de sus parientes y de Indios ignorantes y supersticiosos oyó en su edad juvenil, cuando el espíritu no es capaz del discernimiento y madurez que exige el análisis histórico para separar la verdad de las fábulas y patrañas que forzosamente acarrea el curso del tiempo. Agréguese á esto que Garcilasso publicó su obra medio siglo despues de haber salido de su patria, lejos del teatro de los acontecimientos, lo que vuelve mas sospechosas sus narraciones para todo lector sensato. Por último, no supo Garcilasso joven el arte difícil de decifrar los Quipos, faltándole así el solo punto de apoyo á que no pueden suplir ni la abundancia de tradiciones, ni conjeturas ingeniosas.

Nuestro intento al insertar esta noticia es volver mas cautos á los lectores é historiadores que consultan la obra de Garcilasso.

La llegada de Manco-Capac tuvo lugar en 1021 de la era vulgar segun la opinion adoptada, y su reinado duró cuarenta años. Garcilasso abraza en su narracion un espacio de unos quinientos años, pero sus noticias cronológicas carecen de base segura.

La serie de los anales de los Incas presenta tanta confusion é incertidumbre, los recursos históricos son tan escasos, las tradiciones tan contradictorias, que, sin perdernos en digresiones inútiles ni en investigaciones estériles y prolijas, presentaremos á nuestros lectores el catálogo siguiente de los monarcas peruanos, de cuya autenticidad no salemos fiadores, si bien nos parece el menos defectuoso en las circunstancias actuales.

I. *Manco-Capac*, comenzó á reinar en el año 1021, y murió en 1062, despues de 40 años de reinado.

II. *Sinchi-Rocca*, reinó 30 años, desde 1062 hasta 1091.

III. *Lloqque-Yupanqui*, reinó 35 años, desde 1091 hasta 1126.

IV. *Mayta-Capac*, comenzó su reinado en 1126, reinó 30 años, y murió en 1156.

V. *Capac-Yupanqui*, heredó el mando en el año 1156, reinó 41 años, y murió en 1197.

VI. *Inca-Rocca*, empezó á reinar en 1197 y murió en 1249, despues de haber reinado 51 años.

VII. *Yahuar-Huaccac*, tuvo un reinado de 40 años, desde 1249 hasta 1296; siete de estos los pasó viviendo privadamente, despues de haber renunciado en 1289 en favor de su hijo Viracocha.

VIII. *Viracocha,* occupó el trono desde el año **1289** y murió en **1340**. Predijo este Inca la ruina del imperio y la llegada de hombres blancos y barbudos. Su hijo *Inca-Urco* reinó solo once dias, siendo depuesto por los grandes del imperio como insensato é incapaz de gobernar.

IX. *Titu-Manco-Capac-Pachacutec,* ciñe la corona en el año **1340**, reinó 60 años y murió en **1400**, despues de haber vivido segun la tradicion 103 años.

X. *Yupanqui,* heredó el poder regio en el año de **1400**, reinó 39 años y murió en **1439**.

XI. *Tupac-Yupanqui,* reinó desde el año **1439** y falleció en **1475**, despues de 36 años de reinado.

XII. *Huayna-Capac,* sucedió á Tupac-Yupanquí en el año **1475**, reinó 50 años, y murió en **1525**. Se considera á este príncipe como el mas glorioso de los monarcas peruanos. [1])

XIII. *Huascar,* recibió la corona en **1526**, reinó 7 años y murió en **1532**.

XIV. *Atahuallpa* ó *Atavaliva,* empezó á reinar en el año de **1532**, mandó un año y cuatro meses en todo el imperio, despues de haber reinado seis años en solo Quito, y murió en el cadalso

---

[1]) Segun el Canónigo Dr. D. JUSTO SAHUARAURA de Cuzco que pretende proceder del Inca Huayna-Capac por sucesion de sangre formaban los descendientes de Manco-Capac el Ayllo *Raurahua,* los de Sinchi-Rocca el Ayllo *Chima Panaca,* los de Lloqque-Yupanquí el Ayllo *Huakuanina,* los de Mayta-Capac el Ayllo *Usca Mayta,* los de Capac-Yupanquí el Ayllo *Apumayta Panaca Urin-Cosco,* los de Inca-Rocca el Ayllo *Huicca Qquirau Panaca Hanan Cosco,* los de Yahuar-Huaccac el Ayllo *Huaccaylli Panaca,* los de Huiraccocha-Inca el Ayllo *Suceo Panaca,* los del Inca Pachacutec el Ayllo *Cacca Cosco, Anahuarques,* los del Inca Yupanquí el Ayllo *Inca Panaca,* los de Tupac-Yupanquí el Ayllo *Capac Panaca,* los de Huayna-Capac el Ayllo *Tumipampa.*

por orden de Pizarro en la plaza pública de Cajamarca el 29 de Agosto del año 1533.

Despues de la conquista de los Españoles fué coronado el hermano de ambos monarcas precedentes, Manco-Capac II, que reinó con una sombra ligera de dignidad real, hasta el año 1553. Sucediéronle sus tres hijos *Sayri-Tupac*, *Cusititu-Yupanquí* y *Tupac-Amaru*. Este último fué decapitado en Cuzco, en el año 1571, por orden de Don Francisco de Toledo, quinto virey del Perú.

Prescindiendo del padre Acosta y otros autores que empiezan con Inca-Rocca la serie de los monarcas peruanos, pasemos á examinar las Memorias de la historia antigua del Perú por el Licenciado FERNANDO MONTESINOS, que es la segunda obra digna de fijar nuestra atencion. El autor, vecino de Osoña en España, visitó un siglo despues de la conquista dos veces el Perú, y viajó quince años por todo el vireino dedicándose con gran ahinco á la historia antigua del imperio de los Incas, reuniendo todas las tradiciones y cantos de los indigenas, tomando informes de los Indios mas eruditos relativamente á los acontecimientos pasados, aprovechándose de los manuscritos inéditos compuestos bajo la direccion de F. Luis Lopez, obispo de Quito († en 1588), y estudiando las antigüedades con tanto zelo que nadie le igualó en conocimientos arqueológicas. A principios de la segunda mitad del siglo décimo-septimo, concluyó su manuscrito sobre la historia antigua del Perú, que fué archivado en la biblioteca del convento de San José de Sevilla. Unos dos cientos años mas adelante (en 1846) salieron á luz estas memorias, mas en francés y tan solo en un extracto que publicó en Paris M. Ternaux-Compans, distinguido editor de los viages, relaciones y memorias originales para servir á la historia del descubrimiento de la América. Tal vez simultaneamente con las memorias compuso Montesinos otra obra intitulada: *Anales peruanos,* obra que hasta ahora no ha sido publicada. Las memorias de este autor tratan de la historia antigua del Perú de un modo tan original y tan distinto de los demás, que bien se puede decir que es una produccion nueva y desconocida. Empieza con su hipótesis favorita, á la cual dedicó la primera parte de su libro, que el Perú era el pais de Ofir del tiempo de Salomon, y que la América fué poblada por repetidas emigraciones procedentes de la Armenia. Quinientos años despues del diluvio, empieza el catálogo de los monarcas, cuyos nombres cita Montesinos, así como tambien la edad á que murieron y los acontecimientos mas memorables de sus reinados. El catálogo que presenta asciende á ciento y un monarcas precedentes á la conquista del pais por los Españoles.

Siendo muy poco conocida la obra de Montesinos, no juzgamos superfluo dar aquí un breve extracto de ella, mediante la exposicion de una tabla cronológica de los reyes segun nuestro autor.

I. *Pirhua-Manco,* reinó 60 años y murió de mas de cien años de edad.

El Perú, dice Montesinos, fué poblado quinientos años despues del diluvio. Sus primeros habitantes afluyeron en abundancia hácia el valle de Cuzco, acaudillados por cuatro hermanos nombrados *Ayar-Manco-Topa, Ayar-Cachi-Topa, Ayar-Auca-Topa* y *Ayar-Uchu-Topa,* á quienes acompañaban sus hermanas y mugeres llamadas *Mama-Cora, Hipa-Huacum, Mama-Huacum* y *Pilca-Huacum.* El mayor de los hermanos subió á la cima de un cerro, y tiró con su honda una piedra á cada una de las cuatro partes del mundo, tomando así posesion del terreno para si y su familia. Despues dió un nombre á cada una de los lados ó terrenos que habia alcanzado con su honda, denominando á la del Sur *Colla,* á la del Norte *Tahua,* á la del Este *Antisuyu,* y á la del Occidente *Contisuyu,* y por esto llamaron los indios á sus reyes *Tahuantin-Suyu-Capac,* esto es Señores de las cuatro partes del mundo. El menor de los hermanos, que, como en los cuentos de hadas, era al mismo tiempo el mas habil y lleno de maña, deseando gozar solo de la plenitud del poder, se deshizo de dos de sus hermanos, encerrando á uno en una cueva y precipitando al otro en un barranco, logrando el tercero huir á una provincia lejana. El fratricida consoló á sus hermanas, y les declaró que debian considerarlo como único hijo del Sol y obedecerle como á tal. Mandó á sus parientes que aplanasen el terreno é hiciesen casas de piedras; tal fué el orígen de la ciudad de Cuzco[1]). Las naciones vecinas siguieron el ejemplo de los vasallos de Ayar-Uchu-Topa, y fundaron poblaciones en las cercanías de esta ciudad. Sesenta años gobernó este primer rey que las tradiciones indianas llaman tambien *Pirhua-Manco,* dejando el trono al hijo mayor, fruto de su union con su hermana Mama-Cora.

II. *Manco-Capac I.*

Los caciques de las naciones inmediatas, recelando la pujanza de Manco-Capac, solicitaron su alianza, y á este fin le propusieron que tomase por esposa la hija del principal de ellos. Consintió el monarca, mas durante los prepa-

----

[1]) Montesinos opina que el nombre de Cuzco deriva de *cosca,* palabra indiana que quiere decir aplanar, ó de los montones de tierra llamados *coscos* que habia en los contornos.

rativos de las bodas y fiestas, vino la noticia que una numerosa multitud se acercaba á Cuzco del lado de Arica y de los Collas. Manco-Capac se puso sin dilacion en marcha para repeler la invasion estrangera, mas esta le envió diputados asegurándole, que no tenia malas intenciones, y que solo pedia tierras para cultivarlas y apacentar sus ganados. El monarca peruano les asignó las provincias del Norte; muchos pasaron á Pomacocha, Quinoa, Huaytara y Chachapoyas, algunos se embarcaron en el Apurimac y Marañon. Las tradiciones llaman á estas hordas estrangeras *Atumurunas.*

III. *Huainacavi-Pirhua* reinó 50 años, y murió de edad de 90.

Habiéndose apoderado de un hijo suyo, juntamente con su ama de leche, las naciones vecinas, quisieron darle la muerte; lloró el niño dos lágrimas de sángre, y asustados los enemigos lo volvieron á su padre y establecieron la paz. Casó despues Huaynacavi còn *Mama-Micay*, la hija de *Huillaco*, señor de un pueblo de la quebrada de Lucay. Durante su reinado era conocido el uso de las letras, y los amautas enseñaban la astrología y el arte de escribir en hojas de plátano.

IV. *Sinchi-Cozque* reinó 60 años y vivió mas de ciento.

Este soberano, llamado tambien *Pachacuti* porque reinó mil años despues del diluvio, era tan sabio como valiente; venció á sus enemigos en un sangriento encuentro cerca del pueblo de *Michina*, fortificó y adornó la ciudad de Cuzco, é inventó los carruages nombrados *Llamadores.*

V. *Inti-Capac-Yupanqui* vivió mas de cien años y reinó mas de 60.

Era hijo menor de Sinchi-Cozque, y cuando joven venció en una porfiada batalla á *Huaman-Huaroca* y *Huacos-Huaroca,*

ambos hermanos y gefes valientes de la nacion de los Anti-
huaylas que se habian apoderado de las provincias Contisuyu,
Tucaysuyu, Collasuyu y de los Chirihuanas, y amenazaban á la
ciudad de Cuzco[1]). Este monarca era no ménos sabio en la
paz que esforzado en la pelea, y al mismo tiempo muy zeloso
por la religion y veneracion de los Dioses supremos *Illatici-
Huiracocha* y *Sol*. Tambien dividió á Cuzco en dos partes:
Hanan-Cuzco y *Hurin-Cuzco*, y á la nacion en centurias, ó
pachacas: cada centurion mandaba á cien hombres, cada hua-
ranco á cien centuriones, un huñu á cien huarancos, y todos se
hallaban sujetos al tocricoc que dependia únicamente del rey.
Cada provincia tenia que distinguirse por ciertos señales personales en cada uno de sus miembros componentes, y los infantes
debian perforarse las orejas y llevar anillos de oro ó plata.

A este mismo soberano debieron sus vasallos los *chasquis,*
ó correos de legua en legua hasta las provincias mas remotas,
como igualmente la institucion del año solar en 365 dias y el
repartimiento de los años en círculos de diez, ciento y mil,
de los cuales llevaba el último la denominacion *Intip-huatan,*
ó *Capac hesata* (gran año solar).

VI. *Manco-Capac II.*

Mandó hacer grandes vias de comunicacion de Cuzco á
las provincias, puentes en los rios mas caudalosos, y tambos
á cada cuatro leguas para los caminantes. Al mismo tiempo
mandó á los sacerdotes de Illiatici-Huiracocha, que viviesen en

---

[1]) Dice Montesinos que todo cuanto refiere Garcilasso de esta victoria es falso.
Segun Garcilasso reinó Capac-Yupanqui desde 1156 hasta 1197; segun Montesinos
1100 años despues del diluvio.

claustros y en estado de castidad, é hizo construir edificios para las sacerdotisas del Sol.

Durante su reinado aparecieron dos cometas y hubo dos eclipses de sol que amedrentaron á la poblacion del Perú. Desgraciadamente sus temores no fueron vanos, y una espantosa peste que sobrevino desoló las provincias y casi despobló la capital de Cuzco.

VII. *Topa-Capac I.*

Retiróse á los Andes huyendo de la peste, vivió algun tiempo en los montes y regresó despues á Cuzco donde hubo gran desórden.

VIII. *Titu-Capac-Yupanqui.*

Despues de haber apaciguado una revolucion, cedió el trono, ya muy avanzado en edad, á su hijo.

IX. *Titu-Capac-Amauri* que vivió 80 años.

Conquistó las provincias de Collas y Charcas.

X. *Capac-Say-Huacapar* reinó 60 años y vivió noventa.

XI. *Capesinia-Yupanqui* reinó mas de 40 años y vivió 90. Fué príncipe religioso y edificó muchas Huacas.

XII. *Ayatarco-Cupo* reinó 25 años.

Habiendo llegado gigantes al Perú, poblaron Huaytara, Quinoa, Punta de Santa Helena y Puerto viejo, y fabricaron un templo suntuoso en Pachacamac sirviéndose de instrumentos de hierro. Como se entregaban á la sodomía, los aniquiló la ira divina con una lluvia de fuego, si bien logró escaparse una parte de ellos que avanzó á Cuzco. Ayatarco-Cupo salió á su encuentro y los dispersó cerca de Limatambo.

XIII. *Huascar-Titu* reinó 30 años y vivió 64, falleciendo cuando se proponia hacer la guerra á los Chimus.

XIV. *Quispi-Tutu* reinó 3 años y vivió sesenta.

XV. *Titu-Yupanqui*, ó *Pachacuti II* murió de edad muy avanzada. Sofocó una revolucion militar, y redujo las fiestas y embriaguez de los Indios.

XVI. *Titu-Capac* reinó 25 años.

XVII. *Paullu-Icar-Pirhua* reinó 30 años.

XVIII. *Lloqueti-Sacamauta* príncipe muy sabio, reino 50 años.

XIX. *Cayo-Manco-Amauta* murió de 90 años de edad.

XX. *Huascar-Titupac II* reinó 33 años y murió á los 75 de edad.

Dió á todas las provincias gobernadores nuevos de sangre real. Introdujo en el ejército una especie de coraza de tejido de algodon y de cobre, y una adarga de hojas de plátano y algodon, como distincion y preservativo de los soldados mas valientes, á los cuales dió otras armas y vestidos, y les concedió numerosos privilegios. Por último estableció un consejo de veinte ancianos de sangre real.

XXI. *Manco-Capác-Amauta IV.*

Este príncipe era aficionado á la astronomía y convocó una junta científica la cual estableció, que el sol se halla á mayor distancia que la luna, y que ambos siguen diferentes cursos. Al mismo tiempo fijó el principio del año en el equinoccio de verano.

XXII. *Ticatua* reinó 30 años.

XXIII. *Paullu-Toto-Capac* reinó 19 años.

XXIV. *Cao-Manco* reinó 30 años.

XXV. *Marasco-Pachacuti* reinó 40 años y vivió un espacio doble de tiempo. Este príncipe venció á los bárbaros recien-venidos al Perú en un sangriento combate, y reforzó las guarniciones hasta las orillas del Rimac y Huanuco. Zeloso por la religion, se opuso á los progresos de la idolatría, y publicó varios decretos favorables al culto de sus antepasados.

XXVI. *Paullu-Atauchi-Capac* murió á **70** años de edad.

XXVII. *Lluqui-Yupanpui* reinó **10** años y murió á los treinta de edad.

XXVIII. *Lluqui-Ticac* murió á la misma edad despues de haber reinado ocho años.

XXIX. *Capac-Yupanqui* reinó **50** años y murió á los **80** de edad. Era insigne jurisconsulto.

XXX. *Topa-Yupanqui* reinó **30** años y murió de edad muy avanzada.

XXXI. *Manco-Avito-Pachacuti, ó Pachacuti IV* reinó **50** años.

Fué príncipe muy guerrero, y mandó que empezase el año en el equinoccio de invierno.

XXXII. *Sinchi-Apusqui* reinó **40** años y murió á los **80** de edad, **2070** despues del diluvio. Ordenó que se llamase al Dios Pirhua *Illatici-Huiracocha*, y por este motivo dieron los Indios á este rey el nombre de *Huarma-Huiracocha*.

XXXIII. *Auqui-Quitua-Chauchi* reinó **4** años.

XXXIV. *Ayay-Manco* murió á los **60** años de edad.

Este monarca reunió en Cuzco los amautas para reformar el calendario, los cuales decidieron que fuese dividido el año en meses de 30 dias y semanas de diez, llamando pequeña semana á los cinco dias al fin del año. Tambien reunieron los años en décadas, ó grupos de diez, y en grupos de diez décadas, ó cien años que formaban un sol, ó siglo. La mitad de un sol, ó espacio de quinientos años fué nombrado *Pachacuti*.

XXXV. *Huiracocha-Capac II* reinó **15** años.

XXXVI. *Chinchi-Rocca-Amauta* reinó **20** años.

Fué monarca muy aficionado á la astrología.

XXXVII. *Amauro-Amauta.*

Fué príncipe tan melancólico que nunca se le vió reir.

XXXVIII. *Capac-Raymi-Amauta.*

Célebre por sus conocimientos astronómicos, sabía cual era el dia mas largo y mas corto del año, y cuando llega el sol al trópico. En honor de su rey dieron sus vasallos al mes de Diciembre el nombre de *Capac-Raymi.*

XXXIX. *Illa-Topa* reinó 3 años y murió á los 30 de edad.

XL. *Topac-Amauri* murió á la misma edad.

XLI. *Huana-Cauri II* reinó 4 años.

XLII. *Toca-Corca-Apu-Capac* reinó 45 años é instituyó en Cuzco una universidad.

XLIII. *Huancar-Sacri-Topa* reinó 32 años.

XLIV. *Hina-Chiulla-Amauta-Pachacuti* reinó 35 años. El año quinto de su gobierno corresponde al año 2500 despues del diluvio.

XLV. *Capac-Yupanqui-Amauta* reinó 35 años.

XLVI. *Huapar-Sacritopa.*

XLVII. *Caco-Manco-Auqui* reinó 13 años.

XLVIII. *Hina-Huella* reinó 30 años.

XLIX. *Inti-Capac-Amauta* reinó 30 años.

L. *Ayar-Manco-Capac II.*

LI. *Yahuar-Huquiz* reinó 30 años.

Fué insigne astrónomo é intercaló un año al cabo de cuatro siglos.

LII. *Capac-Titu-Yupanqui* reinó 23 años y murió de mas de ciento de edad, de unas malignas viruelas que asolaban el pais.

LIII. *Topa-Curi-Amauta II* reinó 39 años y murió de mas de ochenta.

LIV. *Topa-Curi III* reinó 40 años.

• **LV.** *Huillca-Nota-Amauta* reinó 60 años y murió de mas de noventa.

Ganó este príncipe una memorable victoria en Huillca-Nota sobre varias hordas estrangeras procedentes del Tucuman que habian invadido el pais.

LVI. *Topa-Yupanqui* reinó 43 años y murió á los noventa.

LVII. *Illac-Topa-Capac* reinó 4 años.

LVIII. *Titu-Raymi-Cozque* reinó 31 años.

LIV. *Huqui-Ninaqui* reinó 43 años.

LV. *Manco-Capac III* reinó 23 años.

Segun los amautas, reinaba este príncipe en el año 2950 despues del diluvio, y por consiguiente en tiempo del nacimiento de Jesu Cristo, época en que el Perú habia llegado á su mayor auge y extension.

LXI. *Cayo-Manco-Capac II* reinó 20 años.

LXII. *Sinchi-Ayar-Manco* reinó 7 años.

LXIII. *Huamantaco-Amauta* reinó 5 años. Durante su reinado hubo terremotos que duraron varios meses.

LXIV. *Titu-Yupanqui-Pachacuti V.*

En su reinado se concluyó el tercer ciclo milenario despues del diluvio.

Hubo irrupciones de hordas bárbaras procedentes del Brasil y de los Andes que talaron los campos. Fortificado el Inca en las montañas de Pucará, trabó una sangrienta pelea con los enemigos invasores en que, despues de una espantosa carnicería, pereció el monarca peruano de un flechazo; y viciado el aire por los miasmas putrefactos de los cadáveres que insepultos permanecieron en el campo de batalla, engendró una peste espantosa que casi despobló al Perú.

LXV. *Titu.*

Muchos ambiciosos, aprovechándose de la edad tierna del nuevo rey, le negaron obediencia, arrastraron á las masas y usurparon varias provincias. Los que se mantuvieron fieles al heredero de Titu-Yupanqui lo condujeron á Tambotoco, cuyos habitantes le prestaron obediencia. De ahí provino que tomó este monarca el nombre de rey de Tambotoco, pues, como el imperio romano en tiempo de Galieno, contaba el Perú muchos tiranos simultáneos. Todo se hallaba en mayor desórden, la existencia y seguridad individual continuamente amenazadas, y los desturbios civiles acarrearon la pérdida completa del uso de las letras.

LXVI. *Cozque-Huaman-Titu* reinó 20 años.

LXVII. *Cayo-Manco III* reinó 50 años.

LXVIII. *Huica-Titu* reinó 30 años.

LXIX. *Sivi-Topa* reinó 40 años.

LXX. *Topa-Yupanqui* reinó 25 años.

LXXI. *Huayna-Topa* reinó 37 años.

Este monarca quiso reconstruir la ciudad de Cuzco, mas por el consejo de los sacerdotes abandonó la empresa.

LXXII. *Huancauri* reinó 10 años.

LXXIII. *Huillca-Huaman* reinó 60 años.

LXXIV. *Huaman-Capac.*

LXXV. *Auqui-Atahuilque* reinó 35 años.

LXXVI. *Manco-Titu-Capra* reinó 27 años.

LXXVII. *Huayna-Topa* reinó 50 años.

LXXVIII. *Topa-Cauri-Pachacuti VI.*

El año nono de su reinado corresponde al año 3500 despues del diluvio.

Empezó este príncipe por conquistar algunas provincias, mas no continuó la empresa siendo sus habitadores muy viciosos. Prohibió, bajo las penas mas severas, valerse de la *Quellca* (especie de pergamino de hojas de plátano) para escribir, como tambien el inventar letras; mas introdujo el uso de los Quippos y fundó en Pacaritambo una escuela militar para los caballeros.

LXXIX. *Arantial-Cassi* vivió 70 años.

Mandó este príncipe, que en el sepulcro de su padre, fuesen enterradas su muger legítima y sus concubinas favoritas. Ordenó igualmente embalsamar el cadáver de su padre, despues de arrancados los intestinos que, por órden del monarca, fueron conservados en vasos de oro.

LXXX. *Huari-Titu-Capac* vivió 80 años.

LXXXI. *Huapa-Titu-Auqui* murió de 70 años de edad.

LXXXII. *Tocosque* vivió 80 años.

Durante el reinado de este príncipe invadieron el pais hordas salvages procedentes, parte de Panamá, parte de los Andes, parte del Puerto de Buena Esperanza. Estas naciones eran antropófagas, sodomitas, vivian como brutos y se hallaban encenegadas en la mayor degradacion.

LXXXIII. *Ayar-Manco* reinó 22 años.

LXXXIV. *Condorocca.*

LXXXV. *Ayar-Manco II* murió de 24 años de edad.

LXXXVI. *Amaru.*

LXXXVII. *Chinchirocca* reinó 41 años y vivió setenta. En esta época se empezaron á hacer ídolos de oro.

LXXXVIII. *Illa-Rocca* reinó 75 años.

LXXXIX. *Rocca-Titu* reinó 25 años.

XC. *Inti-Capac-Maita-Pachacuti VII.*

Durante el reinado de este príncipe, conclúyose el cuarto ciclo milenario despues del diluvio. Las costumbres eran tan corrompidas, los vicios tan abominables, los vínculos de la sociedad tan carcomidos, tan poco respetada la ley y el poder regio, que amenazaba desmoronarse el estado. En esta situacion, la maña é intrigas de una princesa de sangre real nombrada *Mamá-Ciboca* consiguieron, que subiese al trono su hijo llamado *Rocca*, mozo de veinte años y tan hermoso y valiente, que sus admiradores lo llamaron *Inca*, que quiere decir Señor, como calificaron los Arabes del título de Cid, que tiene la misma significacion en su lengua, al bello y denodado Rodrigo de Vivar. El título de Inca fué ulteriormente adoptado por los sucesores en el trono del Perú.

XCI. *Inca-Rocca* reinó 40 años y murió á los sesenta de edad.

Salió el joven Rocca de la cneva de Chingana cerca de Cuzco, y se presentó á los Indios como verdadero hijo del Sol, procurando persuadirles de su prosapia celeste, en cuya empresa le fué de gran auxilio su astuta madre Mamá-Ciboca. El joven príncipe se esforzó en reformar las costumbres, mandó que la sodomía fuese castigada con el fuego; y para dar á sus vasallos ejemplo de virtudes conyugales, contrajo nupcias con su hermana *Mamá-Cora*, ejemplo que cundió en su pueblo, en términos que, al dia siguiente de su matrimonio, casáronse mas de 6000 personas. Despues declaró guerra á los caciques vecinos que le negaban obediencia y no lo consideraban como hijo del Sol; venció al rey de Huancarama, al de Andahuaylas, subyugó al de las Huillcas, y volvió triunfante á Cuzco. Mandó que fuese considerado el Sol como Dios principal, y promulgó muchas órdenes relativas á la religion y estado militar.

XCII. *Inca-Hualloque-Yupanqui.*

Casóse con su hermana *Mamá-Chahua.*

De su hermano Manco-Capac desciende la familia de los *Raucas-Panacas.*

XCIII. *Inca-May-Tacapaca.*

Contrajo matrimonio con su hermana *Mamá-Tanca-Riachu*. Su hermano menor *Aputaca* fué cepa de la familia de los *Illochibainin*, y su hijo segundo *Putano-Uman* de la familia de los *Uscamaytas*.

XCIV. *Inca-Capac-Yupanqui.*

Casóse con su hermana *Mamá-Corilpa-Ychaca*, y tuvo cuatro hijos: *Sinchi-Rocca-Inca*, *Apoc-Colla-Unapiri*, *Apu-Chancay*, y *Chima-Chavin*, del cual descienden los *Apu-Maytas* de Cuzco.

Su hermano *Putano-Uman*, formó una conspiracion contra él, pero el Inca, noticioso de ella, mandó enterrar vivo al traidor, y precipitar á los demás conjurados en un foso lleno de serpientes, tigres y leones.

XCV. *Inca-Sinchi-Rocca* vivió **90 años.**

Tomó por esposa á su hermana *Mamá-Micay*. Venció en una batalla sangrienta, á una legua de Andahuaylas, al rey de los Canchas é hizo una entrada triunfal en Cuzco con un lujo nunca visto.

Tuvo cuatro hijos: *Mayta-Yupanqui*, *Mayta-Capac*, *Huaman-Tacsi* y *Huiraquira*, cepa de los *Huiraquiras*.

XCVI. *Inca-Yahuar-Huaccac* ó *Mayta-Tupanqui.*

De resultas de su matrimonio con su hermana *Mamá-Cochaquiela*, tuvo seis hijos: *Huiracocha*, *Paucariali*, *Pahuac-Huallpamayta*, *Marcayutu*, *Yupa-Paucar* y *Cincar-Rocca*, de que descienden los *Aucay-Lipaunacas*, y que fué vencedor de los Chancas.

Este Inca padeció toda su vida una enfermedad de ojos que hacia, que se manifestasen siempre encendidos, y por eso dijeron sus vasallos que lloraba sangre y le nombraron *Yahuar-Huaccac*.

8*

XCVII. *Inca-Topa-Yupanquí* llamado *Huiracocha* á causa de sus hechos extraordinarios, vivió 75 años y reinó 45.

Casóse con su hermana *Mamá-Runtucay* é hizo una campaña á Chile, en que instaló por gobernadores dos sobrinos suyos, y mandó construir un camino real desde Chirihuanas hasta el estrecho, atravesando todo el pais de Chile. Despues pasó al Norte, subyugó á los Indios Canaris, los de Quito, los Atarunos, Sichos y Lampatos; y mas adelante á los Chonos, habi, tantes de la provincia de Guayaquil, y á los caciques de la isla de Puna, como tambien á los Chimus al volver á Cuzco. Reparó el templo de Pachacamac, y durante su reinado hubo grandes terremotos y dos erupciones de los volcanes de Quito, una enfrente de Paucallo, y otra enfrente de las montañas de Oyumbicho.

XCVIII. *Inca-Topa-Yupanquí II* reinó 20 años y murió á los cincuenta de edad.

Casóse con su hermana *Caya-Mamá-Ocho* y redujo á la obediencia á los Chimus que se habian rebelado de nuevo, impediendo el uso de las aguas necesarias para el regadío de sus campos.

XCIX. *Inca-Inticusi-Huallpa*, llamado tambien *Huayna-capac* por su hermosura y prudencia.

Despues de haber contraido matrimonio con su hermana *Coya-Rahua-Ozollo*, marchó á la provincia de Chachapoyas, envió tropas por el rio Moyobamba y acabó casi enteramente con la nacion de los Palcas. Luego redujo á la obediencia á los Indios del rio Quispe, capitaneados por una muger llamada *Quilago*. Por último, despues de una reñida pelea, derrotó completamente al cacique de Coyamba á orillas de la laguna de Yahuarcocha.

C. *Inca-Inticusi-Huallpa-Huascar.*

Asegura Montesinos que el nombre de Huascar fué dado á este Inca por su ama de leche, y declara apócrifa la narracion de Garcilasso y otros historiadores acerca de la cadena de oro que fué labrada en honor de su nacimiento.

CI. *Inca-Huaypar-Titu-Yupanqui-Atahuallpa.*

Deduce Montesinos el sobrenombre de este príncipe de las palabras: *atahu* virtud, fuerza, y *allpa* bueno, suave. (!)

Por lo expuesto se ve, que la obra de Montesinos no resiste al análisis. Nótase desde luego, que el fundamento en que erigió el autor su historia, esto es la identidad del Perú con el pais de Ofir y la comunicacion continua de la Armenia con el Nuevo-Mundo, es una hipótesis gratuita y meramente la expresion de las investigaciones históricas de los autores españoles que se ocuparon, en los siglos décimo sexto y décimo septimo, del descubrimiento de la América. Por otra parte, las memorias de Montesinos presentan tantas contradicciones, tantos errores cronológicos y tan manifiestas incorrecciones, que solo con la mayor cautela y mucha desconfianza se puede hacer uso de tales documentos. A pesar de la erudicion del autor y de los numerosos informes que pudo recoger su solicitud en su larga residencia en el Perú, la composicion de su historia no muestra caracter fidedigno y la sucesion de los monarcas peruanos parece muy arbitraria. Sin embargo en los últimos tiempos, las relaciones de Montesinos presentan un grado de autenticidad superior al de Garcilasso de la Vega; y, á pesar de sus errores y defectos, forman estas memorias un importante elemento de la literatura histórica del Perú.

Ahora nos queda que mencionar una tercera obra sobre la antigüedad peruana, y es la *Historia de la conquista del Perú* por el célebre escritor americano W. H. PRESCOTT que, poseyendo la incomparable ventaja de tener á su disposicion mas materiales que ningun otro historiador, y sirviéndose de ellos con el sano juicio y exquisita elegancia que le caracterizan, nos traza con una maestría incomparable, un método perfecto y colores brillantes, un cuadro animado del estado del Perú antes de la conquista, del grado de la civilizacion de la nacion bajo la dinastía de los Incas, y de la forma del gobierno de estos monarcas. Sentimos sobremanera, que muchos antiguos manuscritos que emiten viva luz en los siglos oscuros de la antigüedad peruana, nos sean tan solo conocidos por las citaciones de Prescott, y no dudamos, que para los arqueólogos y anticuarios tendrian indecible interés las relaciones de Sarmiento, Ondegardo, Betanzos, como igualmente las memorias anónimas sobre el descubrimiento y la conquista, así como los documentos sobre las inscripciones, medallas, antigüedades, etc.

En el primer capítulo de nuestra obra, ya hemos emitido mas en extenso nuestra opinion acerca del gran reformador peruano, conocido bajo el nombre tradicional de Manco-Capac. No admite duda que existia en el Perú, ya antes de su llegada, cierto grado de cultura, pero queda por averiguar el problema, tal vez para siempre indisoluble, del orígen de esta cultura: si era una sucesiva manifestacion progresiva del espíritu de las naciones aborígenas, ó mas bien transplantada de otro suelo. Ello es cierto, que esta cultura menguaba y decaia rapidamente antes que empezase la nueva era reformadora. El tino perspicaz y exacto conocimiento del terreno en que iba á construir su nuevo edificio, motivaron al reformador á tomar por base el cultivo anterior decaido, y por eso encontramos, especialmente en el culto religioso, elementos heterogéneos, no combinados entre

si aunque mezclados, que atestiguan sin embargo al obser- .
vador atento y profundo·, la sabiduría del que supo reunirlos
tan ingeniosamente; al paso que la organizacion perfecta de la
monarquía y sus libres progresos arguyen la sencillez y pers-
picacía con que fueron instituidas aquellas leyes políticas y
religiosas.

La opinion general es que los Incas descienden inmediatamente de Manco-Capac. Todas las tradiciones refieren, que
este personage se distinguia de los indígenas por su fisonomía
y color claro de su tez; y aunque los mas de los historiadores atribuyen á todos los Incas estas calidades personales,
nada de seguro sabemos en este punto, mas positivamente nos
consta, que errados anduvieron algunos viageros modernos pretendiendo, que los descendientes de la familia real se distinguen
de los demas Indios por su aspecto físico. Nuestras investigaciones exactas y recientes tienden á probar, que los Incas
no derivaban su orígen del mencionado legislador, sea su nombre
Manco-Capac, ú otro cualquiera, por sucesion de sangre, sino
de una familia indígena establecida en la dignidad real por el
reformador estrangero. Segun esta hipótesis, Inca-Rocca fué
el primer autócrata indiano y cepa del *Ayllo* de los monarcas
peruanos. Bien conocemos que, en este punto, probablemente
nunca se llegará á saber la verdad, pero esta opinion es el
resultado de un estudio crítico de la historia que no presta
ciega fé á la tradicion, y se esfuerza en penetrar en la conexion de los motivos y efectos históricos.

Mucho difieren entre sí las tradiciones de los Indios y las
opiniones de los historiadores relativamente al orígen de los Incas y su llegada al Perú: hay algunas de ellas que por su
sencillez y verosimilitud no dejan de satisfacer, al paso que

otras por su ridiculez, arbitrariedad é improbabilidad histórica no merecen el menor aprecio y chocan á primera vista. Tal es, por ejemplo, la que constituye á un marinero inglés, legislador del Perú. Conviene contar la base de esta opinion, para mostrar cuanto pueden descarriar la falta de sensatez, ó el prurito de originalidad. Hace ocho siglos naufragó un marinero inglés en las costas del Perú; un cacique que lo halló á la orilla del mar le preguntó quien era, y el naúfrago contestó en su lengua *Englishman*, palabra que, con su pronunciacion quichua, repitió el cacique diciendo *Ingasman;* y siendo el Inglés de bello aspecto, añadió el cacique dirigiéndose á sus compañeros *Ingasman-Capac* (el muy hermoso inglés) y así quedó al estrangero el nombre de *Ingasman-Capac*, que andando el tiempo se mudó en Inga-Manco-Capac. Basta citar este cuento apócrifo y ridículo, para mostrar la indigencia y nulidad de la síntesis histórica que en él pretende fundarse. Segun algunos autores será aun la restitucion del gobierno de los Incas obra de los Ingleses[1]), pues afirma un tal D. Antonio Berreo[2]), que entre otras profecías conservadas en el templo principal de Cuzco, relativas á la destruccion del imperio, habia una que aseguraba, que los Incas serian de nuevo restablecidos en

---

[1]) *Gualtero Ralegh* en la relacion de su viaje á *Guiana* (fol. 97 pág. 8 de la América de Theodoro Bry); véase tambien el prólogo á la segunda edicion de los comentarios de Garcilasso de la Vega, escrito por Don Gabriel de Cardenas 1723.

[2]) Deum ego testor, mihi a Don Antonio de Berreo affirmatum, quemadmodum etiam ab aliis cognovi, quod in praecipuo ipsorum templo inter alia vaticinia, quae de amissione regni loquuntur, hoc enim sit, quod dicitur fore ut Ingae sive imperatores et reges Peruviae ab aliquo populo, qui ex regione quadam, quae Inclaterra vocetur, regnum suum rursus introducantur.

su imperio por cierta gente que vendria de un pais llamado *Inclaterra.*

Superfluo es añadir que nunca existió tal profecía, y que toda esta relacion es una impostura mal forjada.

El período mas eminente de la dinastía de los Incas es el reinado de Huayna-Capac, que murió siete años antes de la llegada de los Españoles, despues de haber gobernado por medio siglo. Las obras belicosas y civiles de tan insigne soberano merecen encontrar una pluma elocuente, y su biografía, elaborada con la circunspeccion necesaria, daria mas luz á la historia antigua peruana que tantas memorias, relaciones y comentarios que abrazan tantos tomos indigestos, llenos de contradicciones, errores y fábulas. Bajo el cetro de Huayna-Capac llegó el imperio á su mayor auge y prosperidad, y se extendia desde el rio Andasmayo, al norte de Quito, hasta el rio Maule en Chile, esto es, abrazaba una distancia de mas de cuarenta grados geográficos ú ochocientos leguas — lo que supera en algunos grados la mayor extension de la Europa — y, limitado en toda su extension occidental por el oceano Pacífico, se estendia hasta las pampas del Tucuman al sudeste, y hasta los rios Ucayali y Marañon al nordeste. Este vasto imperio contenia tan solo diez ú once millones de habitantes, número que disminuyó rápidamente despues de la conquista, y en el año de 1580, el censo general hecho en virtud de órden de Felipe II por el arzobispo Loaiza, no demostró mas de 8,280,000 almas [1]).

---

[1]) El computo del Padre Cisneros en 1579 asciende á 1,500,000 habitantes, mas solo de indivíduos tributarios; y Humboldt se equivocó al tomar este número por el de la totalidad de los habitantes del Perú.

Aun disminuyó la poblacion con el tiempo á menos de la mitad, y por lo general se puede admitir que los valles de la costa peruana tienen actualmente la décima parte ó menos de lo que tenian en tiempo de los Incas. El valle de Santa, por ejemplo, tenia 700,000 almas y hoy dia no llega el número de sus habitantes á 1200. Segun el Padre Melendez habia poco despues de la conquista, en la parroquia Aucallama de la provincia de Chancay, treinta mil indivíduos tributarios, esto es varones de mas de diez y ocho ó veinte años: y al presente cuenta tan solo 425 habitantes y entre ellos 320 esclavos.

Concluyamos estas consideraciones con el deseo de que la historia antigua del Perú halle un historiador tan eminente como lo halló la historia de su conquista en el Señor Prescott. ¡ Ojalá un gobierno verdaderamente patriótico ayude á tan importante empresa!

CAPITULO CUARTO.

Sistema de gobierno é instituciones políticas de los Incas.

No es nuestro objeto exponer circunstanciadamente todo lo que atañe al gobierno y administracion del antiguo territorio peruano; mas, para la mejor inteligencia de los capítulos que vienen á continuacion, no podemos menos de ofrecer á nuestros lectores un breve cuadro de la organizacion política del imperio de los Incas.

La autoridad de los monarcas peruanos excedia, como ya hemos insinuado en nuestro capítulo precedente, á la de los mas poderosos reyes del orbe. Su voluntad era la ley suprema, ningun consejo de estado, ningun ministerio ó institucion cualquiera tendia á limitar el poder del soberano; y si algunos acostumbraban á consultar á ancianos expertos, era tan solo como deferencia ó utilidad propia, y de ningun modo por ley alguna orgánica de la dinastía. El Inca era dueño de la vida y hacienda de sus vasallos; y considerado en su

9*

vasto imperio como árbitro supremo de cuanto respiraba en el aire ó en las aguas: *los mismos pájaros suspenderán su vuelo, si yo se lo mando*, decia á los Españoles Atahuallpa en su lenguage hiperbólico.

Además, los monarcas del Perú, considerados como hijos del Sol y descendientes en línea recta de Manco-Capac, eran sumos-pontífices y oráculos en materia religiosa. Así, reuniendo el poder legislativo al ejecutivo, caudillo supremo en la guerra, soberano absoluto en la paz y pontífice venerado en las fiestas religiosas, ejercian el mayor poder conservado en memoria humana, realizaban en su persona la union famosa del Papa y el Emperador, y con mas motivo que Luis XIV podian exclamar: *Yo soy el Estado.*

Se puede caracterizar la forma de su gobierno por una autocracía teocrática. Revestidos de dignidad tan complexa y tan culminante, no es de estrañar la ciega obediencia que les prestaban sus súbditos y la humildad profunda con que se acercaban á su persona. Agréguese á esto que la descendencia celeste de los Incas hacia, que no solo fuesen obedecidos como monarcas absolutos y venerandos pontífices, sino acatados como deidades; su persona era santa, su cadáver reliquia sagrada, y su memoria religiosamente respetada.

Esta veneracion innata fué aumentada por leyes severas: así los primeros magnates del imperio no osaban aparecer calzados en presencia del Inca, los principales señores venian á las audiencias con un liviano fardo en señal de sumision, y las masas tenian que descalzarse y descubrirse la cabeza al acercarse á la calle en que estaba el palacio real. Los demás miembros de la familia real participaban de la veneracion general, pero en menor grado que el monarca y su augusta esposa, que era despues de su real consorte la persona mas respetada del reino.

No obstante, si hemos de creer á Garcilasso de la Vega, el gobierno de los Incas era paternal, y todos los miembros de la dinastía, sin excepcion, se hallaban llenos de tierna solicitud por sus vasallos, con los cuales acostumbraban mezclarse á pesar de su gerarquía, informándose de la condicion de las clases inferiores y procurando que nada les faltase y que en tanto como fuese posible todos los miembros de su vasto imperio gozasen del contento y abundancia. Igualmente dignábanse de presidir á ciertas festividades religiosas, y en estas ocasiones ofrecian banquetes á la nobleza en que, segun el uso de las naciones europeas, brindaban por la salud de las personas que mas afecto les inspiraban, costumbre verdaderamente extraordinaria y que con sorpresa se encuentra entre los Indios americanos. Ademas usaban viajar por sus estados, para enterarse de las quejas de sus súbditos, ó para arreglar asuntos que los tribunales habian sometido á su decision. Por todas partes acudia presurosa la multitud á contemplar un momento á su monarca, y cuando este levantaba las cortinas de las andas ó palanquin en que viajaba, para dejarse ver, eran tan inmensas las vociferaciones con que la multitud lo congratulaba y pedia en su favor la bendicion del cielo, que la conmocion del aire hacia caer los pájaros que iban volando[1]), efecto prodigioso que, sin mas verosimilitud, asegura Plutarco haber tenido lugar en Grecia cuando el heraldo romano proclamó la libertad de los Griegos.

---

[1]) Sarmiento, Relacion MS. Cap. X, (vid. Prescott l. c. pag. 16 nota).

Los parages en que dignaba detenerse el monarca eran venerados religiosamente, y á ellos acudian devotamente los sencillos habitantes en peregrinacion ó los mostraban con el mismo respeto que los monges del Santo Sepulcro muestran los sitios consagrados por la presencia del Salvador.

Aunque, como los monarcas orientales, poseia el Inca un número ilimitado de concubinas, no tenia mas que una esposa legítima, llamada *Coya* y escogida entre sus hermanas. Este incesto, por mas repugnante que parezca á nuestras ideas de moral, era consecuencia natural del concepto que hacian los Peruanos de su monarca, que, siendo ser sobrenatural é hijo del Sol, no debia tener mezcla alguna del barro de que se hallan amasados los mortales. Fuera de esto, el incesto, por razones probablemente análogas, era ley ó costumbre de varias dinastías orientales; tales fueron los Lagidas en Egipto. Esta concentracion de la sangre de una sola familia, y la ausencia de todo elemento estraño, debia forzosamente imprimir un distintivo de fisonomía, un sello típico á la familia imperial, y aumentar así, por su caracter excepcional, la veneracion idolátrica de sus vasallos.

Todos los infantes masculinos [1]) llevaban el nombre de *Inca* cuando casados, y de *Auqui* cuando solteros. Al designar al monarca reinante, sin nombrar su apelativo, se empleaba el nombre de *Capac-Inca* (único rey); la reina era conocida bajo el nombre de *Coya;* las mugeres de sangre real llevaban

---

[1]) Garcilasso dice en sus comentarios, parte I, cap. XXXI, lib. 1, del modo mas expreso, que á los descendientes de línea femenina no pertenecia el nombre de Inca; sin embargo fué usurpado este título por él mismo, hijo de una palla.

la denominacion de *Pallas* cuando casadas y Ñustas cuando solteras. El nombre de *Mamacunas* ó *Shipa-Coyas* era reservado á las concubinas que no eran de sangre real. El trono pertenecia al hijo mayor de la *Coya,* ó reina legítima, cetro que, segun Garcilasso, pasó sin interrupcion de padres á hijos durante el período en que floreció la dinastía imperial.

La corte del soberano se componia de numerosos personages de un rango mas ó menos elevado. Inmediatamente despues del monarca venian los infantes, los principales magnates y los caballeros mas distinguidos. Luego venian los camareros y palaciegos que eran miembros de las familias nobles del reino, á los cuales seguian los *curacas* ó gobernadores de las provincias conquistadas. Fuera de esto, habia astrólogos, *amautas* ó varones doctos, poetas, oficiales mayores, ayudantes, una guardia de honor, sirvientes de varias clases, y además numerosos *chasquis* ó correos, siempre dispuestos á partir cuando lo mandaba el soberano, sea por negocios de estado, sea por negocios particulares, por ejemplo, cuando deseaba comer pescado fresco del mar, á doscientas leguas de distancia. [1]) Agréguese á eso el haren del monarca, que en la época mas brillante del reino llegó hasta setecientas mugeres, cada una de las cuales tenia varias criadas. Garcilasso asegura que algunos de los Incas dejaron mas de 300 descendientes directos. Así no es de estrañar que la corte del Capac-Inca contase de mas de 8000 personas.

---

[1]) Observábase hasta ahora poco la acostumbre anticuada de que el chasqui ó correo recibiese de su cacique ó paroco ó alcalde cierto número de latigazos antes de partir, castigo que ellos mismos solicitaban al fin de no detenerse en el camino en diversiones ó en los lugares de descanso.

Como en los paises europeos, la aristocracia peruana derivaba su orígen de su valor personal y del parentesco con el soberano. Consistia en cinco órdenes:

I. La de los Incas de sangre regia que procedian del mismo tronco que el soberano. Este órden, el mas importante de todos, se dividia en varias líneas, cada una de las cuales blasonaba de proceder de un individuo de sangre real, aunque todas terminaban en el divino fundador del imperio.

II. La de los Incas por privilegio, esto es, los descendientes de los principales vasallos del primer Inca, á quienes se concedia por merced el privilegio de usar de este título.

III. La de los caballeros de familias distinguidas por sus riquezas, valentía, ciencia ú otro merito cualquiera de sus antepasados ó miembros actuales.

IV. La de las personas beneficiadas con las primeras dignidades.

V. La de los sacerdotes.

Los caballeros de sangre real eran educados por los amautas y preparados para el *huaracu*, ceremonia análoga á la órden de caballeros de la edad media. A la edad de diez y seis años eran examinados en Cuzco en una casa del barrio llamado *Collcampata*, dirigiendo el examen Incas expertos y ancianos. Los candidatos tenian que manifestar su saber en los ejercicios atléticos del guerrero, en la lucha, en carreras que probasen su fuerza y agilidad. Al mismo tiempo combatian en batallas figuradas en que, aunque las armas no tenian filo, resultaban siempre heridas y á veces la muerte. Tenian tambien que ayunar varios dias, ir descalzos, dormir en el suelo, vestir pobremente, y arrostrar otras privaciones tanto para acostumbrarse á las fatigas de la guerra, como para comprender y compadecer la miseria de los menesterosos. Despues eran presentados los novicios al Inca reinante que les horadaba la extremidad de las orejas con alfileres de oro, los cuales conservaban, hasta que la abertura fuese bastante grande para contener los enormes pendientes, peculiares á sus órdenes, que consistian en rodetes de oro, ó plata, tan macizos y pesados, que extiraban prodigiosamente las orejas, aumentando de un modo disforme el volúmen de su cartílago, aunque entre los naturales pasaba por belleza y distincion. Los Españoles, chocados de esta deformidad, dieron el nombre de *Orejones* á estos señores que ejercian los primeros cargos del estado tantos civiles como militares.[1])

El nombre de *Perú* no era conocido de los indígenas, y segun Garcilasso quiere decir *rio*, nombre que, pronunciado por uno de los naturales al responder á una pregunta que le hicieron los Españoles, dió orígen á una equivocacion, por la cual fué impuesto este nombre al vasto imperio de los Incas, creyendo las tropas aventureras de Pizarro, que así lo llamaban los habitantes. Montesinos que se esfuerza en persuadir que el Perú es el antiguo Ofir de que tantos tesoros sacó Salomon, dice que este nombre es una corrupcion de la palabra Ofir. De cualquier modo, ello es cierto, que el nombre con que los vasallos de los Incas caracterizaban todos los estados dependientes de sus soberanos, era el de *Tahuantisuyu* que significa *las cuatro partes del mundo*. Todo el pais se hallaba dividido en cuatro provincias de igual dimension: la del Sud se llamaba *Collasuyu*, la del Norte *Chinchasuyu*, la del

[1]) Garcilasso de la Vega, Com. parte I, lib. VI, cap. XXIV — XXVIII.

Oriente *Antisuyu*, y la del Occidente *Cuntisuyu*. A cada una de estas cuatro provincias llegaba un camino correspondiente que partia de Cuzco, capital ó centro de la monarquía peruana. Al frente de cada una de ellas habia un virey, ó gobernador, que la regia con el auxilio de uno ó mas consejeros. Cada provincia se dividia en mas ó ménos departamentos, no segun su extension territorial, sino segun el número de sus habitantes. Y aun para mejor administracion y mas fácil inspeccion, inventaron los Incas un sistema muy sencillo de subdivision. Segun este sistema la poblacion del pais se dividia en decurias bajo el mando de un decurion; diez decurias obedecian á un centurion, diez centurias, ó mil habitantes tenian por gefe á un oficial mayor, y cien centurias, ó diez mil hombres formaban un departamento con su gobernador. Al decurion tocaba velar sobre las necesidades de los que estaban bajo sus órdenes, dar informes al gobernador, y acusar el menor delito de sus decuriatos al gefe superior, á cuyo cargo estaba el castigo. Cuanto mayor era el delito, tanto mayor era aquel, y tanto mas superior debia ser el juez á quien tocaba pronunciar la sentencia. Todo gefe de una seccion grande ó pequeña que no cumplia rigorosamente con su oficio, sufria una severa pena y era destituido de su empleo. Para averiguar si cada uno de estos gefes cumplia con su obligacion, acostumbraba el Inca enviar inspectores por todo el reino. Los delitos eran castigados casi inmediatamente despues de la acusacion por el decurion; toda causa debia ser juzgada cinco dias lo mas tarde despues de haber sido llevada delante del juez, y no habia apelacion alguna una vez pronunciado el fallo. Cada juez, desde el decurion hasta el gobernador, tenia obligacion de hacer mensualmente á su superior una relacion circunstanciada de lo que habia pasado en su seccion, y el Inca recibia de los vireyes un extracto de lo mas importante. Así el monarca, sentado en el centro de sus dominios, podia dirigir la vista á las extremidades mas remotas, y revisar y rectificar cualquier abuso que hubiese en la administracion de la justicia. Este sistema exigia un millon de empleados, defecto inmenso, sean cualesquiera las demas ventajas que por otra parte presente.

Esta organizacion administrativa tiene cierta analogía con las ideas de algunos publicistas europeos del siglo pasado y del actual, conocidos en el dia bajo el nombre de socialistas; mas hay otro ramo que casi completamente realiza algunas ideas sociales del dia, que prescinden en algun modo de la libertad, ídolo de nuestros padres, y la inmolan á cierta igualdad fraternal y á la satisfaccion segura y completa de las necesidades materiales. El egoismo seco y orgulloso, orígen de tantos males, y la miseria universal que roe y postra la mayor parte de la raza humana, puede solo excusar esos sistemas monacales, que operan con los hombres como el aritmético con cantidades homogéneas, y los despojan de la libertad, esto es de su individualidad y la expansion de su ser.

Solo bajo un gobierno autocrático, en que el gefe del estado era á la vez monarca absoluto y pontífice venerado, y solo en una poblacion esencialmente apacible y agrícola, era posible este socialismo.

Toda la tierra capaz de ser cultivada se hallaba dividida en tres partes: una pertenecia al Sol, otra al Inca, la tercera al pueblo. Cada Peruano recibia un *topu* de tierra que era suficiente para producir el maiz necesario para el sustento de un hombre casado y sin hijos; si los tenia, recibia por cada hijo varon un topu mas, y por cada hija medio topu. Al casarse recibia el hijo de su padre el topu que le era detinado desde su nacimiento.

Para labrar las tierras se seguia siempre un órden fijo: primeramente eran labradas las tierras pertenecientes á la deidad protectriz. Luego se atendia á las tierras de los ancianos, enfermos, viudas y huérfanos, como igualmente las de los soldados que estaban en servicio activo, cuyas mugeres eran consideradas como viudas. A los que carecian de semilla para el sembrado, proveian los decuriones con las de los depósitos reales. Despues de esto, cultivaba el pueblo las propias tierras, cada cual la suya, pero con la obligacion de ayudar á su vecino, cuando así lo exigiese la carga de una numerosa familia ú otra circunstancia análoga; costumbre fraternal que aun en el dia practican los Indios peruanos. En seguida eran labradas las tierras del curaca, y por último las del Inca por toda la nacion, con gran ceremonia y el mayor regocijo, cantando himnos populares, parecidos á los romances españoles, que celebraban las hazañas y nobles recuerdos de la dinastía imperial. Estos cantos volvian al mismo tiempo mas gratas las faenas, tanto por la embriaguez moral que producian, como porque acomodaban el trabajo al ritmo, á la manera de los soldados que acomodan su paso al son acompasado del tambor. El estribillo era generalmente la palabra *hailli* que significa triunfo. Garcilasso asegura, que muchas de estas canciones eran cantadas por los Españoles á quienes gustaron mucho.

Los Peruanos abonaban la tierra con materias fecales, principalmente con excrementos humanos que recogian y hacian secar, usándolos al estado pulverulento despues del sembrado. En ciertas provincias empleábase el estiercol de llamas, alpacas, huanacos y vicuñas; en las provincias marítimas beneficiaban la tierra ya con los restos de los pescados secos, ya con el *Huanu* ó estiércol de pájaros. La circunspeccion de los monarcas se mostraba aun en este punto: „Cada isla, dice Garcilasso, estaba señalada para tal ó tal provincia, y si la isla era grande la daban á dos ó tres provincias. Poníanles mojones, para que los de una provincia no entrasen en el distrito de otra; y repartiéndola mas en particular, daban con el mismo límite á cada pueblo su parte, y á cada vecino la suya, tanteando la cantidad del estiercol que habia menester; y, so pena de muerte, no podia el vecino de un pueblo, tomar el estiercol del término ageno, porque era hurto; ni de su mismo término podia sacar mas de la cantidad que le estaba tasada, conforme á sus tierras, que le era bastante, y la demasía la castigaban por desacato.“

La distribucion de la nacion tal como la hemos indicado, tenia muchísimas ventajas; facilitaba la administracion de todo el pais, afianzaba todas las relaciones de estado, daba unidad á este que podia ser abrazado de una ojeada, y aseguraba la cuenta mas exacta del aumento ó diminucion de la poblacion. Por la reparticion igual del terreno, evitaban los Incas el pauperismo, mal terrible que devora los estados europeos. No podia haber ociosos en el imperio del Perú, pues cada individuo tenia su ocupacion forzosa, mas tampoco habia menesterosos; y la igual reparticion de los bienes hacia que la ganancia estaba de parte del diligente y habil.

Por el procedimiento indicado se facilitaba muchísimo el modo de cobrar el tributo. Desde los veinte y cinco hasta los cincuenta años de edad, tributario era cada Indio. Hallábanse exentos todos los individuos de sangre real, todos los gefes y jueces hasta el centurion, los curacas con su parentela, todos los empleados en oficios menores mientras duraba su empleo, los soldados en servicio activo, los sacerdotes y ministros del templo del Sol, y enfin todos los inválidos, lisiados y actualmente enfermos.

El tributo consistia únicamente en el trabajo personal; cada tributario tenia que trabajar los dias ó semanas consagradas al Sol ó al Inca, cada uno segun su oficio: el agrícola labraba las tierras del monarca; el tejedor tejia las ropas y vestidos para la corte y los depósitos del gobierno; los plateros hacian vasos é ídolos para los templos; los alfareros fabricaban vasijas de barro para el uso del Inca etc. Pero los materiales les eran suministrados por el estado, y él encargábase tambien de la manutencion del tributario mientras duraba su trabajo. Todas las grandes obras y empresas gigantescas de utilidad comun, eran ejecutadas por los tributarios: á ellos tocaba hacer los templos, los famosos caminos reales, los puentes, los acueductos, para regar los sembrados, los mesones para los caminantes, los palacios para los gobernadores, los almacenes de estado; tambien tenian á su cargo conservar y reparar estas obras, asistir á los viageros, servirlos en los tambos, hacer el servicio de correos y apacentar los ganados, los cuales pertenecian al Inca y al Sol. Las inmensas manadas de llamas y alpacas eran distribuidas en las *punas* de todo el reino, y los oficiales que eran superintendentes, llevaban por un sistema particular una cuenta exacta de su número.

Todo Indio joven tenia que seguir la profesion ú oficio de su padre, y á los hijos de los plebeyos no estaba permitido aprender las ciencias que estaban reservadas como privilegio para las clases nobles, medida que tenia por objeto el impedir que se ensoberbeciesen las clases bajas, cuya profesion tan

solo los curacas y centuriones podian mudar. Tampoco les
era lícito cambiar de habitacion, y para ello necesitaban el
permiso del superior que raras veces se les concedia. Sin
embargo, acostumbraban los Incas á trasladar pueblos enteros
á otras provincias lejanas, especialmente á las recien-conquis-
tadas, para mayor seguridad de la dependencia de los habitantes por su mezcla, cuidando siempre transferirlos á paises
de climas análogos y destinándolos á las mismas ocupaciones.

Las leyes políticas eran concisas y sabias. El Padre Blas
Valera, historiador fidedigno, de cuyos manuscritos se aprove-
chó Garcilasso, cita las siguientes. (Garc. Com. I, lib. V, cap.
XI, fol. 109.)

I. *La ley municipal* que trataba de los provechos particulares que en su jurisdiccion poseia cada nacion, ó pueblo;

II. *La ley agraria* que trataba de la reparticion de las
tierras; llamábase el dependiente *Chacracamayoc.*

III. *La ley comun* que señalaba los trabajos á que tenian
que acudir los Indios en comun, por ejemplo, allanar los caminos bajo la direccion del *Hatuñancamayoc* (superintendente de los caminos), hacer puentes bajo el mando del *Cha-
cacamayoc* (superintendente de los puentes), construir acueductos y acequias bajo la direccion del *Yacucamayoc,* ó superintendente de las aguas, etc.

IV. *La ley de hermandad* que trataba del auxilio mutuo
en el cultivo de las tierras y en la construccion de las casas.

V. *La ley mitachanacuy* que arreglaba las veces que tocaba el trabajo á las diferentes provincias, pueblos, linages
é individuos.

VI. *La ley económica* que trataba de los gastos ordinarios
personales, y que prescribia la sencillez en los vestidos y

comidas. Al mismo tiempo mandaba esta ley, que dos ó tres veces al mes comiesen juntos los vecinos de cada pueblo en presencia de su oficial mayor, y se ejercitasen en juegos militares, ó populares, con el fin de reconciliar los ánimos, extirpar rencores, y hacer reinar la paz.

VII. *La ley en favor de los inválidos* que exigia, que fuesen alimentados con los fondos públicos los lisiados, sordos, mudos, ciegos, cojos, tullidos, decrépitos y enfermos. Tambien mandaba esta ley, que fuesen llamados dos ó tres veces al mes estos inválidos á los convites y comidas públicas, para que, en el regocijo general, olvidasen en parte su miserable estado. El *Oncocamayoc*, ó superintendente de enfermos, era ejecutor de esta ley.

VIII. *La ley de hospitalidad* que prescribia los medios de acudir á las necesidades de forasteros y viageros, á expensas del público, en los mesones llamados *Corpahuasis*, bajo la superintendencia de los *Corpahuasicamayoc*.

IX. *La ley casera* que arreglaba el trabajo individual y prescribia aun á los niños de cinco años de edad, ocupaciones proporcionadas á sus fuerzas y años, como tambien á los impedidos segun sus facultades. Ordenaba la misma ley que comiesen los Indios y cenasen con las puertas abiertas, para que los ministros de los jueces tuviesen libre entrada para visitarlos. Habia ciertos oficiales llamados *Llactacamayoc*, ó superintendentes del pueblo que visitaban muy á menudo los templos, los edificios públicos y las casas particulares, y que velaban para que reinasen el órden, aseo y comodidad, castigando á las personas desaseadas y desidiosas con golpes en los brazos y piés, y alabando en público á aquellas que se distinguian por su primor y limpieza.

No se puede negar que semejantes instituciones eran medios poderosos para conservar la moral y virtudes sociales de la nacion, y que eran verdaderamente paternales, pues reunian á todos los ciudadanos en una sola familia, cuyos miembros se ayudaban y sostenian mutuamente, y con justa razon podia decir el Conde Carli en sus letras americanas (Tom. I. p. 215) que el hombre *moral* en el Perú era infinitamente superior al europeo.

El código de las leyes civiles era sencillo, y los castigos severos; las máximas eran concisas, como: *ama quellanquichu,* evita la ociosidad; *ama llullanquichu,* no mentirás; *ama suacunquichu,* no hurtarás; *ama huachocchucanqui,* no cometerás adulterio; *ama pictapas huañuchinquichu,* no matarás.

La ociosidad se castigaba rigorosamente, y era afrentoso sufrir la pena por este vicio. El embustero era flagelado y á veces condenado á muerte. Habia graves castigos para el que destruia mojones, como tambien para el que quitaba el agua de regar de la chacra agena para aprovecharla para la suya, ó al que perjudicaba á las cosechas. El ladron, el homicida, el incendiario de un puente eran condenados á muerte, y sin remision. Pero los mayores castigos eran reservados á los que pecaban contra la religion, ó contra la sagrada magestad del Inca, ó contra lo que á su persona pertenecia. El estupro con una virgen del Sol, ó el adulterio con una de las mugeres del Inca, era considerado delito tan abominable, que no solo era enterrado ó quemado vivo el delincuente, sino tambien su muger, sus hijos, toda su parentela, criados, vecinos del pueblo y hasta sus ganados. Al mismo tiempo mandaba la ley que fuesen derribadas las casas, cortados los árboles y cambiado el lugar en desierto, para que no quedase el menor vestigio que pudiese recordar tan horrendo crímen. Igualmente eran tremendos los castigos señalados á las provincias que se rebelaban contra el Inca; casi siempre eran invadidas y taladas por la soldadesca, y pasados á cuchillo todos los varones, sin exceptuar los niños de tierna edad.

Aun nos queda que decir algo acerca del sistema militar de los Incas. Todo Indio tributario tenia obligacion de militar cierto tiempo en los ejércitos reales, y cuando quedaba libre del servicio, volvia á su pueblo y tomaba parte en los ejercicios militares que tenian lugar, una ó dos veces por mes, bajo el mando de los centuriones. La misma organizacion que hemos expuesto en el orden civil, reinaba en el militar: á diez hombres mandaba el *Chuncacamayoc* (decurion), á cincuenta el *Pichcachuncacamayoc*, á ciento el *Pachcacamayoc* (centurion), y a mil el *Huarancamayoc*. Cinco mil hombres se hallaban bajo el *Hatun-apu* (capitan mayor), el cual tenia un *Hatun-apup-rantin*, ó segundo capitan á su lado. La mitad de este número obedecia á un *Apu* (capitan), con su *Apuprantin* (teniente). El *Apusquipay* era general de todo un ejército, y su teniente general llevaba el nombre de *Apusquiprantin*. Cada division tenia su *Unanchacamayoc* ó alferez, sus trompetas *(Queppacamayoc)*, ó tambores *(Huancarcamayoc)*, y todo el ejército llevaba la bandera real. Los batallones se distinguian segun sus armas de que hablaremos mas adelante.

No nos consta positivamente cuanto tiempo tenia que servir el soldado, y parece que esto dependia de las circunstancias. Cuando el Inca empleaba sus armas contra un enemigo renitente ó en provincias mal sanas, permitia á los soldados regresar cada tres meses y aun en menos tiempo á su patria, y con-

vocaba otro ejército en lugar del licenciado. El Inca abastecia
á sus soldados de uniformes de ropa gruesa *(auasca)*, zapatos
de pitahaya y armas; lo cual tambien formaba parte del tributo de la nacion.

Admirables eran las precauciones y solicitud del Inca por
los soldados en campaña. En la mayor parte del reino habia
en los caminos reales, de jornada en jornada, depósitos de
armas y uniformes, en tal abundancia, que cada uno de estos
depósitos bastaba para equipar un ejército de todo lo necesario;
y á los gobernadores de las provincias, ó á los superintendentes
de los almacenes reales *(Coptracamayoc)*, tocaba el cuidar
que estuviesen siempre bien provistos.

Al atravesar un pais amigo, ningun perjuicio osaban causar
las tropas, y el menor exceso era castigado de muerte. ¡Que
diferencia de los ejércitos de aquel tiempo á los de ahora!

Para con las provincias conquistadas usaban los Incas de
la mayor consideracion é indulgencia, á menos que lo porfiado
de la resistencia los obligase á recurrir á medidas severas.
Sus conatos tendian principalmente á incorporar en sus estados
las comarcas conquistadas, lo que, salvo algunas excepciones,
lograron mejor que ha podido conseguirlo conquistador alguno,
antiguo ó moderno, del hemisferio oriental. Los vencedores
imponian á los vencidos su religion, lengua, sistema de gobierno, y recibir un número de sus súbditos; mas, á pesar de
esto, sabian en breve tiempo grangearse el amor y veneracion
de los nuevos súbditos.[1]) Apenas quedaba dominada una ciudad,

---

[1]) Así trataban los Incas á las naciones subyugadas á fin de que no desapareciesen.
Politica sagaz y conciliadora que debia y debe adoptarse por los estados cultos sin
emplear medios reprobados que tienden á destruirlos.

mandaba el Inca llevár su ídolo principal á Cuzco, y ordenaba la adoracion del supremo Dios *Ticci Huiracocha*, imponiendo el deber á los sacerdotes de que enseñasen el culto de esta deidad. Al mismo tiempo enviaba amautas y maestros de lenguas al pais conquistado para que enseñasen la lengua quichua, si era diferente el idioma usado, mandando, bajo penas severas, que todo niño aprendiese únicamente la lengua general del reino. Acostumbraba tambien el soberano á hacer venir á la capital al Cacique con todos sus hijos, á quienes llenaba de obsequios y agasajos con la mayor suntuosidad; y al cabo de cierto tiempo restituia al padre á su antigua dignidad, guardando á sus hijos por rehenes en la corte, pero dándoles una excelente educacion y colmándolos de dádivas y pruebas de benevolencia. Para grangearse popularidad entre las masas del pais anexo, disminuia el Inca en los primeros años los tributos, y trataba con la mayor liberalidad á los huérfanos, viudas é inválidos; al mismo tiempo enviaba oficiales á la nueva provincia, para que tasasen y empadronasen á todos los moradores, segun su edad, linage y oficios, y los distribuia segun el sistema adoptado en las demas provincias del reino. Los Indios jóvenes militaban bajo la bandera real, y los que quedaban en el pais eran objeto de estrecha y continua vigilancia, para poder sofocar en su gérmen todo asomo de insurreccion. Y aun para mayor seguridad de estas naciones, mandaban los Incas colonias de seis ó diez mil personas de las provincias fieles, que se incorporaban con las masas vencidas, al paso que un número igual de estas era agregado á la provincia la que enviaba la colonia; pero siempre cuidaban, como ya hemos dicho, que fuesen tierras de semejante temple y productos. A estas colonias, llamadas *mitimas*, concedia el monarca diversos privilegios, mediante los cuales se aseguraba de la fidelidad de la provincia conquistada.

Ciertamente, la historia no guarda memoria de gobierno alguno que, por medios tan adecuados, lograse amalgamar tan intimamente naciones diversas y formar de ellas un todo tan compacto; y es tan loable como lleno de interés el sistema mediante el cual se pudo establecer uno de los mas vastos imperios conservados en la memoria humana.

CAPITULO QUINTO.

La lengua quichua.

El soberbio desden de los pueblos civilizados, bárbaras llama todas las lenguas que, habladas por naciones de cultura inferior, carecen de literatura y caracteres originales. Así han sido juzgadas las lenguas americanas, todas las cuales, como luego veremos, fueron inclusas en la misma categoría. Aunque está reconocido generalmente que los imperios de Méjico y Perú sobrepujaban en poder y civilizacion á las demas naciones del Nuevo-Mundo, no obstante, en nuestro concepto se ha procedido sin justicia para con estas naciones, y la apatía orgullosa de los Europeos ha sido causa de que el orbe científico y literario quede privado de muchos tesoros que hubieran resultado del estudio de esos manantiales destruidos hoy dia, mas cuyos productos, emitidos en otros siglos, apenas el polvo encubre.

La mayor prueba de esta verdad es el poco aprecio que se hace generalmente del estudio de las lenguas de estos dos paises; y es de estrañar, que aun las personas que mas han estudiado su arqueología, hayan prescindido casi ó totalmente del estudio de los idiomas que hablaron sus habitantes en otro tiempo independientes y pujantes. Sin embargo la lengua es el elemento principal arqueológico, el monumento único de reconstruccion, como dice Volney: y en ella se halla depuesta y conservada toda la esencia de un pueblo. La lengua es una estratificacion que revela al erudito, que estudia filosóficamente en sus diferentes capas, la índole, cultura y diversas evoluciones históricas del pueblo que hizo uso de ella. „Mientras que se véan obligados los hombres á servirse de palabras, necesario será pesar estas,“ dice Mirabeau. Las modificaciones de una lengua indican las variaciones del pensamiento, los sentimientos, aspiraciones, y aun las costumbres nacionales y hábitos pasageros. „Que nadie considere minuciosos é inútiles los elementos alfabéticos, esclama Quintiliano, pues si se escudriña sus maravillosos repliegues, brotarán una multitud de cuestiones sutiles, capaces no solo de adiestrar á los niños, sino de apurar y fecundar á los doctos mas profundos.“

Penetrados de estos principios, no juzgamos ageno del interés de nuestros lectores, el trazar aquí una breve reseña de las relaciones de las lenguas americanas entre si, y del caracter especial de la lengua quichua, lisongeándonos de que el presente capítulo en que exponemos el compendio de largas y trabajosas investigaciones en el punto que nos ocupa, no será el menos importante de nuestra obra.

Al tratar, en nuestro primer capítulo, de las relaciones de ambos hemisferios entre sí antes de la llegada de Colon, se ocurre naturalmente esta cuestion á las personas que se ocupan de materias lingüísticas: ¿ que influencia tenian las inmigraciones procedentes del antiguo continente en las naciones aborígenas de la América? Se puede responder con seguridad que esta influencia era insensible, y de ningun modo capaz de imprimir un sello á la lengua, ni de orientar al filólogo para conocer la naturaleza de las razas inmigrantes.

Prescindiendo de las irrupciones efectuadas en el mismo seno del continente americano, irrupciones que tenian casi siempre lugar de Norte á Sur, la mayor parte de las inmigraciones emanantes del hemisferio oriental, presentaba un caracter pacífico; é inmigraciones de este jaez poco ó nada influyen en la lengua del pais que las recibe; al apoyo de esta verdad podemos citar, dejando aparte otros muchos, el ejemplo de los Estados-Unidos cuyo idioma nacional en nada alteran las numerosas inmigraciones holandesas, alemanas y franceses que en sus puertos desembarcan.

Fundados en la analogía de palabras sueltas y excepcionales, ha habido filólogos que han pretendido el continente americano fué poblado por Indios orientales, Malayos, Chinos y Japoneses; otros alegando igualmente pruebas de la misma naturaleza, opinaron que la América deriva su poblacion de los habitantes del Caúcaso, Cartagineses, Judios é Irlandeses; otros aseguran que su orígen debe atribuirse á los Escandinavos, indígenas del Africa occidental, Castellanos y Vizcainos.¹)

---

¹) El Señor *Castelneau* en el tomo cuarto de su expedicion á la América del Sud (Paris 1851), en el capítulo que trata sobre las antigüedades de Cuzco, hace la division de la especie humana en tres razas, blanca, roja y negra, como descendientes de los tres hijos de Adan y los tres hijos de Noe. Despues de varias consideraciones para apoyar su opinion, citando á varios autores antiguos y modernos, concluye:

I. que los Indios de la América pertenecen á la raza semítica;

La analogía tan ponderada de las voces de las lenguas americanas con las del antiguo continente, nos indujo á calcular aproximativamente, en tanto como nos permitian nuestros medios, el valor numérico del cotejo de ambos géneros de idiomas; y el resultado fué una sola palabra análoga en sentido ó sonido á una palabra de algun idioma del antiguo continente, entre ocho ó nueve mil palabras americanas; y aun en dos quintas partes de estas voces es preciso violar el sonido para hallar el mismo sentido, como podemos probar por algunos ejemplos citados por los filólogos:

ne en la lengua de los Cherqueses, *ñahui* en la quichua — el ojo.

muts en la lengua de los Lesgos, *metztle* en la mejicana — la luna.

nane en el copto, *neen* en la lengua de los Abipones — bueno.

hosono en la lengua india (de la India oriental), *acsi* en la quichua — reir.

fiote en la lengua de Congo, *bode* en la othomi (Méjico) — negro.

II. que son los descendientes de los Atlantes, haciendo parte de la raza roja que se extendió en épocas remotas sobre una gran parte del antiguo continente;

III. que la América nunca estuvo durante larga serie de siglos privada de comunicaciones con el viejo mundo.

Fúndase en semejanzas filológicas y en otras observaciones, cita tambien la relacion de un Israelita que encontró en Santarém sobre las orillas de las Amazonas, quien le aseguró, que en los idiomas que se hablan en las cercanías, halló mas de cincuenta palabras semejantes á las hebreas, asercion que dudamos, y que en nuestro tiempo no es de la misma importancia como la del todo idéntica que hizo en el siglo diez y siete el judío á Montesini, citada por nosotros en el primer capítulo.

No es posible de palabras sueltas, ni aun de costumbres é instrumentos particulares, sacar consecuencias de tanta importancia.

zippen en el céltico, *sapi* en la quichua — raiz.

No admite duda que hay palabras que, por la analogía del sonido y del sentido, reclaman una seria reflexion, y esta analogía combinada con consideraciones históricas, nos ofrece tal vez revelaciones importantes; tal es, prescindiendo de otros ejemplos, la voz quichua *inti,* el sol, que deriva su orígen positivamente de la raiz sanscrita इन्ध् (indh, lucere, flagrare, flammare) resplandecer, y que es idéntica con la palabra de la India oriental *Indra* el sol. La palabra *inti* que tenia en la religion de los antiguos Peruanos una significacion tan importante, fué tomada de la lengua privada de los Incas, y deja ver qué elementos contenia el idioma de los reformadores del culto peruano. Todavia no ha sido posible indicar analogías satisfactorias entre las lenguas de los Indios bárbaros, principalmente de la América del Sud, con los idiomas del hemisferio oriental, á pesar del número considerable de las primeras que, segun algunos filólogos, asciende nada menos que á dos ó tres mil, mientras que segun otros á solo quinientos, y aun menos, sin que las tentativas reiteradas, hechas sobre este punto, hayan dado al presente un resultado satisfactorio, efecto de las dificultades inmensas que presenta el exámen de esta materia. Es probable que el número verdadero debe hallarse entre los dos precitados. En el continente de la América del Sud, desde el istmo de Panamá hasta el cabo de Hornos, se hablan de 280 á 340 lenguas, de las cuales las cuatro quintas partes se componen de idiomas radicalmente diferentes, y una quinta de dialectos independientes; y á mas del doble suben los idiomas de las Américas central y septentrional. Segun JEFFERSON, las lenguas radicales de América, esto es, segun las raices de que evidentemente derivan, son veinte veces mas numerosas que las lenguas radicales del Asía.

Que muchos idiomas americanos reconozcan la misma estirpe, es cosa que no admite duda, aunque á veces es sumamente difícil dar las pruebas de un orígen comun. A este fin debemos sobretodo considerar el influjo del modo de vivir de los indígenas en la formacion de las lenguas, y de esto inducir las razones de sus diferencias. La vida errante de los Indios era uno de los mas poderosos motivos de la formacion de dialectos que se trasformaban con el tiempo, en términos de conservar apenas vestigios de la lengua-madre. La dispersion de las tribus en los inmensos llanos y erizadas montañas, la vista de objetos recientes, nuevas costumbres, la separacion completa y anulacion de toda clase de relacion con las tribus hermanas, eran motivos mas que suficientes para formar en breve un fondo de voces nuevas, y producir un idioma á primera vista completamente distinto de la lengua-madre. Mas queda la construccion gramatical como monumento indispensable, que no pueden borrar las circunstancias de tiempo y lugar, para atestiguar la filiacion.

Pero mas á menudo que estas lenguas transformadas ó dialectos, hallamos idiomas originales completamente distintos entre dos naciones limítrofes y en relaciones continuas; mientras que reside en las montañas, á mas de cien leguas de distancia, tal tribu que habla una de estas dos lenguas mencionadas, aunque medien entre ambos pueblos de idioma comun, mas de veinte idiomas intermedios completamente diferentes; y en prueba de esta asercion, haremos un paralelo entre las lenguas quichua y moxa, dejando aparte otros muchos ejemplos análogos. Por lo tocante á las voces, no hay media docena que sean análogas en ambas lenguas tanto en el sentido como en el sonido; y las diferencias gramaticales son sumamente importantes. La lengua quichua tiene una declinacion completa mediante ciertas partículas pospuestas al nombre, mientras que la lengua moxa no tiene declinacion y necesita perifrasear de diferentes modos los casos, como el dativo, por ejemplo, muchas veces por el futuro del verbo substantivo. La quichua tiene pronombres personales primitivos, y pronombres posesivos inseparables del nombre que no tiene relacion con aquellos, y que siempre son pospuestos al nombre, ó en la conjugacion, teniendo lugar del pronombre personal, al verbo. La moxa tiene pronombres personales primitivos que son idénticos con los posesivos siempre prepuestos. La lengua quichua tiene un sistema de números tan completo, que permite expresar cualquier cantidad aritmética, mientras que la moxa no posee mas que cuatro números: *ete* uno, *api* dos, *mopo* tres, *ticahiri* cuatro; de cinco adelante tiene que emplear perifrases para expresar un número.

La lengua quichua tiene una conjugacion muy perfeccionada, y tiempos y modos mas completos que muchas de las mas cultivadas del antiguo continente; al paso que la moxa no tiene mas que un solo modo que es el indicativo, y dos formas de tiempos: una para el presente y pasado, y otra para el futuro que sirve tambien de imperativo. Estas pocas pero notables diferencias que aquí indicamos, demuestran suficientemente que estos dos idiomas vecinos son ambos primitivos y no procedentes de la misma raiz.

Todas las lenguas americanas, desde el litoral mas septentrional de la Groenlandia, hasta la punta mas meridional de la Patagonia, poseen dos caracteres gramaticales comunes: uno existe igualmente en algunas lenguas primitivas del antiguo continente; el otro es característico de las lenguas americanas, y es el vínculo que las une. El primero se refiere á la gramática total, pues esta no está formada por una mutacion interna del sonido radical ó por *flexion*, sino por añadidura á la voz radical de partículas ó palabras especiales, que ya incluyen la suma de la relacion que debe ser expresada, ó por un *afijir mecánico*. Por este motivo han recibido estos idiomas el nombre de lenguas polisintéticas ó lenguas aglutinativas. Esta conexion mecánica es á menudo tan simple, que no puede ser desconocida, pero á veces se hallan los afijos tan íntimamente unidos con la voz radical, que solo un estudio profundo es capaz de probar que efectivamente no existe flexion, sino tan solo aglutinacion.

El segundo caracter, que, como ya hemos dicho, es el específico de las lenguas americanas, consiste en formas verbales particulares por las cuales la actividad del sugeto se transfiere al objeto personal, esto es, si la accion del sugeto *personal* se dirige á una persona, se expresa el pronombre que indica esta persona por una mutacion del verbo, y no solo por la intercalacion del acusativo del pronombre, como en las lenguas europeas, sino por afijos diferentes del pronombre, pero íntimamente unidos con este y con el tronco verbal, ó con el verbo ya combinado con partículas. Hay seis formas de este transporte de la accion: de la primera persona á la segunda, de la primera persona á la tercera; de la segunda á la primera, de la segunda á la tercera; de la tercera á la primera, de la tercera á la segunda. No todas las lenguas americanas tienen todas estas seis formas; en algunas faltan las á la tercera persona; en otras tambien las de la tercera á las dos primeras, en términos que no tienen mas que dos formas. La precision y el cuidado con que se distinguen estas relaciones son principalmente admirables en las lenguas mejicanas, pues hay en ellas una forma verbal cuando la accion se refiere á un objeto personal, otra cuando á un objeto inanimado, y otra cuando no hay objeto. No menos artificiales lo son en la lengua groenlandesa y en la lengua quichua, pero aun mas extendidas en el idioma de los Indios Delawares y en. el Chilidúgú en Arauca, uniéndose en ellos á veces completamente dos verbos que se conjugan por todas estas formas, de modo que una sola forma verbal expresa tres ó cuatro nociones á la vez. Los gramáticos españoles han llamado *Transicion* á esta union del pronombre personal con el verbo; Dr. I. D. de Tschudi, en su obra grande sobre la lengua quichua, la llama *la conjugacion del objeto personal.*

Llamaremos tambien la. atencion de nuestros lectores hácia algunas particularidades de las lenguas americanas que, si bien no en todas, existen en la mayor parte de ellas. Estas particularidades se refieren principalmente al uso del pronombre: existe una forma doble de la primera persona de plural en los pronombres personales y posesivos. Usase de la primera cuando la persona que habla se incluye en el discurso á si misma, y á todos los presentes á ella pertenecientes casual ó necesariamente; la segunda cuando cierto número queda excluido de la accion de que se trata. Llámanse estas dos formas: *plural inclusivo* y *plural exclusivo*, y se repiten en el verbo, sí no las hay en el sustantivo. Además de estos dos plurales, hay en algunos idiomas un dual preciso. Varias especies de duales concretos se forman mediante afijos que, unidos á un sustantivo, significan el objeto ó persona expresada por el sustantivo con la parte ó el miembro que mas naturalmente le pertenece, por ejemplo: en la lengua quichua *cosa* significa marido, y el afijo *ntin* incluyendo la nocion de juntura ó union, *cosantin* significa el marido con su muger. Otro ejemplo: *hacha* significa el arbol, y *hachantin* el arbol con sus raices.

Es cosa singular que en algunos idiomas americanos las mugeres se sirven de otros pronombres que los hombres: así en la lengua moxa, el demostrativo *ema* quiere decir ese, cuando habla el hombre, y *eñi* si es la muger; *marcani* significa aquel, en boca del hombre, y *pocñaqui* tiene la misma significacion en boca de la muger. La misma diferencia se nota en otras partes del discurso segun los sexos: así en la lengua quichua dice el hermano hablando de su hermana *panay* (mi hermana), mientras que la hermana dice en el mismo caso *ñañay* (mi hermana); la hermana dice hablando de su hermano *huauquey* (mi hermano), mientras que para indicar la misma persona dice el hermano *llocsimasiyhuauquey* (mi hermano); el padre dice al hijo *churiy* (hijo mio), y la madre *karihuahuay* (hijo mio); el padre dice á su hija *ususiy* (hija mia), y la madre la llama *huarma huahuay* (hija mia). Tambien hay diferencias si son los tios los que hablan, y si estos son por parte de padre ó de madre. Diferencias análogas encontramos en las lenguas Chilidúgú, Maypuri, Tamenaki, en las mejicanas, en la de los Chippewaes, Kickapoes, de los Sac- y Foxindianos, de los Ottowaes, Pottowatanies, Wyandotes, Shawnises y otras naciones. Lo que mas sorprende es que esta misma diferencia se nota aun en las partes mas simples de la oracion: así las interjecciones de dolor usadas por el sexo masculino, son diferentes de las del sexo femenino; la muger da otras voces que el hombre para dirigirse á alguno, y en ambos sexos difieren las interjecciones para animar al trabajo. Azara asegura que entre los Indios Mbayas del Paraguay, varia la lengua segun la persona que habla es casada ó soltera, lo que probablemente solo tiene lugar en algunas expresiones ó locuciones.

Es propio de todas las lenguas americanas la construccion de uno ó mas afijos con la voz primitiva, mediante los cuales se puede formar un número considerable de palabras compuestas. Pero la composicion no se limita á estas solas partículas, sino se unen á veces varias partes de la oracion, ó en su integridad, ó en parte, con la voz primitiva que regularmente es un verbo. Resultan por este procedimiento frases enteras expresadas solamente por un verbo supercompuesto. La facultad de esta composicion ó polisíntesis, como la llama el insigne Du Ponceau, la tienen en mayor grado las lenguas de la América del Norte que las de la América del Sud: y no es cosa rara que en las primeras se unan doce ó diez y seis partes de la oracion para formar una sola palabra.

De la mera composicion de voces, esto es, de la union de las solas partículas con la voz primitiva, deriva, en las lenguas americanas, una inmensa cantidad de palabras que, como ya hemos dicho, pueden aumentar al infinito. Esta descomunal riqueza ha dejado atónitos á los filólogos que aseguran que, por cada palabra castellana ó inglesa, tienen los Indios tres ó cuatro en sus idiomas.

La designacion muy precisa de un objeto ó de una accion es un caracter esencial de las naciones americanas. Su modo de vivir, sus relaciones inmediatas con la naturaleza, la vigilancia con que tienen que guardarse dia y noche de los ataques de las fieras, ó de los enemigós vecinos, las obliga á la mayor precision en la diccion. Con todos los medios auxiliares de nuestras lenguas cultivadas, no podemos describir de un modo tan preciso y concluyente el rastro de una bestia, ó la huella de un enemigo, como lo efectuan los indígenas de la América.

No es necesario observar, que esta copiosa abundancia de palabras engendra una variedad extraordinaria en el discurso;

sin embargo se distinguen estas lenguas por la energía y concision, excediendo en estas calidades á las mas perfectas de Europa. ¡Y tales lenguas son llamadas bárbaras!

Es cosa triste, que tan bella índole y tantos distintivos de hermosura y riqueza que decoran las lenguas americanas, coincidan con una falta casi total de literatura; y, bajo este punto de vista, es cierto que el hemisferio oriental era superior hace dos mil años á lo que actualmente son todas las poblaciones indianas. Faltaban á estas, antes de conocer á los Europeos, caracteres representativos, ó cuando mas se limitaban á imperfecta representacion gráfica, ó á una corporificacion defectuosa de la palabra. Lo primero tenia lugar entre los Mejicanos que usaban geroglíficos pintados en papel ó grabados en piedra; lo segundo entre los Peruanos que empleaban los quippus, de que mas extensamente hablaremos mas adelante. El infatigable ardor de algunos varones doctos ha conseguido descifrar en parte la explicacion de los geroglíficos, y es muy probable que se llegase á suplir á lo que falta, si tuviésemos en mayor abundancia estos caracteres; mas las inmensas colecciones de escrituras mejicanas fueron destruidas casi enteramente por el fanatismo de los conquistadores españoles y sobretodo de los religiosos domínicos que los acompañaban, en términos de no haberse conservado sino pocos fragmentos sueltos. Cuan grande era este tesoro de escrituras se puede juzgar de las relaciones de *Torquemada* que refiere que, aun en los últimos tiempos de la monarquía mejicana, cinco ciudades entregaron al gobierno diez y seis mil fardos de papel, fabricado de hojas de maguay (Agave americana), y toda esta cantidad se hallaba llena de geroglíficos pintados.

Fuera de estas dos cultivadas naciones de Méjico y Perú, hay algunas otras que nos presentan indicios, aunque toscos, de una escritura geroglífica que no ha sido descifrada, ni nunca lo será probablemente. Tales son los Hurones, los Iroqueses, los Indios del rio del Norte, de la Luisiana y otros. Estos paises, desde que pudieron valerse de caracteres no indígenos, mostraron una escasa é insignificante literatura que consiste principalmente en oraciones, catecismos, sermones y libros de primera enseñanza.

Descuella entre las demas lenguas americanas la *Tiroki* en la América del Norte, gracias á los trabajos infatigables del mestizo SEQUOJAH, de uno de los hombres mas distinguidos de la América, que inventó, hay poco mas de veinte años, un alfabeto silabario que llegó á ser tan pronto familiar á la nacion, que actualmente se imprime en esta lengua, y con este alfabeto el *Thiroki Phoenix,* que es una gaceta diaria.

Despues de estas observaciones sobre los principios de las lenguas americanas en general, no creemos necesario extendernos sobre la parte gramatical de la lengua quichua en especial, y él que quiera instruirse en ella puede recurrir á una de las gramáticas de este idioma. No carecerá de interés para los amantes de esta hermosa lengua conocer á lo menos los títulos de las obras filológicas que de ella tratan; y, como aun entre los mismos Peruanos son poco conocidas, presentaremos aquí un catálogo bibliográfico y cronológico de las publicaciones gramaticales sobre el idioma quichua ¹).

I. San Thomás (Domingo de) Gramática ó arte general de la lengua de los Indios del Perú. Nuevamente compuesto por el maestro Fray Domingo de San Thomás de la órden de

---

¹) La biblioteca nacional peruana deberia poseer todas las obras aquí citadas.

Santo Domingo, morador en dichos reinos. Impreso en Valladolid por Francisco Fernandez de Cordua. Acabóse á diez dias del mez de henero año 1560, 8ᵛᵒ; y, como apéndice: Lexicon ó Vocabulario de la lengua general del Perú llamada Quichua. Valladolid 1560.

II. Ricardo (Antonio) Arte y Vocabulario de la lengua, llamada quichua. En la ciudad de los Reyes 1586. 8ᵛᵒ.

III. Ricardo (Antonio) Vocabulario en lengua general del Perú, llamada quichua y en lengua española. En la ciudad de los Reyes 1586. 8ᵛᵒ.

Pertenecen estos libros á los primeros impresos en la América meridional.

IV. Torres Rubio (Diego de) Gramática y Vocabulario en lengua general del Perú, llamada Quichua y en lengua española. 8ᵛᵒ. Sevilla 1603.

V. Martinez (El Padre Maestro Fray Juan) Vocabulario en la lengua general del Perú, llamada Quichua y en la lengua española. En los Reyes. 1604. 8ᵛᵒ.

VI. Holguin (Diego Gonzalez) Gramática y arte nueva de la lengua general del Perú, llamada quichua ó lengua del Inca (en cuatro libros). Impreso en la ciudad de los Reyes del Perú por Francisco del Canto 1607. 4ᵗᵒ.

VII. Holguin (Diego Gonzalez) Vocabulario de la lengua general de todo el Perú, llamada Quichua ó del Inga. Los Reyes por Francisco del Canto. 1608. 4ᵗᵒ. dos partes en un vol.

VIII. Arte y Vocabulario en la lengua general del Perú, llamada Quichua y en la lengua española. Lima 1614. 8ᵛᵒ. por Francisco del Canto.

IX. Huerta (Don Alonso de) Arte de la lengua quichua general de los Indios de este reyno del Perú. Impreso por Francisco del Canto en los Reyes 1616. 4ᵗᵒ.

X. Torres Rubio (Diego de) segunda edicion, en Lima por Francisco Lasso, año de 1619. 8vo.

XI. Olmos (Diego de) Gramática de la lengua índica, Lima 1633. 4to.

XII. Carrera (Fernando de, cura y vicario de San Martin de Reque en el corregimiento de Chiclayo) Arte de la lengua yunga de los valles del obispado de Truxillo; con un confesonario y todas las oraciones cotidianas y otras cosas. Lima por Juan de Contreras, 1644. 16mo.

XIII. Roxo Mexía y Ocon (Don Juan, natural de Cuzco) Arte de la lengua general de los Indios del Perú. En Lima por Jorge Lopez de Herrera. 1648. 8vo.

XIV. Melgar (Estevan Sancho de) Arte de la lengua general del Inga, llamada Qquecchua. Lima por Diego de Lyra 1691. 8vo.

XV. Torres Rubio (Diego de, de la compañia de Jesus) tercera edicion, y nuevamente van añadidos los Romances, el catecismo pequeño, todas las oraciones, los dias de fiesta y ayunos de los Indios, el Vocabulario añadido y otro Vocabulario de la lengua Chinchaysuyu por el M. R. Juan de Figueredo. En Lima por Joseph de Contreras. 1700. 8vo.

XVI. Torres Rubio (Diego de) cuarta edicion. Arte y Vocabulario de la lengua quichua general de los Indios del Perú, que compuso el Padre Diego de Torres Rubio de la compañía de Jesus, y añadió el P. Juan de Figueredo de la misma compañía. Ahora nuevamente corregido y aumentado en muchos vocablos y varias advertencias, notas y observaciones para la mejor inteligencia del Idioma y perfecta instruccion de los Parochos y Cathequistas de los Indios. Por un religioso de la misma compañía. Lima 1754. 8vo.

Esta última es la mas comun, y muchos en consecuencia la consideran como la mas antigua gramática que se puede conseguir; mientras que algunas de las otras, principalmente el Arte y Vocabulario de Antonio Ricardo, y los de Domingo de San Thomás pertenecen á las rarezas bibliográficas.

¡Ojalá que algun Peruano erudito verdaderamente patriota se dedicase al estudio de la lengua quichua, y procurase echar los fundamentos de una literatura en idioma tan precioso y singular de que blasonar debieran y no avergonzarse los hijos de la antigua monarquía de los Incas!

Los antiguos Peruanos tenian dos suertes de escritura: una y seguramente la mas antigua consistia en una especie de caracteres geroglíficos; la otra en nudos hechos con hilos de diversos colores. Los geroglíficos eran muy distintos de los mejicanos, y grabados en piedra ó en metal. En el Perú del Sud no se ha descubierto todavia vestigio alguno de geroglíficos pintados en papel, pero, segun las observaciones de Don Mariano E. de Rivero, existe en el alto de la caldera á ocho leguas del Norte de Arequipa una multitud de grabados sobre granito, que representan figuras de animales, flores y fortificaciones (véase la lámina XLIII), y que sin duda incluyen relaciones mas antiguas que la dinastía de los Incas. En la provincia de Castro-Vireyna, en el pueblo de Huaytará, se halla en las ruinas de un gran edificio, de igual construccion á la del célebre palacio de Huanuco el viejo, una masa de granito de muchas varas de largo, con gruesos grabados semejantes á los de la caldera. Ninguno de los mas fidedignos historiadores alude á estas inscripciones y pinturas, ó refiere la menor cosa positiva sobre los geroglíficos peruanos, de modo que es plausible colegir, que en tiempos de los Incas no se tenia conocimiento alguno del arte de escribir con caracteres, y que todos estos grabados son restos de un tiempo muy remoto.

Montesinos es el único que nos dice que, ya en los primeros siglos despues de la conquista del Perú por los Armenios, bajo el reinado de Huainacavi-Pirhua, era conocido el uso de las letras, uso que se perdió bajo el reinado de Titu, hijo de Titu-Yupanquí V. Pero ya sabemos cuan poca confianza merecen las narraciones de este autor.

En muchas partes del Perú, principalmente en sitios muy elevados sobre el nivel del mar, hay vestigios de inscripciones, si bien muchas ya borradas por el ala destructora del tiempo. La figura adjunta representa una piedra rajada, de dos pies de ancho, que encontró el Dr. J. D. de Tschudi en una poblacion antigua á una legua de Huari.

En el siglo pasado, halló un misionero europeo entre los Panos que habitan á orillas del Ucayali, en las pampas del Sacramento, manuscritos en cierto papel de hojas de plátano, con geroglíficos unidos y caracteres sueltos, conteniendo, segun relacion de los Indios, la historia de la suerte de sus antepasados; pero queda por averiguar si refieren la historia de una nacion que llegó del Norte ó del Este á las Montañas del

Ucayali, y que traia consigo el conocimiento de esta escritura; ó si son restos de la antigua civilizacion.[1])

Bajo el reinado de los Incas, se servian los Peruanos en lugar de caracteres, de hilos de colores, anudados de diferentes modos, llamados *Quippus*.

Es cierto que este método de escritura no fué originario del Perú, y es probable, que se transmitiese á los indígenas por el primer Inca, pues en varias partes del Asia central, principalmente en la China, era uso, desde tiempos remotos, recurrir á estos hilos anudados como en el Perú, Méjico y en Canadá.

Los Quippus de los Peruanos son de lana torcida, y consisten en un hilo ó cordon grueso como base del documento, y en hilos mas ó menos delgados que son anudados al hilo tronco. Estos ramos, digámoslo así, incluyen el contenido del quippu en

---

[1]) En el interior de la América meridional, entre el 2ᵈᵒ y 4ᵗᵒ grado de latitud del Norte, se extiende una llanura con bosques circunscrita por cuatro rios, el Orenoque, el Atabasco, el Rio Negro, y el Casiquiare. Se encuentran allí rocas de granito y de syenite, iguales á las de Caicara y de Uruana, cubiertas de representaciones simbólicas, figuras colosales de crocodilos, de tigres, y de enseres de casa, de signos del sol y de la luna. Hoy dia ese parage desviado está enteramente despoblado en una extension de mas de 500 millas cuadradas. Las poblaciones vecinas, sumamente ignorantes, llevan una vida miserable, errante, y no son capaces de dibujar geroglíficos. En la América meridional se puede seguir una zona de estas rocas cubiertas de emblemas simbólicas desde el Rupunuri, el Essequibo, y los montes Pacaraima, hasta las margenes del Orenoque y del Yupura, en una extension de mas de ocho grados de longitud. Estos signos grabados en la piedra pueden pertenecer á unas épocas diferentes, pues el Sor. Roberto Schomburgk ha visto, sobre el Rio Negro, unos dibujos de un galeon español, por consiguiente de un orígen posterior al principio del siglo diez y seis, y esto en un pais salvage, en donde los indígenas estaban probablemente tan incultos como sus actuales habitantes. *Humboldt Ansichten der Natur. 3. Ausgabe. Bd. 1, pag. 240.*

nudos simples, ó artificialmente entrelazados. El tamaño de
los quippus es muy diferente: á veces tiene el hilo tronco una
longitud de cinco ó seis varas, otras no pasa de un pié; los ramos rara vez exceden una vara en longitud, y en general son mas
cortos. En las inmediaciones de Lurin, hemos encontrado un
quippu que pesaba media arroba, y no dudamos que los haya
aun mas voluminosos. Para dar aquí una idea de los hilos que
forman el quippu gigantesco que hemos desenterrado en el cementerio de los gentiles cerca de Pachacamac, insertamos el
diseño de un fragmento de este documento.

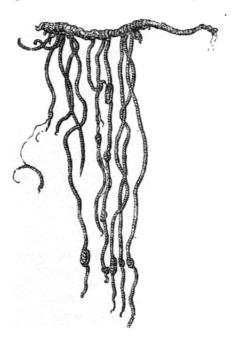

Los diversos colores de los hilos tienen diferentes significa-
ciones: así el rojo significa soldado ó guerra; el amarillo oro;
el blanco plata ó paz; el verde trigo ó maiz, etc. En el sis-

tema aritmético, indica un nudo simple *diez;* dos simples juntos *veinte;* el nudo doblemente entrelazado *ciento;* triplemente entrelazado, *mil;* dos entrelazados de este último modo, *dos mil;* etc. No solo el color y modo de entrelazar los nudos, sino el modo de torcer los hilos, y principalmente la distancia de los hilos al nudo tronco son de gran importancia para la inteligencia de la escritura.

Es probable que estos nudos, al principio, se aplicaban únicamente á las numeraciones, pero en el transcurso de los siglos se perfeccionó tanto esta ciencia, que los peritos lograban anudar relaciones históricas, leyes y decretos, de manera que transmitian á los descendientes los acontecimientos mas notables del imperio, y estos quippus suplian á los documentos y crónicas. Los registros de las tallas; la matriculacion de las poblaciones segun los tributarios, ancianos, inválidos, mugeres y niños; la lista de los ejércitos segun sus armas, soldados, oficiales y su destino; los inventarios de abastos de trigo, maiz, armas, zapatos y vestidos en los almacenes públicos; la insercion de los muertos y recien-nacidos; todo esto fué especificado con admirable exactitud en los quippus. En toda ciudad algo importante, habia un oficial llamado *Quippu-camayoc,* y á veces varios para anudar y descifrar estos documentos. Pero á pesar de su habilidad, necesitaban siempre cuando llegaba un quippu de una provincia lejana, un comentario verbal que les indicaba de que materia trataba este, ó en tributos, ó en matriculas de poblaciones etc. Para notar los acontecimientos de sus distritos, hacian estos oficiales ciertos señales al principio del hilo-madre, que tenian significacion para ellos solos, y conservaban siempre los quippus del mismo contenido juntos en ciertos anaqueles, para no exponerse á cambiar un quippu militar con un quippu de tallas, etc.

Aun en el dia, en las punas peruanas, se hace uso de la numeracion con quippus. Tal se observa en muchas haciendas y estancias de ganado. En el primer ramo ponen los pastores ordinariamente los toros, en el segundo las vacas lecheras, en el tercero las machorras, y despues siguen los becerros segun su edad y sexo. En otros hay la lista del ganado lanar en varias subdivisiones, el número de zorras matadas, la cantidad de sal gastado, y la especificacion del ganado muerto.

Las repetidas tentativas en nuestros tiempos para leer los quippus, han sido frustradas, pues es muy grande la dificultad que hay en descifrarlos. En efecto cada nudo representa una nocion, faltando una cantidad de conjunciones. Además hay otro impedimento y mayor, para interpretar los quippus hallados en las Huacas, y es la falta de comentario verbal á que se refiere el documento, y que necesitaba, aun con esta condicion, la intervencion del mas hábil Quippucamayoc. Nos consta que hay todavia en las provincias meridionales del Perú algunos Indios que saben bien descifrar estos títulos entrelazados; mas guardan su ciencia como un sagrado secreto heredado de sus abuelos.

La opinion del Príncipe de *San Severo* que publicó en Nápeles una memoria, pretendiendo probar que los nudos de los quippus servian de letras, es tan errónea que no merece refutacion.

Considerando este sistema defectuoso de escritura, no debe causar sorpresa que la lengua quichua carezca de literatura antigua, á lo menos inteligible para nosotros. Y aun desde que existe la posibilidad de formar una literatura nacional con caracteres europeos, yace este campo estéril, aguardando el cultivo del ingenio y patriotismo. ¡Cuan nulas son las traduc-

ciones de primera enseñanza de la religion cristiana, hechas por
misioneros, como documentos de la lengua de una nacion que
tiene una historia tal como la peruana! Un sistema de sojuzgacion
y colonizacion mal entendido, la barbárie de la época, la gro-
sería de los conquistadores aventureros, han hecho naufragar
inmensos tesoros que depositados se hallaban en un idioma tan
rico, tan elegante, tan flexible y armonioso.

Breve tiempo despues de la conquista, al principio de la
segunda mitad del siglo décimo sexto, la doctrina cristiana
fué traducida al quichua por frailes franciscanos, pues los domínicos que llegaban con los primeros conquistadores, movidos
por su zelo religioso, no se ocupaban únicamente de convertir á
los Indios por la fuerza de la palabra, sino que con fuego y espada
predicaban el evangelio; á los Jesuitas conviene el mérito de
haber elaborado mas perfectamente estas traducciones que se
hallan como apéndice en casi todos los artes de la lengua general. Daremos aquí algunas pruebas de la literatura quichua
empezando con la traduccion elegante del Padre nuestro.

*Yayacu hanac pachacunapi cac; sutiyqui muchhasca cachun;
ccapaccayñiyqui ñocaycuman hamuchun; munayñiyqui rurasca cachun;
imainam hanacpachapi, hinatac, cay pachapipas; ppunchaunincuna ttan-
taycucta cunan cohuaycu; huchaycuctari pampachapuhuaycu imanam
ñocaycupas, ñocaycuman huchallicuccunacta, pampachaycu hina. Ama-
tac cacharihuaycuchu huateccayman urmanccaycupac; yallinrac, mana
allimantac quespichihuaycu. Amen.*

De un libro muy raro del año **1648**, que está á nuestra
disposicion, y que lleva el título: „Sermones de los misterios
de Nuestra Santa Fé católica, en lengua castellana, y la general del Inca. Impúgnanse los errores particulares que los Indios
han tenido, por el Doctor Don Fernando de Avendaño" siguen aquí algunos pasajes con su traduccion castellana.

14*

Desta verdad que os he enseñado, echareis de ver, que son fábulas las que vuestros antiguos os dixeron del orígen de los hombres despues del dilubio.

Unos viejos dizen, que despues del dilubio cayeron tres buebos del cielo, el uno de oro de donde nacieron los Curacas, el otro de plata de donde nacieron las ñustas, y el otro de cobre de donde nacieron los demás Indios: Dezidme hijos, los Curacas son pollos para que saliesen de los huebos de oro, no echais de ver que eso es cosa de risa?

Otros viejos dizen, que despues del dilubio, se orinó el rayo en un hoyo junto al cerro llamado Raco, y que destos orines del rayo proceden los Indios Llaquuaces. Dezidme: no teneis vergüenza de ser hijos de orines: y cómo puede ser que el rayo engendre hombres; porque cada uno engendra su semejante: el cavallo, engendra cavallo, y el perro, engendra perro, y siendo esto así,

Cai checcan simi yachachisccaimantam, machuiquichiccunap lloclla pachacuti, Dilubioñisccamanta pacha, runacunap paccarinacunamanta ñiscancuna llullu simi casccanta unanchanquichic.

Huc machucunam ari ñincuña lloclla pachacuti yalliptinmi hanaccpachamanta quimça runtu urmamurccan, ñaupacc ñinmi ccori runtu carccan; cai ccori runtumantam curacacuna paccarimurccan. Iscayñegquenmi collqqueruntu carccan, caimantam ñustacuna yurimurccan. Quimzañegquenmi ccana anta runtu carccan, caimantatacmi huaquin yancca runacuna lloccçimurccan. Caihinam huc machuiquichiccuna rimancu. Cunan tapuscayquichic churicuna; curacacuna chiu chichu ccori runtumanta paccarimunancupacc? Manachu caita rimay açiccuipacc cascanta ricunquichic?

Huaquiñin machuiquichic cunam ñá lloclla pachacuti yalliptinmi, Rayo illapa huc Racco ñisca orccopi ispparccan, cai rayop isppaiñinmantam Llaquaces ñiscca runacuna paccarimurccan, ñincu ñinhuai manachu isppaipa churin caspa ppencaricunqui? ImanataccRayo,illapparunacunacta yumanman? çapa çapa mantam ari paiman ricchhacta churiyaccun, yuman, cauallo caualloctatacmi como puede ser que el rayo engendre un hombre? Lo que cada dia vemos es, que el rayo mata los hombres, pero no los engendra; y mas honra es para vosotros ser hijos de otros hombres, que no ser hijos de los orines del rayo.

Otros viejos dixeron: que despues del dilubio fué Mancco Ccapacc progenitor, y padre de los Incas, y que salió por una ventana del pueblo de Paccarecctampu, y que despues se convirtió en piedra, y que despues esta Huacca fué adorada de los Indios.

yuman, allccapas allccoctaccmichuriyacun: cai hinacaptinri, imahinatacc Rayo runacunacta churiyaccunman? çapa ppunchau ricusccanchicca ari Rayo runacunacta huañuchisccami, manam runacunacta yumascanchu: Rayop isppaiñimpa churin cai mantapas runap churin cai, ccamcuna pacc ashuan allin, ashuan yupaymi.

Huaquin machuiquichiccunam, llocllaipachacuti yalliptinmi, Mancco Ccapacc Incacunap mallquin carccan, cai Mancco Ccapaccmi Paccarecctampu llacctap huc ttoccomanta llocc-çimurccan ñirccancu; qquepamanri cai quiquin Mancco Ccappacc rumimanmi tucurccan, chairaicum runacunap Huaccactahina muchhasccan carccan, ñinculacc.

La siguiente leyenda de San Estanislao, hace parte de la célebre doctrina cristiana del Cardenal Roberto Belarmino, traducida en la lengua quichua por el Bachiller Bartolomé Jurado Palomino, y publicada en Lima en 1646. 4.º

Y en confirmacion deste artículo, leemos que algunos Santos resucitaron personas muchos años antes difuntas, principalmente san Estanislao Obispo resucitó á un difunto, que habia tres años antes partido de esta vida. Avia comprado el santo Obispo Estanislao una heredad de un hombre llamado Pedro, que era rico, para su iglesia, y pagado enteramente el

Cai articulocta tacyachinanchicpacc, hucta huillasccaiqui, Santocunapas huañuccunacta cauçarichintaccmi, Diospa yanapaiñinhuan paita muchhaicuspa. Estanislao sutiyocc huc Obispos rantirccan huc Pedro sutiyoccmanta, huc haziendacta Iglesiampacc, chañintas huntallata ccorccan. Chai rantisccanmantas, mana huntallachu qquellcan carcca;

precio de ella: pero no tenia bastantes escrituras para provarlo. Era ya muerto tres años antes el dueño de la heredad, de quien la avia comprado, y los herederos del difunto por dar gusto al Rey, y aprovecharse de la occasion, pusieron pleyto al Obispo, diziendo, que aquella heredad que el avia usurpado, era suya de ellos. Vióse el negocio en cortes delante el Rey, y como al obispo le faltassen los recaudos necessarios, y los testigos no lo quiziessen dezir por temor del Rey, fué condenado á que restituyesse la heredad. Pidió tres dias de término para traer allí á Pedro tres años antes (como he dicho) difunto, que se la avia vendido. Dieronselos haziendo burla del, mas el santo veló, ayunó y oró con gran fervor à nuestro Señor suplicándole, pues aquella era causa suya, él la defendiesse. Y al cabo de tres dias habiendo el santo Obispo ofrecido el sacrificio santo de la missa, se fué á la sepultura donde Pedro estava enterrado, y hizo quitar la losa, y cavar la tierra, y descubrir el cuerpo, y tocándole con el báculo Pastoral, le mandó que se levantasse. Al mismo punto obedeció el muerto á la voz del santo, y se levantó vivo, y por su mandado le siguió hasta el tribunal donde estava el Rey. Y á

chai hacienda rantichic dueñon runañas quimça huataña huañusca carccan, huañucpa herederoncunañas, Reyta cusichinanraicu pleitota churarccan Obispocta, chai hazienda rantichisccacca, ñoccaicupam ñispa. Pleitotañas Reypa ñaupaqquempi ricurccan, Obispop qquellccancuna mana chaicama allicaptin testigoscunapas mana checcallanta Reyta manchaspa rimaita munaptinsi, sentenciascca carccan, cutichichun chai hazienda rantiscanta ñispa. Chai Obispoñas quimça ppunchaulla terminocta ccohuai, Pedropimantam rantirccani chaita pusumunaipacc ñispa; ña quimça huata huañusccata; ccorccas cai termino manaccusccanta, açipayaspa. Cai Santo Obispoñas çaçicuspa Diosta muchhacuspa tucui soncconhuan mañarccan, ccampa negocioiquim, ccamña caipacc sayayñispa, ña caita ruraspañas, quimça ñequen ppunchaupi misacta ruraspa sepultura, hayahuaçi maipin chai Pedro ppampascca carccan chaiman ña rirccan; huc hatun rumitañas, horccochin, allpacta hasppichin, chai ayacta riccurichispañas tamnanhuan chayachispa hatariy ñispa ayactacca camachirccan. Chaipachallas ayacca Santop siminta yupaichaspa hatarirccan, camachisccan hinallataccsa, ccatirccan Reypa justicia ru-

los grandes, y Juezes de la corte, les dixo Estanislao veis aquí á Pedro el que me vendió la heredad, el qual de muerto ha resucitado, y está presente: preguntadle si es verdad que yo le pagué honradamente lo que para la Iglesia le compre, y el me vendió: el hombre es conocido, la sepultura está abierta, Dios ha sido el que lo ha resucitado, para confirmacion de la verdad, su palabra deve ser mas firme, y cierto argumento della, que todos los dichos de los testigos, ni escrituras que se pueden alegar.

Desde milagro tan grave, y tan manifiesto quedaron elados y atonitos los adversarios del santo Obispo, y no tuvieron que dezir, porque Pedro les declaró la verdad, y amonestó á sus parientes que hiziessen penitencia de sus pecados, y de las molestias que contra justicia avian dado à Estanislao, el qual le ofreció que si queria vivir algunos años, él se los alcançaria del Señor, y Pedro escogió antes bolverse á la sepultura, y tornarse á morir, que quedar en una vida tan peligrosa; diziendo al santo que el estava en el Purgatorio, y le quedaba muy poco de pagar de los pecados que avia cometido en este mundo, que mas queria estar seguro de su salvacion, aunque fuesse padeciendo las

ranan tiananman. Apu, justicia cunatañas san Estanislaocca huillarccan: caimi chai Pedro, chai hazien dacta rantichicñiy huañusccanman- tam cauçarimpun, caimi cunan ñaupaqqueiquipim atapui, manachus ñocca chai Iglesiapacc hazienda rantichihuasccampa chañinta llapallanta ccorccani: reccçisccam cai runaay ahuaçimpas quicharayanmi, Diosmi cauçarichirccam checcanta riccurichinanpacc, paipa siminmi testigoscunapmantapas ashuan yupaycancca, ima qquellccacunamantapas.

Cai chica hatun milagrocta ricuspañas, santo Obispop contran auccancunacca upayascca hinaña qqueparirccancu, manaña imatapas rimanan yachacuptin, quiquin Pedro cauçaricña checcallanta huillaptin, yahuarmaçincunactaña cunarccan, huchaiquichicmanta penitenciacta ruraichic ñispa, chai santo Obispocta yanccalla, llaquichisccayquichic raicu, chai santo Obispoñas huillarccan. caipachapi astahuan cauçaita munaptiyquicca ñocca Diosmanta usachipuscaiqui cauçanaiquipacc ñispa, Pedroñas huillarccan, ashuanmiñatac huañuita munani, mana cai chicca ñaccaricui cauçaipi, qquepariytachu, caipachapi huchallicusccaipa chaninta, ppuchucanaipacc, ashuanmi munani chaimanta hanaccpachaman penas que quedavan por padecer, que ponerse en contingencia de perderla, bolviendo al golfo, y tormentas del mar tempestuoso deste siglo; que lo que le suplicava era, que rogasse á Dios nuestro Señor, que le remitiesse aquellas penas, y le llevasse á gozar presto de si entre los bien aventurados. Con esto accompañándole el santo Obispo y gran número de gente, se bolvió Pedro á su sepultura, y compuso sus miembros, y pidiendo á los circunstantes que le encomendassen á Dios, murió segunda vez para vivir con Dios eternamente.

checcallariyta, ñaccarinaita muchuspapas, pactach caipacha ñaccaricuipi qqueparispacca qquespinaita ccollochiyman: Dios Yayallanchicta muchhapuhuaichic, asllacca muchunaita yauyachipuhuanampacc, utccalla hanaccpachaman, paita ricuccrinaipac, caita rimaspallas, santo Obispop huallyuisccan achca runaphuan, Pedrocca ayahuaçinman cutispa, uccuntulluncunacta allichaicuspa, chaipi cacc cunactahuan Diosta muchhapuhuay ñispa, iscayñinmillaña huañurccan Dioshuan huiñaipacc cauçacc rinampacc.

Pero estas pruebas de la lengua son solo fragmentos poco aptos á dar una idea exacta de la construccion gramatical, ó de las bellezas y particularidades de este interesante idioma, que es tan flexible, que algunos curiosos han traducido en él con el mejor éxito odas latinas y griegas. Por desgracia estos ensayos tan importantes jamas han sido publicados.

Nos complacemos en dar lugar á un ensayo reciente de poesia quichua, insertando una décima del Sor. D. M. M. Basagoitia en honor del Sor. cura Cabrera, con la traduccion castellana del mismo autor [1]).

---

[1]) Con motivo de haber formado un rebaño de paco-vicuña. Esta cria se conocia desde el año de 1826, habiéndose presentado algunos de estos nuevos animales al general Bolivar por el prefecto que mandó entonces el departamento de Puno, y de los cuales el Sor. Rivero llevó uno á la capital de Lima. Su lana blanca y negra es finísima, y de largo tiro; se ha traido ya á Europa, y se ve en la exposicion de Londres.

Mana caccmanta cachispa
Pacha-camaccman riccchanqui;
Chiri-llaquicpa rafframpi
Pachata ccapacc yachispa.
Huiccuña alpaccacc churinta
Tuta-ppunchau yupipanqui.
Huatan-huatan, nausai, ttampi
Tarinque ccoric ccorinta.
Mana caccmanta cachispa
Pacha-camaccman ricchanqui.

A un Dios imitas en su poder extenso
De la nada arrancando un ser viviente,
Entre auras crudas y en soledad pa-
ciente
Descorres de natura el velo denso.
Tu lo descubres rico valor ... ¡ in-
mense !
En la Paco-vicuña que, tu afan presente
Ofrece de caudal cual una fuente,
Que de oro corre, hasta el mar mas
denso:
Este tesoro, que al mismo oro excede,
Es el hallazgo de tu desvelo intenso
Entre tinieblas y entre luz naciente.
Para honra tuya á tu memoria quede,
„Que á un Dios imitas en su poder ex-
tenso
De la nada arrancando un ser viviente."

En todas las naciones cultas, fué la poesia la mas antigua forma de la literatura, y antes que tuviesen caractéres para
fijar sus anales y producciones, conservaban en versos, y por
tradicion los hechos de sus antepasados y la expansion de sus
sentimientos. En todas las lenguas indias, aun en las mas bárbaras, se hallan vestigios de esta literatura, y es cosa digna de
llamar la atencion, que los cantos de guerra y triunfales son
las mas antiguas producciones poéticas de las naciones americanas. De la antigua poesia peruana han llegado pocos restos
á nuestro conocimiento, aunque entre los Indios se conservan
canciones muy hermosas de los tiempos pasados y muy dignas
de formar una coleccion para imprimirse.

Los amautas, ó filósofos fueron los poetas que componían
los cantos festivos, comedias y tragedias; y los **Haravicus** (in-

ventadores), otra clase de poetas, inventaron las canciones elegíacas. No se puede negar que la poesia alcanzaba cierto grado de perfeccion, usando en las canciones amorosas de los versos cuadrisílabos solos, ó alternando con trisílabos; en los cantos triunfales de los hexasílabos, ó de redondilla menor, en las comedias y en la mayor parte de los haravis de los versos octosílabos, ó de redondilla mayor. Estos versos son, ó sueltos, ó con rimas llanas consonantes.

La parte mas interesante de la poesia quichua la forman los *Haravis,* ó canciones elegíacas, cuyo objeto es ordinariamente el amor desgraciado, ú olvidado, y no se sabe si se ha de admirar en ellas mas la armónica composicion mecánica, ó la expresion de los mas profundos afectos de un dolor desesperado, ó postrado y angustioso. Característico es lo que dice un amante de esta poesía en el tomo IV del Mercurio peruano: „Por lo que á mi toca, confieso con ingenuidad, que cuando oigo estas canciones se abate mi espíritu, se acongoja el ánimo, el corazon se entristece, los sentidos se encalman y el llanto humedece mis ojos".

Ponemos aquí la traduccion castellana de un haravi del mismo tomo del Mercurio:

I.

Cuando á su consorte pierde
Triste tortolilla amante,
En sus ansias tropezando
Corre, vuela, torna y parte.

II.

Sin sosiego discursiva,
Examina todo el Parque,
No reservando á su vista
Tronco, planta, rama, ó cauce.

III.

Perdida ya la esperanza,
Y el corazon palpitante,
Llora sin intermision
Fuentes, rios, golfos, mares.

IV.

Asi vivo yo (¡ ay de mi!)
Desde aquel funesto instante,
Que te perdí por desgracia,
Dulce hechizo, encanto amable.

V.

Lloro, pero sin consuelo,
Porque es mi pena tan grande,
Que solo respiro triste
Penas, sustos, ansias y ayes.

VI.

La memoria me maltrata,
Cuando á tu adorada imágen
Siempre me la representa
Muerta flor, helado jaspe.

VII.

Si salgo á llorar al campo,
Se aumentan mas mis pesares,
Porque me acuerdan de ti
Bosques, montes, prados, valles.

VIII.

Si acaso me veo sola,
Te miro en mis soledades,
Procurándome consuelo
Grato, dulce, tierno, afable.

IX.

Entre sueños mi reposo
Me perturbas y combates,
Pues que creyéndote vivo
Siento zelos, furias, males.

X.

Si acordándome de tí
Mi espíritu se complace,
No importa que el corazon
Sienta, sufra, llore y calle.

XI.

A lastima muevo al mundo,
Siendo la mas fina amante,
Porque lloren en mi pena
Hombres, brutos, peces y aves.

XII.

Mientras me dure la vida,
Seguiré tu sombra errante,
Aunque á mi amor se opongan
Agua, fuego, tierra y aire.

Parece que la poesia dramática era muy considerada y fomentada en el tiempo de los Incas. Segun lo que refiere Garcilasso de la Vega, representaban en dias y fiestas solemnes, Incas y otra gente noble, comedias y tragedias delante del monarca y de los Señores que asistian á la corte. Los argumentos de las tragedias eran hechos militares, triunfos y victorias, de hazañas y grandezas de los reyes pasados y otros heróicos varones; y los de las comedias derivaban de la agricultura, de hacienda, de cosas caseras y familiares. A los que se distinguian

por su gracia y talento, dábanles joyas y prendas de mucho
precio. Felizmente tenemos una prueba de esta clase de poesia, que es un drama trágico en tres jornadas, que conside-
ramos como la mas importante produccion literaria de cuantas
lenguas americanas hay. Nada de positivo sabemos sobre su
autor, ni de la época de su orígen: no nos consta si ha llegado
por tradicion á nosotros desde el tiempo de los Incas, ó si
es producto de un ingenio mas moderno. Creen unos que fué
compuesta en la segunda mitad del siglo quince y representada
en la plaza de Cusco, presentes los Incas; otros al contrario
pretenden ser obra de un hábil autor de época mas reciente.
La primera opinion tiene varias razones en su favor, pues el
lenguage de esta pieza no es tan corrompido como lo fué en los
últimos siglos; unas pocas palabras castellanas que se hallan en
la copia, y algunas dicciones poco diestras, anuncian facilmente
ser hechura, ó añadidura de los copiantes. Se asegura tambien
que se conservan en varias bibliotecas privadas de Cuzco, copias
de esta obra, escritas en los siglos diez y seis y diez y siete.

El drama lleva el título *Ollanta, ó los rigores de un padre
y generosidad de un Rey.* La primera jornada pasa á fines del
siglo catorce, las dos últimas diez, ó doce años mas adelante á
principios del siglo quince. El héroe de la pieza es el célebre
jefe *Ollanta,* cuyo nombre llevan hasta el presente un puente,
una fortaleza, y un palacio, y cuyos hechos son todavia bien
conocidos de los Indios del Perú. Su amor á Cusi Coyllur,
hija del Inca Pachacutec, el rigor de este monarca contra su
hija, la prision de esta, la rebelion de Ollanta con un feliz
éxito al principio, su final ruina y sujecion por Rumiñahui, general del Inca Yupanqui, hijo de Pachacutec, y la generosidad
de este Inca contra Ollanta y Cusi Coyllur, forman la base del

drama, compuesto con verdadera maestría[1]). Para nuestros lectores que entienden la lengua quichua, citaremos aquí dos pasages, dignos de llamar la atencion, tanto por la profunda expresion de los sentimientos, como por su bello estilo.

Cusi Coyllar desesperada dice á su Mamá Coya:

¡ Ay ñustallay, ay mamallay!
Ymaynam mana huaccasac,
Ymaynam mana sullasac,
Y chay auqui munasccallay,
Y chay ccacca huaylluscallay
Cay chica tuta ppunchaupi
Cay chica huarma cascaipi
Y cconccahuan, y saqquehuan
Y huyayta pay ppaquihuan
Mana huaturicuhuaspa.
¡ Ay mamallay, ay ñustallay,
Ay huayllucusccay ccosallay! (llora).

Camta ricsicunaypaccha
Quillapi chay yana ppacha
Yntipas paccaricuspa
Ccospapurccan chiri uspha,
Phuyupas tacru ninahuan
Llaquita paylla huillahuan,
Ccoillurpas chasca tucuspa
Chupata aisaricuspa
Tucuiñincu tapia carccan
Hinantinpas pisiparccan,
¡ Ay mamallay, ay ñustallay,
Ay huayllucusccay ccosallay!

Y el monólogo de Ollanta despues de su entrevista con el Inca Pachacutec:

¡ Ay Cusco! ay sumac llacta!
Cunanmanta ccayamanccacca
Aucan casac, casac auca
Chay ccasccoiquita ccaracta
Lliquirccuspa, sonccoyquita
Cunturcunaman cconaypac
Chay auca, chay Incayquita:
Huñu huñu huaranccata
Anticunata llullaspa

Suyuycunata tocllaspa
Pusamusac pullcanccata;
Sacsahuamanpin ricunqui
Runayta phuyuta hina;
Chaypin sayarincca nina
Yahuarpin chaipi puñunqui
Chaqueipin cancca Yncaiqui,
Chaipacham paipas ricuncca
Pisinchus ñoccapac Yunca

---

[1]) ,Dr. *J. D. de Tschudi*, en su obra sobre la lengua quichua, ha dado en extenso esta curiosa produccion literaria.

Puchuncachus chay cuncayqui　　　*Ñispa , uticuy phinascca*
Manapunim ccoiquimanchu　　　*Conccor sayaspa mañacctey?*
Ñiћuanracc chay ususinta?　　　*Yncan paypas ñocca caclay*
¿ Pascarinracc chay siminta?　　　*Tucuymi chaycca yachascca.*
Manam campacca canmanchu　　　*Cunancca cayllaña cachun....*

La lengua quichua tiene varios dialectos muy señalados. En el Norte el *quiteño*, el mas impuro, lleno de voces de otros idiomas, y con formas gramaticales muy corrompidas; el *lamana*, en varias partes del departamento de la libertad, el *yunca*, en el obispado de Truxillo, el *chinchaysuyu*, en el departamento del Cerro de Pasco, el *cauqui*, en la provincia de Yauyos, el *calchaqui*, en el Tucuman; el *cusqueño*, en los departamentos del Sud. Es ese último dialecto el quichua puro que debe servir de norma á los que aprenden la lengua general.

La lengua *aymara*, hablada en Bolivia, se parece mucho á la quichua, y ha tomado sin duda su orígen de la misma raiz. Muchísimas voces son en ambos idiomas las mismas, y aun en la construccion gramatical tienen una semejanza muy notable. El jesuita aleman W. Bayer publicó un sermon en lengua aymara y latin sobre la pasion de N. S. Jesu Cristo en un periódico científico de la Alemania [1]).

La lengua *puquina*, hablada en algunos valles de la costa peruana y del alto Perú, es radicalmente diferente, y no tiene afinidad con ningun otro idioma americano.

Segun Garcilasso de la Vega se servian los Incas de una lengua privada que nadie osaba aprender á menos que pertene-

---

[1]) *V. Murr* Journal für Kunst und Literatur T. I. p. 112 — 121, T. II. p. 297 — 334, T. III. p. 55 — 100.

ciese á la familia real.   Pero desgraciadamente nos faltan todos los datos para formar un juicio exacto de ella.

Deseamos que las observaciones emitidas en este capítulo, sirvan para animar el zelo de los Peruanos á fin de que cultivan la hermosa lengua primitiva de su pais natal, estableciendo en los colegios cátedras para su enseñanza.

CAPITULO SEXTO.

Cultura científica bajo la dinastía de los Incas.

Las instituciones políticas y los medios imperfectos que suplian al arte de escribir, eran dos poderosos obstáculos que impedian todo progreso científico entre los antiguos Peruanos.

Como ya hemos visto en el capítulo cuarto, tan solo los vástagos de la estirpe real gozaban plenamente de las ventajas de la enseñanza; mientras que, mantenidas en humillante tutela, se negaba á las masas populares la entrada en el santuario de la ciencia, obligándolas á seguir la profesion de sus padres, para que no quedasen deslumbradas y ensoberbecidas con el resplandor de la verdad, y negasen obediencia á las autoridades constituidas.

Prevaleciendo, bajo el cetro de los Incas, el sistema de aumentar la importancia del imperio, mas bien por la extension territorial que por el cultivo intelectual de los habitantes, las ciencias militares eran la mira principal de la educacion. A este efecto habia en Cuzco y otras ciudades principales, academías bajo la direccion de Incas ancianos, para instruir á los jóvenes alumnos en todos los ejercicios militares y caballerescos, tanto teóricos, como prácticos, y de ellos salian los gefes para los diversos ejércitos.

Los representantes de las demas ciencias no pertenecian al sacerdocio, como sucedia en Europa durante los siglos bárbaros de la edad media, sino formaban la casta separada de los *amautas*, ó sabios que moraban en los establecimientos de enseñanza (*Yachahuasi*), en que tenian á sus discípulos bajo la mas severa inspeccion, instruyéndolos en los hechos de sus antepasados, explicándoles las leyes y principios del arte de gobernar, enseñándoles la astronomía, aritmética y arte de los quippus, é iniciándolos en los misterios de la religion. Algunos de los Incas, principalmente Inca Rocca, Pachacutec y Tupa-Yupanquí, protegian tanto estas escuelas, que mandaban fabricar en sus inmediaciones suntuosos palacios, tales como en Cuzco él de *Cora-Cora* y él de *Casana,* para poderlas visitar mas facilmente; y, segun asegura Garcilasso, á ellas acudia el Inca Pachacutec para comentar sus leyes y estatutos.

Examinemos ahora el caracter intelectual de los Peruanos bajo el aspecto científico, y los conocimientos que habian atesorado los amautas y que transmitian á sus discípulos.

De todos los ramos que componen la filosofía abstracta, el solo cultivado era la moral procedente de las creencias religiosas. No nos consta que se dedicasen al profundo y espinoso ramo de la metafísica, ni permite creerlo el pupilage en que los mantenia la teocracia; y es probable que sus conocimientos se limitaban á las ideas escasas y confusas de que les proveia el sacerdocio.

Tampoco brillaban en la jurisprudencia. La sencillez del código peruano exigia pocos comentarios, los jueces tenian obligacion de sentenciar todo pleyto en menos de cinco dias, las leyes penales eran como en Europa, las ordenanzas militares cortas y draconianas, la justicia represiva rápida é implacable á la manera turca, mas como esta á veces arbitraria.

El arte médica pertenecia tambien en parte á la esfera de los amautas, de los cuales salian los facultativos á cuyo cargo se hallaba la persona del Inca. Por lo que toca á las masas populares, consultaban en sus raras y pasageras enfermedades á los herbolarios y mugeres ancianas. De cualquier modo, los conocimientos curativos eran empíricos y·limitados, y se ceñian á mitigar los síntomas mas alarmantes de la dolencia, sin sistema alguno nosológico, ó terapeútico. De todos los medios exploratorios usados por nuestros médicos, para diagnosticar las enfermedades, no conocian otro que el estado de la membrana mucosa de la lengua. Si esta presentaba un aspecto blanco, ó amarillo, suponian la existencia de embarazos gástricos, y recurrian á uno de sus medicamentos universales, p. e. la raiz de la *Huachancana*, planta de la familia de las Euforbiáceas, cuyos efectos drásticos y eméticos tienen mucha analogía con los del tártaro estibiado. Estudiando las yerbas medicinales que usan en el dia los Indios, sin consultar médicos, contra sus achaques, se alcanza el conocimiento exacto de la farmacéutica de los antiguos Peruanos, pues los medicamentos con sus benignos efectos pasaban de generacion en generacion. Así en el dia, como en el tiempo de los Incas, emplean la cascarilla, la checasoconche, la chenchelcome, chillca, chinapaya, chucumpu, huacra-huacra, huarituru *(Valeriana coarctata)*, llamapñahui, *(Negretia inflexa)*, maprato ó rataña *(Krameria triandria)*, masca, matecllu, moho-moho, mulli, parhataquia *(Molina prostrata)*, panqui, tasta, y muchísimas otras plantas medicinales.

Al mismo tiempo usaban de bálsamos, de un pedazo del cordon ombilical de un niño que juzgaban remedio eficaz en muchas enfermedades de infantes y del casco de la Anta, ó gran bestia *(Tapirus americanus)* contra la gota coral, etc. [1]).

Los amautas habian llegado á reconocer que, en ciertos casos, conviene disminuir la masa de sangre del cuerpo humano; á este efecto practicaban sangrías, pero siempre en la inmediacion de la parte doliente. El instrumento que empleaban era una piedrecita muy aguda, fijada á un palito hendido, que colocaban sobre la vena, y, mediante un golpecito traspasaban la piel y abrian el vaso sanguíneo, produciendo evacuaciones que, mas que á nuestras sangrías propiamente dichas, se asemejaban á las emisiones de sangre locales, ó á las ventosas escarificadas.

La cirugía operatoria era completamente desconocida á los facultativos peruanos. Llagas, heridas, contusiones, en una palabra, toda lesion externa, la curaban con bálsamos y hojas medicinales, sin la menor idea de la amputacion de miembros, ni de la abertura de abcesos con instrumentos cortantes, ni de suturas en heridas graves, ni de la aplicacion del fuego, ni de tantas otras operaciones quirúrgicas practicadas en Europa. Las fracturas de los huesos las curaban, en el interior del pais, con la yerba llamada *Huarituru,* y en la costa, envolviendo el miembro fracturado con varias especies de plantas marinas. El ramo de partos no era ejercido por los facultativos, y á las matronas ancianas tocaba asistir á las mugeres en estado crítico.

---

[1]) Aun en el dia los Indios Camatas atraviesan casi todos los años la América meridional con colecciones de medicamentos de sus montañas que venden á buenos precios.

Los conocimientos de los amautas en las ciencias matemáticas eran casi nulos. A pesar de su excelente sistema de numeracion, el proceder gráfico de los quippus era tan rudimental é insuficiente, que nunca consiguieron pasar mas allá de los primeros elementos de la aritmética. Tampoco conocian la geometria teórica, aunque hacian un uso frecuente de la aplicada, ya en lo tocante á su propio territorio que era tan extenso, y que representaban por medio de mapas con protuberancias que indicaban los límites y localidades; ya en la reparticion de tierras, ya en la cantería, ya, enfin, en su admirable arquitectura, resolviendo problemas sumamente arduos con el mayor éxito y perfecta exactitud.

A pesar de la blasonada filiacion helíaca de sus monarcas, pocos adelantos habian hecho los Peruanos en la astronomía, y, bajo este punto de vista, los amautas eran muy inferiores á los sacerdotes mejicanos. La falta casi total de conocimientos matemáticos, no les permitia deducir por el cálculo los movimientos anuales del sol, y necesitaban medios mecánicos para determinar las principales variaciones de su curso, mediante los cuales llegaban á fijar la época de los solsticios, y los equinoccios. El método de que se servian para saber el tiempo exacto de los solsticios, lo describe Garcilasso (Coment. I. lib. II. Cap. XXII.) del modo siguiente: „Alcançaron los solsticios de verano, y del invierno, los quales dexaron escritos con señales grandes y notorias, que fueron ocho torres que labraron al oriente, y otras ocho al poniente de la ciudad del Cozco, puestas de quatro en quatro, dos pequeñas de á tres estados poco mas ó menos de alto, en medio de otras dos grandes: las pequeñas estavan diez y ocho ó veynte pies la una de la otra: á los lados otro tanto espacio estavan las otras dos torres grandes, que eran mucho mayores que las que en España servian de atalayas, y estas grandes servian de guardar, y dar viso para que se descubriessen mejor las torres pequeñas, el espacio que entre las pequeñas avia, por donde el Sol passava al salir, y al ponerse, era el punto de los solsticios; las unas torres del oriente correspondian á las otras del poniente del solsticio vernal, ó hiemal."

„Para verificar el solsticio se ponia un Inca en cierto puesto al salir del Sol y al ponerse, y mirava á ver si salía, y se ponia por entre las dos torres pequeñas, que estavan al oriente y al poniente."

Para averiguar el tiempo de los equinoccios se servian de semejante procedimiento, pues „tenian (segun lo describe el mismo autor) colunas de piedra riquissimamente labradas, puestas en los patios, ó plaças que avia ante los templos del Sol; los sacerdotes quando sentian que el equinocio estava cerca, tenian cuydado de mirar cada dia la sombra que la coluna hazia; tenian las colunas puestas en el centro de un cerco redondo muy grande, que tomava todo el ancho de la plaça, ó del patio: por medio del cerco echavan por hilo de oriente á poniente una raya, que por larga esperiencia sabian donde avian de poner el un punto y el otro. Por la sombra que la coluna hazia sobre la raya, veyan que el equinocio se yva acercando: y quando la sombra tomava la raya de medio á medio, desde que salia el Sol hasta que se ponia, y que á medio dia bañava la luz del Sol toda la coluna en deredor sin hacer sombra á parte alguna, dezían que aquel dia era el equinocial. Entonces adornavan las colunas con todas las flores, y yervas olorosas que podian aver, y ponian sobre ellas la silla del Sol, y dezian que aquel dia se asentava el Sol con toda su luz de lleno en lleno sobre aquellas colunas. Por lo qual en particular adoravan el Sol aquel dia con mayores ostentaciones de fiesta y regozijo, y le hazian grandes presentes de oro, y plata, y piedras preciosas, y otras cosas de estima. Y es de notar que los Reyes Incas y sus Amautas, así como yvan ganando las prouincias, así yvan esperimentando que quanto mas se acercavan á la línea equinocial, tanto menos sombra hacia la coluna al medio dia: por lo qual fueron estimando mas y mas las colunas que estavan mas cerca de la ciudad de Quitu, sobre todas las otras estimaron las que pusieron en la misma ciudad, y en su parage hasta la costa del mar, donde por estar á plomo el Sol, no hazia señal de sombra alguna á medio dia. Por esta razon las tuvieron en mayor veneracion, porque decian que aquellas eran assiento mas agradable para el Sol, porque en ellas se assentava derechamente, y en las otras de lado."

Los amautas observaban los movimientos de Venus, único planeta que llamaba su atencion, y que veneraban como page del sol. Conocian algunas, pero pocas constelaciones, como las Hiadas que llamaban *Ahuaracaqui*, ó quijada de la danta, y las Pleyadas *Oncoy-Coyllur*. Como todas las naciones no versadas en el curso de los astros, se asustaban con los eclipses del sol y luna, principalmente con los de este último astro, creyendo que amenazaba desplomarse sobre la tierra; y para evitar el peligro, prorumpian en una algazara espantosa, procurando hacer todo el ruido posible, desde que empezaba el eclipse, con instrumentos de toda clase, y golpeando los perros para que ahullasen y aumentasen el estruendo general.

Las fases de la luna *(quilla)* las explicaban diciendo que el astro iba enfermándose cuando empezaba á decrecer, y por

este motivo llamaban al menguante *huañuc quilla*, ó luna mori-
bunda; daban el nombre de *mosoc quilla* á la luna nueva, al
cresciente *puca quilla*, ó luna colorada, y *quillahuañuy*, ó la luna
muerta, á la luna en conjuncion. La lunacion entera la dividian
en cuatro cuartos iguales, comenzando siempre por el primer
dia de la luna nueva; así duraba la primera seccion, ó período
hasta el dia del cuarto cresciente; la segunda hasta la oposicion,
la tercera hasta el cuarto menguante, y la cuarta hasta la conjuncion. Contaban los meses por lunas, pero el año desde el
solsticio de un invierno al otro, lo subdividian en doce partes
iguales, formando así un año solar por el cual se regian
en sus labranzas. El tiempo que restaba desde el fin del
año lunar, hasta cumplirse el solar, lo llamaban *puchuc quilla*, ó
luna sobrante, y era destinado al ocio. Distribuian el año solar
en cuatro tiempos: la primavera, ó *panchin* [1]), desde el equinoccio
vernal hasta el solsticio de verano; el estío, ó *rupay mitta*,
desde el solsticio de verano hasta el equinoccio de otoño; el
otoño, *Uma-raymi*, desde el equinoccio de otoño hasta el solsticio de invierno, y el invierno, ó *para mitta*, llamado tambien *casacpuchu*, desde el solsticio de invierno hasta el equinoccio vernal. En cada uno de estos cuatro tiempos se
celebraba una solemne fiesta principal.

Montesinos nos dice que el rey Inti-Capac renovó la
computacion de los tiempos que se iba perdiendo, y se con-
taron los años en su reinado por 365 dias y seis horas; á
los años añadió decadas de diez años; á cada diez decadas
una centuria de cien años, y á cada diez centurias una

---

[1]) O *tuctu*, por el vástago de la flor de mais.

capac huata (año poderoso), ó *Intiphuata* que son mil años, que quiere decir el gran año del sol. Así contaban los siglos, ó hechos memorables de sus reyes.

El mismo autor nos asegura que el rey Yahuar-Huquiz, hábil astrónomo, descubrió la necesidad de intercalar un dia cada cuatro años para formar uno bisiesto; mas que renunció á esta medida en favor de otra que le pareció mas ventajosa, y que mayor concepto logró de parte de los amautas, y fué intercalar un año al cabo de cuatro siglos. En memoria de este rey denominaron los Indios el año bisiesto *Huquiz* que antes llamaban *allca allca*, y por la misma causa daban al mes de Mayo el nombre *Huar-Huquis*. Tal es el aserto de Montesinos, aserto muy erróneo si se considera que, presciendiendo del silencio de los demás historiadores, de la ausencia de todo monumento que pruebe la existencia de semejante calendario, y del caracter poco fidedigno del autor precitado, los sabios Peruanos no dividian el dia en horas, y no podian llevar una cuenta astronómica exacta, poseyendo conocimientos aritméticos tan escasos y deprovistos de medios gráficos. Sin embargo es posible que los amautas contasen los años por el sistema decimal.

El año *(huata)* se dividia, segun hemos visto, en doce meses, y empezaba, segun algunos autores, en el solsticio de verano á fines de Junio; segun otros en el solsticio hiemal á fines de Diciembre. Lo cierto es que en Cuzco empezaba por este último mes, y en Quito, segun las ordenanzas del Inca Huayna-Capac, por el solsticio estival.

Exponemos á continuacion el cuadro de la division de los meses, con la numeracion de las principales ocupaciones y fiestas que á cada uno correspondia. Seguimos la etimología derivada de la lengua quichua; mas como hay otra, cuyo orígen es menos claro, no siendo quichua puro, ni perteneciente á otra lengua vecina, hemos creido conveniente citar al fin de cada mes estos nombres particulares.

I. **Raymi** (Diciembre, de *raymi* danza solemne). Este primer mes del año, como que comenzaba con el dia del solsticio hiemal, era celebrado con bailes generales, música y canto. Tenia lugar en él una de las cuatro fiestas principales con solemnes danzas, precedida de un dia de ayuno *(sasi ppunchau[1])*.

Reuníanse los gefes militares con tropas escogidas en Cuzco para ejercicios militares. — *Camayquiz.*

· II. **Huchhuy-poccoy** (Enero, de *huchhuy* pequeño, y *poccoy* madurar). Llamado así porque el maiz comenzaba á formar pequeñas mazorcas.

Continuaban los ejercicios militares, se ejercitaban los soldados á competencia, principalmente en carreras. Se premiaba á los mas diestros y hábiles. — *Pura Opiayquiz.*

III. **Hatun poccoy** (Febrero, de *hatun* grande, y *poccoy* madurar). Llamado así á causa del gran incremento del maiz. — *Cac-Mayquiz.*

IV. **Paucar-huaray** (Marzo). Tocante á la etimología de este nombre, dice el presbítero Don Juan de Velasco (Hist. del reino de Quito. Tom. II, pag. 40). „*Paucar-huatay* significa el mes de la primavera que ata el principio con el fin del año solar, pues *paucar* significa la belleza de los colores que ostentan las flores durante · ese tiempo; y *huatay*

---

[1]) Conviene notar, que contaban los meses desde el 20, 21 ó 22, segun el solsticio, hasta el mismo dia del mes siguiente, de modo que el mes que llamamos Diciembre — Raymi — incluye 21 dias de Enero.

quiere decir atadura. Los historiadores escriben con variedad este nombre, errado por corrupcion, ó por mala inteligencia, diciendo: *pacar-huaruy*, *pacar-huaray* y *pacar-huatuy*, investigando para esto cada uno diversas etimologías, sin fundamento y sin hallar verdadero significado á esas palabras corrompidas." En nuestro concepto el verdadero nombre de este mes es *Paucar-huaray*, de *paucar* lugar florido, prado hermoso, y de *huaray* poner pañetes bajos, y figuradamente desplegar una alfombra, pues este mes se esparce en el suelo como un tapiz magnífico.

En él tenia lugar la segunda fiesta principal del año, precedida de tres dias de ayuno, y era la memorable fiesta de la renovacion del fuego sacro, ó *mosoc nina*. En el dia del equinoccio, esperaba el Inca, acompañado de todos los sacerdotes y principales señores de la corte, á la entrada del templo mayor, la salida del sol; y, por medio de un espejo ustorio metálico, llamado *Inca rirpu*, concentraba sus primeros rayos, encendiendo con ellos un poco de algodon sagrado, muy escarmenado y preparado á este fin. Esta materia era llevada, mientras que ardia, al templo, en que tenian lugar los sacrificios y ofrendas al sol, y luego á todas las casas. El Inca acostumbraba igualmente repartir á todos los asistentes pan y chicha sagrados. Por último concluíase la fiesta con danzas, música y regocijo general. ¡ Cuan parecida es esta ceremonía á la que tiene lugar en el dia de la Pascua en el culto cristiano! — *Pacar Ruarayquiz*.

V. *Ayrihuay* (Abril). Esta palabra significa una mazorca de maiz con granos de diversos colores.

Empezaba en este mes la coseeha de este cereal acompañada de danzas, música y libaciones copiosas que degeneraban en embriaguez. Habia premios propuestos para aquellos que encontraban ciertos colores de antemano determinados en los granos de las mazorcas completas. El que merecia el premio *(missac)*, era celebrado de todo el pueblo. — *Arihuaquiz.*

VI. *Aymuray* (Mayo). Llamado así á causa del acarreo del maiz en los depósitos públicos y trojes que tenia lugar en este mes. El fin de la cosecha lo celebraban vestidos de gala, con música, chicha, danzas y juegos jocosos. Empezaban á arrancar el rastrojo para mullir la tierra. — *Aymurayquiz.*

VII. *Inti-Raymi* (Junio, de *Inti* sol, y *raymi* danza). En este mes se celebraba la tercera fiesta solemne precedida de ayuno. Descansaban del trabajo entregándose al placer y contento. — *Aucay-Cuxqui.*

VIII. *Anta-Asitua* (Julio, de *anta* cobre, y *asitua* gran baile). Este mes, que muchos autores llaman únicamente *asitua*, empezaba por el solsticio estival, y era la época de los bailes militares. Vestidas de gala, hacian las tropas espléndidos ejercicios, celebraban sus fiestas, y andaban por las calles con música ruidosa, acompañadas de la plebe ebria y danzante.

Labraban las tierras, y las preparaban para el sembrado; vertian chicha en los acueductos y rios, esperando lograr por este sacrificio libatorio, agua suficiente para sus campos. — *Chahuar-Huayquiz.*

IX. *Capac-asitua* (Agosto, de *capac* poderoso, y *asitua* gran baile).

Continuaban las fiestas del mes precedente, y aun con mas esplendor y solemnidad. Llamábase tambien este mes *ya-*

pay asitua, el mes de los bailes suplementarios. Empezaban en este tiempo á sembrar maiz, papas, ocas, ullucos y quinoa, y practicaban singulares ceremonias para desechar en adelante las enfermedades epidémicas. — *Cituaquiz.*

X. *Umu-raymi* (Setiembre, de *umu* cabeza, y *raymi* danza). Tenia lugar en este mes el empadronamiento del imperio, y la verificacion de los encabezamientos anteriores, celebrando á este fin grandes fiestas.

Denominábase igualmente *Coyaraymi* porque se casaban en él las coyas, ó princesas reales, á cuyos enlaces seguian los demás del imperio.

Las mugeres tejian ropas de gala, y se celebraba en este tiempo la cuarta fiesta principal, ó *asitua-raymi*, precedida de un dia de ayuno. — *Puscuayquiz.*

XI. *Aya-marca.* (Octubre). No consta positivamente la etimología de esta palabra. La mayor parte de los historiadores, escriben el nombre de este mes *Ayarmaca,* mas en nuestro concepto debe escribírse *Ayamarca,* de *aya* muerto, y *marca* llevar en brazos, porque se celebraba la fiesta solemne de la conmemoracion de los difuntos con llantos, cantos lúgubres y música plañidera; y era costumbre visitar los sepulcros de los parientes y amigos, y dejarles en ellos alimentos y bebidas. Es cosa digna de llamar la atencion, que esta fiesta era celebrada entre los antiguos Peruanos en la misma época y en el mismo dia, que los Cristianos solemnizan la conmemoracion de los difuntos (2 de Noviembre).

En este mismo período fabricaban de preferencia los olleros las botijas grandes para la chicha, y en cada casa hacian esta bebida destinada á las fiestas del mes siguiente. — *Cantarayquiz.*

XII. *Capac-raymi* (Noviembre, de *capac*, y *raymi*).

Era este el último mes, ó él de los solemnes bailes para concluir el año. Las fiestas y danzas tenian á veces un caracter de alegría excesiva que degeneraba en embriaguez y licencia. En esta época fenecia el sembrado. En la plaza pública de Cuzco, era costumbre representar comedias y tragedias compuestas por los amautas. Al mismo tiempo los Peruanos se divertian con diferentes juegos como el *huayrachina*, ó juego de pelota, el *huayru*, una especie de dado, el *chunca*, juego de bolas con palos, el *huatucay*, juego de adivinanzas etc.

Habia reuniones y asambleas numerosas en la capital y en las ciudades bajo la direccion de los Caciques. — *Laymequis*.

Los limitados conocimientos de astronomía no permitian á los Peruanos hacer progresos en el arte de navegar. En sus débiles embarcaciones, construidas de troncos de arboles, palos de balsa, cueros de lobo marino y totora, para recorrer las costas de su territorio y lagunas interiores, no osaron lanzarse al alta mar, contentándose tan solo con tener un conocimiento de sus dominios, adquiridos por sus conquistas, sin embargo debian tener noticia de otros por el dicho de Huaynacapac (que refiere Garcilasso): „yo me sospecho que seran de los que sabemos, que han andado por la costa de nuestra mar: sera gente valerosa, que en todo os hara ventaja." Tambien es digno de notarse lo que refiere el Sor. Castelneau, que las velas de totora de que hacen uso en la laguna de Titicaca, y el modo de llevarlas, es idéntico al que se ve sobre el sepulcro de Rames III en Tebas. La construccion de estas endebles máquinas flotantes, conocidas por el nombre de balsas y caballitos de totora, en actual ejercicio en la costa y lagunas de la cordillera, se ha tomado por modelo para botes de vapor y botes de seguridad en casos de naufragio, hechos de goma elástica y de gutta percha. Dichas balsas sirven comunmente para hacer el contrabando por los puertos y caletas con mucha facilidad y comodidad por transportarse sin dificultad por tierra, y por su poco costo, visto el pequeño valor de estas que se queman, ó se desinflan, cuando han concluido este inmoral tráfico.

Al tratar de la lengua quichua en nuestro capítulo precedente, ya hemos referido lo que nos consta de los progresos de los amautas en la poesía, y especialmente en la dramática que era el ramo que de preferencia cultivaban. Fácil es reconocer en el cuadro sucinto que hemos expuesto de las tareas campestres, fiestas y solemnidades de los doce meses del año peruano, las sabias instituciones de los Incas, cuyo tino sagaz y benévola perspicacia sabia siempre armonizar lo útil con lo agradable, tanto para el bien comun, como para el provecho individual, procurando facilitar los trabajos mas pesados, mediante una adecuada asociacion de recreos correlativos. Despues de fenecidas las faenas del sembrado para el monarca, que tenian lugar luego de concluido lo que exigian las tierras del sol y de la nacion, tenian los Indios el gusto de ver representadas comedias civiles, cuyo objeto eran virtudes sociales, ya de un miembro de la familia para con los demás, ya del vasallo para con su monarca, ya del individuo para con el estado, ya del particular para su conciudadano. En el mes de Octubre, despues de la fiesta de los muertos, asistian á dramas, ó tragedias que representaban escenas de virtudes civiles de sus antepasados, y en los meses de los ejercicios militares, era costumbre dar comedias alusivas á insignes hechos belicosos.

No sabemos el mayor ó menor grado de perfeccion á que habia llegado el arte dramática, pero no admite duda que por las repetidas representaciones de las comedias llegaban los actores á una perfeccion notable; al paso que los aplausos de los asistentes y ricos premios que distinguian á los que sobresalian, los estimulaban á progresar en su ramo. La oratoria era protegida por los Incas, y era don muy estimado una pronunciacion pura y suave, tanto en los discursos públicos, como en el teatro.

Todas las composiciones en verso, salvo las dramáticas, eran destinadas al canto, y es muy probable que los mismos poetas componian la música para sus canciones. Existen aun varias tonadas antiguas muy melodiosas que pueden servir para averiguar los conocimientos músicos de los antiguos Peruanos. Para formar idea de esta música, insertaremos aquí la de tres haravis.

I.

Haravi por sol menor.

II.

Haravi por la menor.

III.

Haravi por r e menor.

Aunque por naturaleza tienen los Indios mucha disposicion para la música, es fuerza confesar que este arte se hallaba en su infancia ántes de la llegada de los Españoles.

La música instrumental grosera y estrepitosa, gustaba tanto mas cuanto mas alborotada era. El mayor ruido provenia de los *chhilchiles* y *chanrares*, ciertas sonajas y cascabeles; como tambien del *huancar*, ó tambor. De los instrumentos de cuerda no conocian mas que la *tinya*, especie de guitarra de cinco, ó siete cuerdas. Sus instrumentos de viento eran la *cqueppa*, ó trompeta; el *ccuyvi*, ó silbador de cinco voces; el *pincullu*, ó la flauta, el *huayllaca*, ó flauton, la *chhayna*, cierto flauton grueso, cuyos tonos lúgubres y melancólicos llenan el corazon de deseos inciertos é inefables, y humedecen involuntariamente los ojos. La mayor perfeccion la alcanzaban con el *huayra-puhura*, instrumento que consistia en una especie de Sirinx, ó flauta de Pan, hecha de cañutos atados en fila, cada uno de los cuales tenia un punto mas alto que el precedente, único instrumento con el cual los músicos se respondian con consonancia, mientras los demás carecian de armonía. El huayra-puhura se hallaba fabricado de cañutos de caña, ó piedra, y adornado á veces con labores. El general francés Paroissien, halló en una huaca sobre un cadáver uno de estos instrumentos, hecho de piedra talco de color aceitunado; y en el museo de Berlin se conserva un molde de yeso de este interesante objeto, que al célebre Humboldt envió el médico inglés Stewart Traill, con una carta de que extractamos las noticias siguientes (vid. Minutoli Descripcion de una ciudad vieja en Guatemala etc. Berlin 1832. Notas pag. 53. Lám. XII. fig. I.):

Los agujeros de los cañutos son cilíndricos y regularmente horadados, y tienen 0,3 pulgada de diámetro, y de fondo:

Nr. 1.	4,90 pulgadas,		Nr. 5.	2,45 pulgadas,
Nr. 2.	4,50	„	Nr. 6.	2,85 „
Nr. 3.	4,12	„	Nr. 7.	2,00 „
Nr. 4.	3,50	„	Nr. 8.	1,58 „

Los cañutos Nro. 2, 4, 6 y 7 (véase la segunda figura de la lamina **XXXII** del Atlas) tienen pequeños agujeros laterales que, estando abiertos, no dan tonos, pero cerrados dan los siguientes:

mi fa sol la re ut fa la

Este tetracordo es perfecto y fácil de tocar. Mediante los agujeros este diapason es divisible en muy distintos tetracordos. Uno de ellos es por ejemplo la clave de mi menor, el otro de fa mayor. Abiertos todos los agujeros, el instrumento da los tonos siguientes:

Este tetracordo es perfecto y tambien fácil de tocar; era probablemente la clave de preferencia de los Peruanos, y ha producido sin duda una melodía sonante.

El segundo tetracordo sale, tocando solo las notas pasadas que dan una clave mayor completa:

Mas . con esta clave tiene el instrumento media nota mas que la del violin que transmuta el Fa♮ en Fa♯, y el Ut♮ en Ut♯.

Los agujeros permiten una variacion arbitraria del diapason, que se halla modificado segun el Sor. Mendelsohn en un instrumento de esta clase.

Segun Garcilasso (Coment. lib. II. cap. XXVI.) „tenia cada cancion su tonada conocida, y no podian dezir dos canciones diferentes por una tonada y esto era, porque el galan enamorado dando música de noche con su flauta, por la tonada que tenia, dezia á la dama, y á todo el mundo el contento, ó descontento, de su ánimo, conforme al favor, ó disfavor que se le hazia; de manera que se puede decir, que hablava por la flauta." Segun el mismo autor, „no tañian las canciones que componian de sus guerras y hazañas, sino cantávanlas en sus fiestas principales, y en sus victorias y triunfos en memoria de sus hechos hazañosos."

CAPITULO SEPTIMO.

Sistema religioso de los antiguos Peruanos.

La religion abre una larga carrera á la esperanza humana y traza una ruta precisa á la voluntad; de todo lo que puede ocupar el pensamiento nada hay que tanto le interese, pues nada tiene una relacion mas íntima con la parte mas sublime de la naturaleza humana. Así puede decirse que es el sentimiento á la vez mas elevado y violento, y el exponente del valor de una generacion, ó pueblo. „Dadme la idea de Dios de un pueblo, decia Descartes, y yo os daré su valor.“

Así no hay monumento que mas revele la índole, genio, tendencias y altura de civilizacion del naufragado imperio del Perú, como su culto, culto poético y pomposo, emanante de dogmas y leyendas adecuados, que se hermanaba con la naturaleza, santificaba la agricultura y formaba la base de toda política, y la condicion misma del gobierno teocrático de la dinastía de los Incas.

La religion peruana, tal como generalmente se admite, basada sobre el culto del Sol, fué introducida por los Incas y se sobrepuso á un culto primitivo, por uno de esos trastornos, ó cataclismos religiosos de que mas de un ejemplo ofrecen los anales asiáticos. Antes de esta reforma y del establecimiento de las instituciones políticas descritas en esta obra, profesaban los antiguos habitadores del Perú un sistema de creencias que, por mas desfigurado que estuviese con supersticiones pueriles, se elevaba á la concepcion de un Ser Supremo, criador de todo lo que existe, sistema que contiene vestigios de los dogmas de la caida del hombre y de la redencion. Algunos historiadores de los primeros tiempos de la conquista nos refieren cuanto llegaron á saber en este punto, y á sus relaciones tenemos que atenernos, habiéndose borrado de la memoria de la nacion casi todas las trazas de las tradiciones de los tiempos remotos, precedentes al gobierno de los Incas.

Segun estas relaciones, el Ente Supremo se llamaba *Con*, y no tenia forma humana, ni cuerpo material, sino era un espíritu invisible y omnipotente que moraba en el universo. Con sola su palabra creó al mundo, alzó los montes, ahondó los valles, llenó de agua los rios, lagos y mares; y dió ser á los hombres, poblando con ellos los llanos y sierras, y abasteciéndolos de cuanto necesitaban para vivir dichosos. Colmado de los dones de la Divinidad, permaneció feliz por largo tiempo el género humano, hasta que los hombres, entregándose á los vicios y delitos, descuidaron la veneracion y culto de *Con*, y se engolfaron cada vez mas en sus desórdenes.

En presencia de tanto desacato y corrupcion, enojado *Con* contra el hombre ingrato, convirtió las fértiles regiones en tristes desiertos, y despojando á los hombres de lo necesario para su sustento, los convirtió en gatos negros·y otros animales horribles, quedando la tierra erial y desierta, hasta que *Pacha-camac*, hijo de *Con*, haciéndose cargo del gobierno del mundo, volvió á criar todas las cosas destruidas por su padre, y dió nuevo ser á los hombres, teniendo especial cuidado de ellos. Menos ingrata que la precedente, la nueva generacion fabricó á Pachacamac un suntuoso templo en la orilla del mar, adorando con la mayor devocion á númen tan benéfico, sin atreverse á fabricarle imágen corporal, pues, como á Con, lo juzgaban incor-póreo y consiguientemente invisible, si bien se figuraban que habitaba en el templo. Nunca atrevíanse sus adoradores á in-vocar el nombre de la Deidad sin postrarse en el suelo, besar la tierra y dar muestras del mayor anonadamiento; y·cuando le ofrecian sacrificios, entraban en el templo descalzos y silen-ciosos, echándose por tierra ante el altar de los holocaustos.

El templo de Pachacamac, cuyas inmensas ruinas son aun visibles cerca de la poblacion de Lurin al sur de Lima, era el único en todo el pais dedicado al Ente Supremo, y por este mo-tivo dirigíanse á él peregrinaciones de las comarcas mas lejanas, para presentar sus ofrendas y adorar la Deidad. Segun nos dicen los historiadores: „pasaban los peregrinos con seguridad, aun por las provincias enemigas con las cuales estaban en ac-tual guerra, sin mas condicion, que ir en pequeñas partidas desarmadas, bajo la cual eran hospedados, y sustentados en todas partes segun el mutuo convenio de todas ellas“, tan po-derosos eran los efectos de la general veneracion del Ente Supremo.

No nos consta positivamente si en aquella época tenian los antiguos Peruanos otras Deidades que adoraban; pero segun algu-nos vestigios muy anteriores á la introduccion de la religion de los Incas, no es probable que la religion se limitase á la sola adoracion de Con y Pachacamac; y estudiando con atencion el culto de la dinastía peruana, hallamos muchos vestigios de un sistema heterogéneo, que debemos mirar como restos de una religion primitiva. La analogía con las demas naciones del antiguo y nuevo continente, es nueva prueba que milita en favor de la suposicion de un sistema politeista entre los antiguos Peruanos.

No se puede negar que la tradicion precedente de la creacion del mundo por el invisible y omnipotente *Con*, el estado feliz primitivo de los hombres, su corrupcion por el pecado, la destruccion de la tierra y su regeneracion, tenga una analogía pronunciada con la crónica mosáica de la primera época de la historia del género humano; y facilmente se nota en este sistema la religion monoteista primitiva, general á todas las naciones del mundo, culto sencillo y elevado, que no tardó en corromperse por la personificacion material del Ente Supremo, y la introduccion de Deidades nuevas.

Al introducir su nuevo culto, lo injertó el Inca fundador con astuta maña en la religion dominante. Declaró á los indígenas que el Númen Supremo era el *Sol*, sin el cual nada pudiera existir en el mundo; que los Dioses Con y Pachacamac eran hijos del astro; que él mismo, revelador de esta doctrina, era hermano de estos, é hijo tambien en consecuencia del Sol; que su padre omnipotente permitia que se encarnase y bajase á la tierra para enseñar á los hombres las artes y ciencias, é instruirlos en lo concerniente á la voluntad de la Deidad Suprema.

A un hombre artero é insinuante no era difícil hacer prevalecer su superioridad intelectual en provecho propio y bien general, pues la índole dócil y sumisa de los Peruanos se prestaba á adoptar una religion que, sin detrimento de la establecida, la enriquecia y le daba un caracter mas visible y mas acomodado á sus alcances y gustos. Así no es de estrañar que la nueva doctrina cundiese rápidamente en los estados céntricos, y que de allí se extendiese y se afianzase con los progresos que hacia la dinastía imperial.

Al examinar con atencion el sistema religioso introducido por los Incas, no se encuentra en él una de esas ideas profundamente metafísicas y sublimes que presiden á las religiones asiáticas, y que aun revelan los cultos politeistas. La base de la religion era el interés particular de la familia real, cuya autoridad se hallaba de este modo mas firme é ilimitada que la del mas poderoso autócrata del Oriente. El Sol era el Númen Supremo que la nacion acataba rendida en templos suntuosos en que sacrificaba lo mas exquisito y opulento; mas el Inca, como hijo del Dios, era considerado como Deidad personificada, órgano inmediato del Ente Supremo, y acreedor á los mismos homenages. Un culto semejante, cuyos dogmas ilusorios no podian resistir al menor análisis, era tan solo posible en un pueblo crédulo, cuyas facultades suprimidas por las instituciones políticas, y absorbidas por la guerra, trabajos y fiestas, no le permitian meditar en cosas superiores á sus ocupaciones triviales. Bien conocian los Incas lo débil de su doctrina, y por este motivo conservaban por un lado el antiguo culto de Pachacamac, mientras que por otro inculcaban del modo mas riguroso la adoracion del Sol.

Prescindiremos de hipótesis imaginarias relativas al resultado de la fusion de la religion de los Incas con la anterior dominante, no siendo posible determinar en toda su extension los elementos conservados, y los cercenados, ó añadidos á este antiguo culto por él que se le sobrepuso, cuyo influjo no alcanzamos á limitar.

Las obras mas importantes sobre esta materia, para las personas que deseen profundizarla, en tanto como es posible, son: la „Historia natural y moral de las Indias“ del Padre Acosta; la „Crónica del gran reino del Perú“ de Pedro Cieza de Leon; la „Historia natural de las Indias occidentales“ de Don Francisco Lopez de Gomara; en parte los „Comentarios“ de Garcilasso de la Vega; y sobretodo la „Extirpacion de la idolatría de los Indios del Perú“ (Lima, Hieronimo de Contreras 1621. 4to), escrita por el Jesuita Pedro José de Arriaga. El autor, encargado por órden de Don Francisco de Borja y Aragon, Príncipe de Esquilache, XVI virey del Perú, y por el arzobispo Bartolomé Lobo Guerro, á visitar con varios otros comisionados las provincias del arzobispado, para informarse del culto practicado por los indígenas y destruir sus ídolos, recorrió el territorio asignado desde Febrero de 1617 hasta Julio de 1618, y publicó despues la relacion de su viage llena de las noticias mas importantes. Esta obra, que es sumamente rara en las bibliotecas europeas, da mas informes acerca de la mitología peruana, que todas las demás del mismo género, conteniendo un resúmen de las confesiones auriculares de mas de 5000 personas participantes de la idolatría, y del exámen de innumerables ídolos [1]), informes de que nos hemos valido tratando de los ídolos en las páginas á continuacion.

---

[1]) Dice el autor citado en el texto, haber confesado en los 18 meses, 5624 personas, descubierto y penitenciado 679 ministros de idolatría, quitado 603 huacas principales, 3418 conopas, 45 mamazaras, y otros tantos compas, 189 huancas y 617 mallquis.

La fe en la inmortalidad del alma era una de las ideas fundamentales de todas las naciones peruanas. Creian que despues de la muerte, iban los justos á un lugar hermoso y ameno, desconocido de los vivientes, donde recibian el premio de su virtud, mientras que las almas de los malvados eran atormentadas en un lugar lúgubre, lleno de dolores y espantos; y que, despues de cierto tiempo no determinado, volvian á sus cuerpos, empezando una nueva vida terrestre, continuando las mismas ocupaciones, y sirviéndose de los mismos objetos que habian dejado al tiempo de su muerte. Esta creencia les instigaha á conservar los cadáveres con sumo cuidado, y á enterrar á los difuntos con una parte de sus vestidos, sus utensilios, y á veces con sus tesoros.

El juez de los humanos era, segun la creencia de los Indios, el mismo Pachacamac, y en algunas provincias Con, no habiendo podido conseguir los Incas que fuese considerado como juez supremo el Sol, á pesar de sus esfuerzos para familiarizar á los Indios con esta opinion. Así como, en la primera edad del mundo, castigó Con al género humano con una sequedad espantosa; asi en la segunda descargó su ira Pachacamac con el diluvio; y habia entre los Peruanos una tradicion análoga á la del Génesis, alusiva á la construccion de una arca, y la preservacion de una cortísima porcion de la humanidad de la ruina total. Tambien prevalecia la creencia que llegaria el fin del mundo despues de una sequedad espantosa, obscureciéndose el sol, y cayéndose la luna en nuestro planeta, que quedaria envuelto en espesas tinieblas.

En oposicion al Ser Supremo, y como tal consideraba la religion peruana á Pachacamac que era la esencia infinita, dotada de inefables é innumerables atributos, creian igualmente los Indios en la existencia de otro Ser de mala naturaleza y poderoso, animado de un odio inextinguible contra la especie humana, y dispuesto á perjudicarla en todo lo posible. Este Ser que, por el caracter que le atribuian, recuerda el Arímanes de los Persas, ó el Satanas de los Judios y Cristianos, se llamaba *Supay*, y en algunas partes era adorado en templos en que le sacrificaban niños de tierna edad, abominable culto que recuerda las horribles ofrendas ofrecidas á Moloc y á Tifon. Pero el *Supay* se hallaba subordinado á Pachacamac, y ningun poder tenia contra aquellos que protegia este Númen benéfico, cuyo nombre invocado bastaba para ahuyentar al espíritu maligno.

El culto de Pachacamac se hallaba mucho mas extendido de lo que suponen los historiadores; y se puede sin error aventurar la opinion de que era la Deidad popular y acatada por las masas peruanas; mientras que la religion del Sol era la de la corte, culto que, por mas adoptado que fuese entre los Indios, nunca llegó á desarraigar la fe y la devocion al Númen primitivo.

En efecto, en todas las relaciones de la vida de los Indios, resalta la profunda veneracion que tributaban á Pachacamac. Al nacer un niño, lo alzaban en los brazos, ofreciéndolo á esta Deidad é implorando su proteccion para el recien-nacido. Cuando subia una cuesta un pobre Peruano, descargaba su peso al llegar á la cima, hacia las reverencias usuales precedentes á la invocacion del nombre de Pachacamac, é inclinándose decia tres veces la palabra: *Apachicta,* que era la abreviacion de *Apachicta muchhani,* que quiere decir a d o r o al que hace llevar, doy gracias al que me ha dado la fuerza de llegar hasta aquí; y al mismo tiempo

presentaba al Apachic, ó Pachacamac una ofrenda que consistia
en un pelo que se arrancaba de las cejas y que soplaba en
el aire, ó en la coca que mascaba, en un palito, una pajita, una
piedrecita, ó en un puñado de tierra. Aun en el dia observa el
viajero, en los caminos por las cumbres de las Cordilleras
(Pachetas), montones de piedras, ó de tierra, resultados de
esas ofrendas, y todavía continuan los Indios en hacer semejantes señales en los mismos lugares, aunque con muy distinta significacion.

El culto primitivo, no cuadrando con el nuevo, establecido
por los Incas, ó aliándose apenas con este, fué siempre un es-
collo para la dinastía imperial, que se esforzó en remover sus
varios miembros, sin poder alcanzar su intento hasta los tiempos posteriores. Habiendo vencido el Inca Pachacutec al rey
Cuyusmancu, Señor de los valles de Pachacamac, Rimac, Chancay y Huaman, cayó en poder del vencedor el suntuoso templo
de Pachacamac. Bien conoció el monarca peruano cuan im-
prudente seria perseguir abiertamente el culto de esta Deidad;
y por este motivo procuró, con su acostumbrada astucia, per-
judicarle indirectamente y amalgamarlo con la religion helíaca;
ya corrompiendo á los sacerdotes de Pachacamac, ya mandando
construir en las cercanías otro templo no menos espléndido dedicado al Sol, que hizo adornar del modo mas ostentoso y al
que agregó un monasterio de vírgenes consagrado á la Deidad.
Sus sucesores siguieron la misma política, que recuerda la de
los Sultanes de Delhi y Misora, zelosos islamitas, que mandaban
construir mezquitas al lado de las pagodas bramánicas; y en
pocos años cayó el culto de Pachacamac en la mayor decadencia.
Por último los *cushipatas,* ó sacerdotes fabricaron un ídolo horroroso de madera con figura humana, personificando así del modo

mas profano el Númen que, por tantos siglos, habia formado la idea sublime, la concepcion ideal del culto peruano; y abusaron del ídolo, para sus intentos, haciéndole pronunciar oráculos fingidos y enriqueciéndose á costa de la credulidad de la nacion.

Al examinar el culto dominante en el Perú á la llegada de los Españoles, es natural proponerse la cuestion de si los Incas, sus fundadores y protectores, tan distinguidos por su sabiduría y prudencia, creian ellos mismos en los dogmas de la religion que se esforzaban en arraigar en su vasto imperio é introducir en las provincias que conquistaban. Sin pretender resolver esta cuestion espinosa, citaremos solamente las palabras de dos soberanos que no dejan de ser muy significativas. Uno de ellos, *Tupac-Inca-Yupanqui*, dijo segun refiere el Padre Blas Valera (Garcilasso de la Vega, Comentarios reales, prim. part. lib. VIII cap. VIII.): „Muchos dizen que el Sol vive, y que es el hazedor de todas las cosas; conviene que él que haze alguna cosa assista á la cosa que haze, pero muchas cosas se hace estando el Sol ausente: luego no es el hazedor de todas las cosas: y que no vive, se colige, de que dando vueltas no se cansa: si fuera cosa viva se cansara como nosotros, ó si fuera libre, llegara á visitar otras partes del cielo donde nunca jamas allega. Es como una res atada, que siempre haze el mismo cerco, ó como la saeta que va donde la embian, y no donde ella querría [1]." El segundo discurso es el del sabio *Inca-Huayna-Capac*, y lo refiere el P. Acosta (Histor. del nuev. orb. cap. V): „Cuentan los Indios que un dia de los nueve que la fiesta principal del Sol llamada

---

[1] Erróneamente atribuye el sabio Humboldt en su singular obra: *Ansichten der Natur*, II. p. 384, este dicho al Inca Huaynacapac.

Raymi, durava, el Inca, con nueva libertad de la que solian
tener de mirar al Sol (que les era prohibido por parecerles
desacato) puso los ojos en él, ó cerca donde el Sol lo permite:
y estuvo así algun espacio de tiempo mirándole. El sumo-
sacerdote que era uno de sus tios y estava á su lado le dixo:
¿Que haces Inca, no sabes que no es lícito hacer esso?

„El rey por entonces baxó los ojos, mas dende á poco
bolvió á alzarlos con la misma libertad, y los puso en el Sol.
El sumo-sacerdote replicó diziéndo, mira solo señor lo que
hazes, que demas de sernos prohibido el mirar con libertad á
nuestro padre el Sol, por ser desacato, das mal exemplo á toda
tu corte, y á todo tu imperio que está aqui cifrado, para celebrar la veneracion y adoracion que á tu padre deven hazer,
como á solo y supremo señor. Huayna-Capac, bolviéndose al
sacerdote, le dixo: Quiero hazerte dos preguntas para responder á lo que me has dicho. Yo soy vuestro Rey y señor universal, avria alguno de vosotros tan atrevido, que por su gusto
me mandasse levantar de mi assiento, y hazer un largo camino?
Respondió el sacerdote. Quien avria tan desatinado como esso?
Replicó el Inca, y avria algun curaca de mis vasallos por mas
rico y poderoso que fuesse, que no me obediecesse, si yo le
mandasse ir por la posta de aquí á Chili? Dixo el sacerdote, No Inca, no avria alguno que no lo obedeciesse hasta la
muerte todo lo que tu le mandasses.“

„El Rey dixo entonces. Pues yo te digo que este nuestro
padre el Sol deve de tener otro mayor señor y mas poderoso que
no él, el cual le manda hazer este camino que cada dia haze, sin
parar; porque si él fuera el supremo señor, una vez que otra
dexara de caminar y descansara por su gusto, aunque no tu-
viera necessidad alguna.“

Las Deidades peruanas se dividen en **Deidades cosmicas,** y estas en **astrales y terrestres;** en **Deidades históricas,** en **Deidades de la nacion,** ó del **pueblo,** y enfin en **Deidades de familia,** ó de **individuos,** correspondientes á los Lares, ó Penates de los Romanos. A las astrales pertenecian el Sol, la Luna su esposa, ó coya, Venus, las Pleyadas, las Hiadas, una estrella llamada *Mamanmircue - Coyllur,* y la constelacion de la cruz del Sud.

El Sol, *(Inti,* ó *ppunchau)* como ya hemos dicho, era el númen por excelencia, la Deidad protectriz, la que presidia á los destinos del hombre, la estirpe de la familia real. Al Sol pertenecian los magníficos templos que existian en todas las ciudades y en casi todos los pueblos del vasto territorio peruano, templos resplandecientes y adornados de oro y joyas, en cuyos altares humeaban los holocaustos. Entre ellos sobresalia el de Cuzco, de que mas extensamente trataremos en otro capítulo, tanto por su construccion maravillosa como por sus riquezas. Cada año tenian lugar en él cuatro fiestas principales correspondientes á las cuatro épocas astronómicas del año. En ellas era sacrificado lo mas opulento del imperio, como metales preciosos, tejidos finísimos, ganado, maiz, coca, frutas y aun niños de tierna edad. Inumerables eran los sacerdotes destinados al servicio del Dios, y tanto de dia como de noche cabia obligacion á cierto número de ellos de vigilar en torno de los templos y cumplir las funciones prescritas.

Estos sacerdotes gozaban de la mayor estimacion entre todos los miembros del gremio sacerdotal; mas tambien tenian que hacer estudios mas difíciles, pasar por exámenes mas severos, y dar mayores pruebas de capacidad. Como formaban una casta privilegiada, se educaban los niños destinados á ocupar

20

el rango sacerdotal en los templos desde su edad mas tierna. Tenian obligacion de hacer grandes penitencias y ayunar rigorosamente, principalmente ántes de las cuatro fiestas principales. Consistia el ayuno que duraba á veces un año y mas, en la privacion total de comida si era de pocos dias; y en la abstinencia total de sal y del aji cuando duraba mas tiempo; y á veces era tan rigoroso que no se atrevian á tocarse con las manos el cuerpo mientras duraba. En algunas partes del imperio guardaban los cushipatas, ó sacerdotes celibato perpetuo; en otras eran casados, pero, mientras subsistia el ayuno, se abstenian de todo comercio corporal con sus mugeres. Gozaban de mucha veneracion de la nacion, y el Sumo Sacerdote *(Huillca-Uma)*, que era un Inca de sangre real, pertenecia al gremio sacerdotal del Sol; sin embargo poseia la direccion de todos los demas del imperio. Residia en Cuzco y sacaba agüeros del vuelo de las aves y de las entrañas de las víctimas en presencia del Inca. En las fiestas solemnes el mismo rey en persona era Pontífice, á cuyo efecto era iniciado y consagrado en todos los misterios de la religion.

Habia vírgenes dedicadas al Sol, consideradas como esposas del Dios, que vivian en claustros, ó conventos en el mayor retiro. El mas célebre era el *Acllahuasi* en Cuzco, ó casa de las escogidas, en efecto pasaban por tales por su linage, ó hermosura; y contenia mas de mil vírgenes. Solo podian aspirar á ser admitidas en este sagrado colegio, las jóvenes de sangre real que, desde la edad mas tierna, se sacaban del seno de sus familias para colocarlas en el convento, bajo la direccion de matronas ancianas, á quienes daban el nombre de *Mamacunas*, y que habian encanecido entre aquellas paredes. Debian pronunciar el voto de perpetua virginidad y clausura, sin la menor relacion con el mundo, ni aun siquiera con sus parientes; y tan fielmente se ejecutaba este voto, y tan estrechamente se observaba la reclusion, que ni el mismo monarca peruano osaba pisar los umbrales del monasterio, privilegio de que solo gozaban, en razon de su sexo, la reina y sus hijas.

Bajo la direccion de sus respetables maestras aprendian las esposas del Sol los deberes sagrados de su ministerio. Sus ocupaciones eran hilar y tejer los vestidos de los Incas de la lana mas fina de vicuña, teñida de brillantes colores y esmaltadas de oro y pedrería. A estas vírgenes sagradas tocaba igualmente fabricar las vestimentas con que el Inca sacrificaba al Sol, como tombien la chicha y panecitos de maiz cocido, llamado *Zancus*, para el monarca y su corte.

Las casas que habitaban las vírgenes del Sol se hallaban ricamente amuebladas y enriquecidas con tanto lujo como los palacios de los Incas y los templos del Sol, queriéndolo así la política de los monarcas peruanos, que en nada reparaba para hacer florecer esta institucion, como los Emperadores Romanos colmaban de honores y privilegios el colegio de Vestales, en que reposaba la prosperidad del imperio, y que bajo muchos aspectos guardaba estrecha conexion con las vírgenes del Sol.

En las provincias habia claustros análogos, pero con otro destino. En ellos se recibian doncellas de todas clases, nobles y plebeyas, con tal que aventajasen por la hermosura. Destinadas á ser concubinas del monarca, las que á esta honra llegaban, eran escogidas y enviadas á Cuzco, cabiendo á las demas la obligacion de guardar virginidad perpetua como las esposas del Sol. Las que habian tenido el honor de subir al tálamo real, no podian volver á su encierro monástico, sino quedaban en el palacio como damas de la reina, hasta que llegando á una edad avanzada, les era permitido regresar á su pais y casa, donde, aunque fuesen de baja esfera, recibian honras y respetos, como propiedad del Inca, llevando una vida regalada y suntuosa en su retiro. Las que permanecian en los claustros, ocupábanse, como las vírgenes del Sol, en hilar y tejer, y la ropa que fabricaban la regalaba el Inca á los Señores de su corte, curacas y demas nobles que se dignaba honrar el monarca.

La esposa del Inca convencida de adulterio, se hallaba sometida á la misma pena que la vírgen del Sol perjura á sus votos. Si juraba que el Sol mismo era el autor de su preñez, se la dejaba con vida hasta que se cumpliese el término, y despues era sepultada viva. El fruto de su union con la Deidad se reservaba para el sacerdocio, ó se destinaba á formar parte del sagrado gremio de las vírgenes del Sol, segun su sexo.

La Luna (*quilla*), considerado como hermana y esposa del Sol, era objeto de un respeto profundo, pero su culto mucho mas limitado que él del astro del dia. La Luna pasaba, como en Atenas y Roma, por la Deidad protectriz de las mugeres en trabajo de parto. En la provincia de Huamantanca existia un célebre templo dedicado á esta Deidad. Erróneo es el aserto de Garcilasso que pretende que los antiguos Peruanos no tenian mas Dioses que el Sol, que no reconocian por Diosa á la Luna, ni le ofrecian sacrificios, ni le construian templos; y que, si bien creian que era madre universal y bajo esta idea le profesaban gran veneracion, no pasaban mas allá en su idolatría. El mismo Garcilasso se contradice y se desmiente á sí mismo, cuando en otras partes de sus Comentarios alude á los diversos Dioses adorados por los Incas; y solo la parcialidad resultante de su nacimiento, que es sobretodo evidente al tratar del culto y ceremonias religiosas de sus antepasados, pudo inducirle á proferir una asercion desprovista de pruebas y en plena contradiccion con los demas historiadores, cuyas relaciones demuestran unánimamente la existencia de un culto politeista en el antiguo Perú.

El mas hermoso de todos los planetas, Venus *(Chhasqui coyllur)*, lo adoraban como page del Sol, á quien de tan cerca acompaña cuando nace y cuando se oculta. Tambien eran objeto de devocion la constelacion de las Pleyadas *(Onccoy coyllur)* por el influjo que le atribuian en muchas enfermedades; las Hiadas, por su accion quimérica en las sementeras, y el *Maman mircuc coyllur*, porque creian que esta estrella, como lo indica su nombre, influye en algunos hombres de manera que les hacia comer sus padres.

Entre las Deidades elementales merecen particular mencion el aire *(huayra)*, el fuego *(nina)*, el relámpago y trueno *(llipiac, ó illapi)*, y el arco iris *(ckuichi)*: á estas dos últimas consideraban como criados del Sol, y en consecuencia las acataban, sobretodo el llipiac á quien sacrificaban llamas.

Las Deidades terrestres eran muy numerosas, muchas de ellas tenian templos, y á todas sacrificaban los Peruanos, invocando su ayuda, especialmente cuando se hallaban en contacto inmediato con ellas. A la Tierra *(Mamapacha)* ofrecian en el tiempo del sembrado maiz molido y chicha, implorando que les diese buena cosecha. Los cerros, montes y sierras nevadas merecian de una adoracion muy misteriosa, como tambien los peñascos de figura rara, que á menudo se observa en las Cordilleras, que pasaban por hombres convertidos en piedras. El mar *(Mamacocha)* devotamente lo invocaban los Indios que lo divisaban al bajar de la sierra á la costa, pidiéndole

que les conservase una buena salud, pues creian — y en eso
no andaban errados — que sus vapores producian las enfermedades que padecen los montañeses que bajan á los llanos marí-
timos. A la orilla de los rios *(Mayu)* practicaban la ceremonia
llamada *Mayuchalla*, que consistia en tomar un poco de agua
en el hueco de la mano y beberla invocando á la Deidad fluvial
para que les permitiese el paso ¹), ó que les diese peces; y para
volverla propicia echaban maiz en su seno ²).

¹) Hoy mismo todo Indio habitante en la alta Cordillera se *sanctihualla* antes
de pasar un rio á pié, ó á cavallo.

²) Los principales adoratorios de los Chibchas eran, como llevamos referido,
las lagunas en donde podian hacer las ofrendas de cosas preciosas, sin temor de que
otros se aprovechasen de ellas, pues aunque tenian confianza en sus sacerdotes y
sabian que estos las sepultaban cuidadosamente en las vasijas destinadas al efecto,
naturalmente quedaban mas seguras arrojándolas en lagos y rios profundos. La laguna
de Gualavita era el mas célebre de todos estos santuarios, y cada pueblo tenia una
senda trillada para bajar á ofrecer sus sacrificios. Cruzaban para ello dos cuerdas
de modo que formasen ángulos iguales, y á la interseccion de ellas iba la balsa con
los xeques de la laguna y los devotos. Allí invocaban la cacica milagrosa *Bachuc* y
su hija que decian vivian en el fondo en un lugar delicioso con todas las comodidades,
desde que en un momento de despecho por discordias con un cacique antiguo su marido,
se habia arrojado á esta laguna, y allí se hacian las ofrendas. Cada laguna tenia
su tradicion, y las peregrinaciones á estos santuarios eran muy comunes entre los Chibchas.

En tiempo en que el cacique de Gualavita era jefe independiente, hacia cada año
un sacrificio solemne, que por su singularidad, contribuyó á dar celebridad á esta laguna, aun en los paises mas lejanos, y que fué el orígen de la creencia del Dorado,
en cuya solicitud se emplearon tantos años y caudales. El dia señalado se untaba el
cuerpo de trementina y luego se revolcaba en oro en polvo. Así dorado y resplande-
ciente entraba en las balsas rodeado de los xeques, y en medio de la música y cantos de la inmensa multitud de gentes que cubrian las laderas que rodean la laguna en
forma de anfiteatro. Llegado al centro, depositaba el cacique las ofrendas de oro,
esmeraldas y diversos objetos preciosos, y él mismo se arrojaba á las aguas para
bañarse. En este momento sobre todo resonaban las montañas vecinas con los aplau-

Las Deidades históricas son aquellas que iniciaron los hombres á la vida social é instituciones civiles, y en casi todas las religiones politeistas se liga á cada una de ellas una tradicion, ó leyenda relativa á su carácter y acciones mientras se hallaban en relacion directa con los hombres. En la religion peruana han sido perdidas la mayor parte de estas tradiciones, ó á lo menos no han llegado al conocimiento de los Europeos, sin duda por falta de poesía épica de la lengua quichua. Por este motivo solo nominalmente podemos citar algunos de los Dioses históricos, con pocas observaciones sobre sus figuras, segun las describen los antiguos visitadores, cuyo zelo los indujo á quemarlas, ó hacerlas pedazos. La mayor parte de estas Deidades eran *Huacas,* esto es, adoradas en una provincia, en un pueblo, ó solamente en un ayllo. Pocas tenian templos, pero á todas sacrificaban los Indios, y celebraban en su honor varias fiestas anuales.

La principal de estas Deidades, é íntimamente implicada en la historia peruana, era *Viracocha,* que mas de una vez

sos del pueblo. Caminada la ceremonia religiosa comenzaban las danzas, cantos y borracheras. En estos cantos monotonos y acompasados, se repetia siempre la historia antigua del pais y cuanto sabian de sus dioses, de sus héroes, batallas y otros acontecimientos memorables, que se trasmitian así de generacion en generacion. En las puertas de los cercados de los caciques, que siempre presidian á las fiestas como á todas las funciones públicas, se mantenian, mientras que ellas duraban, dos Indios viejos desnudos uno de cada lado, tocando choismia, que es un instrumento de viento triste y desapacible; y cubiertos solamente con una red de pescar, ó atarraya que entre estos Indios era el símbolo de la muerte, porque decian que no debia perderse esta de vista, sobre todo en tiempo de fiestas y regocijos. Habia ademas carreras y apuestas entre los jóvenes, premiando el cacique á los mas ágiles y ligeros.

(*J. Acosta* Compendio histórico, pag. 198, 199.)

apareció en figura humana al Inca del mismo nombre, hijo de
Yahuar-Huacac, diciéndole que era hijo del Sol y hermano de
Manco-Capac, y dándole cuenta de sucesos importantes que
debian tener lugar en lo venidero. El Inca mandó fabricar en
honor de esta aparicion un magnífico templo en Cacha, á diez
y seis leguas de Cuzco.

En la parte interior del edificio habia una especie de capilla
enlozada de negro, en la cual observábase un nicho, cuyo interior contenia un inmenso pedestal en que reposaba la Deidad tal como habia aparecido al Inca. Segun la descripcion
de Garcilasso: „era un hombre de buena estatura, con una barba
larga, de mas de un palmo, los vestidos largos, y anchos como
túnica, ó sotana; llegavan hasta los piés; tenia un estraño
animal de figura no conoscida, con garras de Leon, atado por
el pescueço con una cadena, y el ramal della en la una mano
de la estatua. Todo esto estava contrahecho de piedra, y
por que los oficiales, por no aver visto la figura, ni su retrato,
no atinaban á esculpirla, como les dezia el Inca; se puso él
mismo en el hábito y figura que dixo averla visto..... La
estatura semejava á las ymágenes de nuestros bienaventura-
dos apóstoles, y mas propiamente á la del Señor San Bartolomé." Dos siglos contaba el culto de Viracoeha á la llegada
de los Españoles.

Como hijos del Númen Supremo, gozaban los Incas, aun
despues de su muerte, de la adoracion general. Sus exequias
eran celebradas con la mayor pompa y solemnidad, y á sus
cadáveres se ofrecia numerosos sacrificios; por cuyo motivo
debemos considerarlos como Dioses históricos. El monarca difunto era embalsamado con tanta destreza y maestría, que parecia que estaba vivo, y en este estado se conservaba siglos

enteros. Sus vísceras, depuestas en vasos de oro, [1]) eran
conservadas en el magnífico templo de Tambo á cuatro leguas
de Cuzco, y el cuerpo sentado sobre una especie de trono en
posicion muy natural delante de la figura del Sol en el templo
principal de la capital. Interesante es lo que refieren los antiguos cronistas sobre estas momias que alcanzaron á ver. Garcilasso (l. c. lib. V. cap. XXIX) dice: „En el apossento hallé
cinco cuerpos de los Reyes Incas, tres de varon y dos de muger. El uno dellos dezian los Indios que era el Inca Viracocha, mostrava bien su larga edad, tenia la cabeça blanca como
la nieue. El segundo dezian que era el gran Tupac Inca Yupanqui, que fué visnieto de Viracocha-Inca. El tercero era
Huayna-Capac hijo de Tupac Inca Yupanqui, y tataranieto del
Inca Viracocha. Los dos ultimos no mostravan haber vivido
tanto, que aunque tenian canas, eran ménos que las de Viracocha. La una de las mugeres era la Reyna Mama Runtu, muger
deste Inca Viracocha. La otra era la Coya Mama Ocllo, madre de Huayna Capac, y es verísimile, que los Indios los tuuies-
sen juntos despues de muertos marido y muger, como vivieron
en vida. Los cuerpos estavan tan enteros que no les faltava
cabello, ceja, ni pestaña. Estavan con sus vestiduras como anda-
van en vida: los llautos en las cabeças, sin mas ornamento, ni
insignia de las reales. Estavan assentados como suelen sentarse

[1]) Costumbre análoga se nota relativamente á los Zipas de Bogotá, segun refiere Acosta. Cuando morian estos monarcas, los xeques les sacaban las entrañas, y
llenaban las cavidades con resina derretida, introduciendo despues el cadáver en un
grueso tronco de palma hueco, forrado de planchas de oro por dentro y por fuera;
y los llevaban secretamente á sepultar en un subterráneo que tenian hecho, desde el
mismo dia, en que comenzaban á reinar, en parages lejanos y ocultos.

los Yndios y las Yndias, las manos tenian cruzadas sobre el pecho, la derecha sobre la izquierda, los ojos baxos, como que miraban al suelo."

Segun otros desenterró Gonzalo Pizarro el cuerpo del Inca Viracocha en Haquijahuana y mandó quemarlo; los Indios recogieron sus cenizas, y puestas en una tinajuela de oro la conservaron haciéndole grandísimas ofrendas.

El cuerpo de Huayna-Capac fué trasladado de Patallacta á Totacacha donde fundóse la parroquia de San Blas. Estaba en tan buen estado que parecia vivo, los ojos tenia hechos de una telilla de oro, tan bien puestos que parecian naturales y todo el cuerpo aderezado con cierto betun. Aparecia en la cabeza una cicatriz de una pedrada que le dieron en la guerra, y veíase su cabellera muy canosa y entera. Habia muerto como ochenta años ántes. El Licenciado Polo Ondegardo, siendo Virey D. Andres Hurtado de Mendoza, II Marques de Cañete, trajo esta momia con varias otras de Incas de Cuzco á Lima. Añade Garcilasso l. c. „que pesavan los cuerpos tan poco que cualquier Yndio los llevava en brazos, ó en los ombros de casa en casa de los caballeros, que los pedian para verlos. Lleuauanlos cubiertos con sávanas blancas por las calles y plaças, se arrodillauan los Yndios haziendoles reuerencia con lágrimas y gemidos: y muchos Españoles quitauan la gorra porque eran cuerpos de Reyes, de lo cual quedauan los Yndios tan agradecidos que no sabian como decirlo." Finalmente fueron enterrados los restos mortales de estos poderosos y sabios monarcas en un corral del Hospital de San Andres en Lima.

Ademas de los Incas, los Peruanos adoraban tambien á héroes en algunas provincias, y parece que este culto derivó su orígen ántes de que los Incas conquistasen aquellas comarcas.

En la poblacion antigua de *Huahualla* por ejemplo sacrificaban á las momias de *Caxaparca* y de su hijo *Huaratama,* vestidos ambos al uso de guerreros con muchas plumas de colores diversos; pero nada nos refiere la tradicion acerca de los hechos de estas personas que es verosímil que fuesen denodados caudillos de la nacion.

Hemos ya dicho que la mayor parte de los Dioses históricos eran *Huacas,* ó Dioses de pueblos ó provincias, de los cuales habia figuras de piedra ó madera. Gran número de ellas fueron destruidas por los conquistadores españoles, que, en su zelo religioso y orgullo nacional, desdeñaron conservar sus leyendas, ó tradiciones; y asi no es de estrañar que, gracia á los curiosos apuntamientos del Padre Arriaga, conozcamos de pocos los nombres y la forma.

La mas interesante de los Huacas que destruyó este ardiente religioso, se encontraba á dos leguas del pueblo Hilavi, en una cumbre elevada en que descollaban sepulcros de Indios suntuosamente labrados de piedra de encaje. Tenia la estatua tres estados de alto, y era de piedra magníficamente esculpida, con dos figuras monstruosas, una de varon que miraba al occidente, y la otra con rostro de muger, en la misma piedra, á espaldas de la primera, que miraba al poniente. En ambas distinguíanse serpientes que trepaban de los piés á la cabeza, y á las plantas parecian arrastrarse otros reptiles como sapos. Delante de cada uno de estos ídolos, habia una piedra cuadrada de palmo y medio de alto, que al parecer servia de ara, ó de altar. Para hacer pedazos monumento tan precioso necesitó el jesuita Arriaga mas de treinta personas durante tres dias.

De mucha nombradía gozaba la Huaca *Rimac* (la que habla), á orillas del rio del mismo nombre, en que igualmente se eleva la capital actual del Perú, cuya denominacion Lima, deriva del nombre del ídolo citado. Tenia este figura humana, y hallábase en un templo magnífico, en que respondia como oráculo á las preguntas que se le hacia por medio de los sacerdotes. No solo en la nacion de los Yuncas que ocupaba aquel valle, sino por todo el pais se extendia la veneracion del ídolo, y aun de las provincias lejanas acudian diputados con preguntas y ofrendas.[1])

Otro oráculo existia en la provincia de Huamanchuco, la famosa Huaca *Catequilla*, que predijo á Tupac-Inca-Yupanqui que la consultó por medio de sus sacerdotes acerca del éxito de la campaña que iba á emprender contra un hermano suyo que se habia rebelado, que moriria en la batalla, y así se verificó. El hijo de Tupac-Ynca, irritado de la muerte de su padre, destruyó el templo del oráculo, pero los sacerdotes consiguieron poner en salvo el ídolo, lo llevaron á Cahuana, donde le fabricaron otro templo, y continuaron su culto.

En la provincia de Manta habia un templo suntuoso dedicado á *Umiña,* ó Dios de la salud, en que veíase un ídolo con figura medio humana, fabricado de una esmeralda sumamente preciosa, muy custodiado y venerado.

Otra Huaca famosa, adorada de algunas provincias, era la *Sañacmama*, que halló Arriaga en el asiento de Chanca;

---

[1]) La tradicion refiere que el famoso templo del ídolo *Rimac*, valle de *Huatica*, estaba muy inmediato á Limatambo, y que destruido el pueblo se pasó á él de la Magdalena. Existen un número considerable de Huacas de diferentes dimensiones, teniendo unas mas de cincuenta varas de largo y hasta quince de alto, desde Limatambo hasta Maranga. En una de estas permaneció largo tiempo el francés Mateo Salado que pasaba por un eremitaño, hasta que fué quemado en 1573 por el horrible tribunal de la inquisicion.

tenia la forma de un tinajon muy grande y se encontraba en medio de ocho tinajones de igual figura, cercado de muchas tinajas y cántaros, y de dos llimpis de barro con que brindaban los Indios á la Huaca. Hallábase llena de chicha, que por su antigüedad se habia convertido en agua, y cerca de ella muchos cuys y otros sacrificios. En el dia del Corpus la festejaban los Indios sacándola de su aposento y cubriéndola con vestidos semejantes á los que usaban las Pallas.

En la poblacion de Quichumarca eran adoradas la Huaca *Huari*, considerada por los Indios como la Deidad que prestaba fuerzas cuando tenian que fabricar sus casas y cultivar sus tierras, y dos hermanos suyos, todos de aspecto horroroso.

La Huaca *Choquechuco* era objeto del culto de la poblacion del mismo nombre, así como tambien la Huaca *Humivillca* y sus hermanos; la primera groseramente esculpida en piedra de color de hígado, tenia un rostro humano, y estaba sentada en un almirez de piedra.

Cerca del pueblo de Tamor veneraban una piedra grande, partida por el rayo; la llamaban la Huaca *Llipiac*, nombre derivado del rayo, y le ofrecian sacrificios de llamas, oro y plata. Las Huacas *Quenac* y *Quenac-Huillca*, con figuras de Indios sin brazos, ni piés y aspecto sañudo, fueron tambien adoradas en varios pueblos. En la misma poblacion de Tamor existia la Huaca *Huayna-Yurac*, hijo de *Apu-Yurac* que era venerado en la antigua poblacion de Hupa: ambas tenian la forma de hombres sentados sobre planchuelas de plata. Tambien se notaba en la poblacion de Chochas la *Llaxehuillca*, en forma de un Indio sentado, cabizbajo, y un ojo mayor que el otro. El ayllu de Sopac veneraba la Huaca *Apu-Xillin* y su hijo *Huayna-Xillín,* probablemente memorables antepasados de esta estirpe; y en el valle de Jauja adoraban los Huancas la célebre *Huarivilca,* á la cual habian construido un suntuoso templo junto á una fuente del mismo nombre. Mencionan aun los cronistas las Huacas *Huamantucoc* en la poblacion de Quepas, *Mullu-Cayan* y *Cota-Tumac* en las ruinas de Cochallipiac, *Umy* en el asiento de Chincas, *Yusca* en el pueblo de Cayna; como igualmente las Huacas *Xampay, Atahuanca, Pariacaca, Huanchorhuillca, Hananllautu, Quicanllautu, Caxaparac, Sian-Achcay, Chauca, Churaquella, Taucatanca,* y otras muchas, que seria prolijo enumerar; y es probable que todas las que mencionan los autores componen apenas una fraccion notable del número total de ellas, pues cada pueblo tenia la suya protectriz, y á veces varias, si bien las habia mas ó ménos célebres, y mas ó ménos veneradas en las cercanías. Adoraban generalmente en las islas de la costa Huacas de que pretendian eran criadores del huanu, y al tiempo de espigar el maiz iban allá con balsas y lanchas, y llevaban chicha, mullu, paria y otras cosas de sacrificio, y les pedian licencia para traer el huanu.

Conviene igualmente notar que varias naciones adoraban animales diversos: así los Collas tributaban devocion por las llamas completamente blancas, como en Siam por los elefantes del mismo color; los Huancas adoraban á los perros, los Antis á las grandes serpientes (amaru) y los tigres (uturunea) etc.

Las Deidades de familia é individuales eran innumerables; cada casa y particular poseyendo la suya característica y tutelar. Entre las primeras merecen particular mencion las llamadas *Mallquis* ó *Manaos,* que eran los cuerpos enteros de los antepasados reducidos al estado de momia, ó de esqueletos, que conservaban pios sus descendientes, en las *Machays*, ó sepulturas dispuestas de manera que facilmente podian verlos y sacrificarles; al mismo tiempo que darles de comer y beber, pues encerraban con ellos vasos y mátes que llenaban de tiempo en tiempo de manjares. Tambien ponian al lado de los difuntos en los sepulcros, armas, utensilios y otros despojos de que se habian servido durante su vida: así, si era un guerrero, enterraban con él quicopas, huaracas, huactanas, chictanas; si era labrador, tallas, ó lampas; si era muger, husos, lanzaderas, algodon, lana, etc.

Cada familia tenia en su chacra una piedra larga, puesta de canto en el campo, que adoraban con fiestas y sacrificios: llamábanla *Huanca, Chichi,* ó *Chacrayoc,* esto es dueño del campo. Semejantes piedras ponian en las acequias de riego, les sacrificaban ántes y despues de sembrar, y las nombraban *Compa,* ó *Larca huillana.*

Los Dioses domésticos correspondientes á los Lares y Penates de los Romanos, eran de muy diversa forma y materia; los habia de oro, plata, cobre, madera, piedra, barro etc., afectando la figura humana, ó de animal, ú otra caprichosa y extravagante. La familia entera profesaba la mayor veneracion por estas Deidades que pasaban de padres á hijos, y de que debia dar cuenta el hermano mayor á los demas miembros de la casa.

Cada uno podia tener una cantidad indefinida de estos Dioses domésticos, circunstancia que establece una diferencia notable entre el Perú y Méjico, en que el número de Lares era limitado y variaba segun las personas: así el rey podia tener seis, los nobles cuatro, y dos tan solo la plebe.

Bajo el nombre colectivo de *Conopa* [1]), ó *Chanca*, signifi-
caban los Peruanos todas las Deidades menores adoradas solo
por las familias é individuos, salvo las ya citadas de chacras y
acequias. Contábanse muchas clases, si bien se aplicaban
especialmente los nombres precitados á las de los individuos.
Cualquier piedrecilla, ó pedazo de madera de forma rara era
adorado como Conopa. Estas Deidades privadas se enterraban
con sus dueños, y generalmente las colgaban á su pescuezo.
A veces hallábanse labradas en metal, con figura humana ú otra
alusiva á cualquier accidente de la vida del individuo que las
veneraba. El Conopa de plata representado en la siguiente
estampa de madera, y que se encuentra en nuestro poder, se

---

[1]) La palabra quichua, *Conopa*, ó *Canopa*, con la que designamos en el texto las
Deidades particulares, ó Lares de los antiguos Peruanos merece particularmente fijar
la atencion de los eruditos anticuarios, por su coincidencia con una voz egipcia, que
significa el mismo objeto. Con la palabra *Canópus*, ó *Canóbus* denominaban los Egipcios un espíritu benéfico, ó un númen tutelar, representándole bajo la forma de un pájaro,
ó de una cabeza humana.

Llámanse tambien *Canóbus*, los cuatro vasos que se hallan en las cuatro esquinas
de las momias egipcias y de los cuales, el primero figura una íbis, el segundo uu ci-
nocéfalo, el tercero un gavilan y el cuarto una cabeza de hombre.

Canóbus era igualmente el nombre de una isla del Nilo y de una ciudad egipcia
desacreditada por la lujuria de sus habitantes.

veia pendiente del cuello de un mallqui, y representa uno de estos sacado de una sepultura en la quebrada de Huarochirin, bajo la forma de un Indio en cuclillas llevando en los hombros dos fardos, tal vez niños.

Muy estimadas como Conopas eran las piedras bezoares *(Quicu)* y los cristalillos de roca *(Quispi, ó Llaca)*.

Los Indios derivaban estos ídolos de las cosas que mayor influencia tenian en sus vidas, que conmemoraban así; ó de juegos de la naturaleza que impresionaban su imaginacion y los inducian á un culto idolátrico. El maiz *(Zara)*, por ejemplo, su alimento principal, era orígen de varias especies de **Zarapconopas**. Llamaban **Zaramama** ciertas piedras labradas en forma de mazorcas, y ciertas vasijas de arcilla, ó barro con adornos como choclos. En la lámina XXI del Atlas, se halla figurada una de las mas hermosas vasijas de esta especie que servia al mismo tiempo para conservar la chicha del mallqui. Otra clase de Zaramama consistia en una muñeca hecha de caña de maiz, vestida de *anaco* y *lliclla*, y *topus* de plata como los usan las Indias. Las cañas de maiz con muchas mazorcas, ó con mazorcas mellizas, eran consideradas como cosas sagradas pero no como Deidades: las llamaban los Indios *Huantayzara*, ó *Aryhuayzara*, porque bailaban con ellas el baile *Arihuay*, colgadas de ramas de sauce; del mismo modo reverenciaban á las mazorcas, cuyos granos eran de diversos colores *(Ahuantayzara, Micsazara, ó Caullazara)*; ó las que ofrecian hileras de granos torcidas en forma de caracol *(Pirhuazara).* [1]) De la Quinua y la Coca hacian sus

---

[1]) Aun actualmente las mazorcas de diferentes colores, ó de formas estrañas las dedican á los Santos y las cuelgan en sus nichos.

Conopas en forma de muñecas como del maiz, y las llamaban *Quinuamama* y *Cocamama.* Tenian tambien en gran veneracion á las papas reunidas durante su incremento, y de ellas hacian Conopas *(Axomama)*. Los niños gemelos, si morian en edad tierna, los conservaban en ollas, y los reverenciaban como á entes sagrados pretendiendo, que uno de ellos era hijo del rayo. Daban el nombre de *Chuchas,* ó *Cutis* á los cadáveres de estos infantes, y del mismo modo conservaban á los niños que nacian de piés *(Chacpas)*, cuando fallecian en edad tierna.

Numerosas y variadas Conopas derivaban de las llamas, alpacas, vicuñas y huanacos; y estos ídolos los hacian de basalto, esquito negro, pórfido, carbonato de cal, granito, barro, plata y aun de oro. Los primeros de estos animales se hallan representados casi siempre sin piés, con una cavidad en el dorso en que ponian granos de maiz en sacrificio. Las estampas siguientes representan dos Conopas, la una de una vicuña y la otra

de una alpaca, y en la lámina **IX** del Atlas, se halla figurado un llama de plata, tan bien soldado, que apenas se puede conocer los puntos de reunion. De igual modo veneraban como Conopas otros animales menos útiles, como venados, monos, gatos monteses, papagayos, lagartijas, peces, etc., que amoldaban con barro en forma de vasijas, las cuales enterraban con los difuntos, para vertir en ellas la chicha del sacrificio.

Las páginas á continuacion contienen un capítulo de la „Carta pastoral de exortacion é instruccion contra las idolatrías de los Indios del arzobispado de Lima por el ilustrisimo Señor Doctor Don Pedro de Villa Gomez, arzobispo de Lima, á sus visitadores de las idolatrías, y á sus vicarios, y curas de las Doctrinas de Indios. (Lima 1649)" y sirven para formar idea de la idolatría que existia entre los Indios, aun en el siglo XVII, y que hoy mismo se observa en parte, segun nos han referido algunos Señores párrocos.

Capítulo 58. Como se a de examinar el hechicero, ú otro Indio que venga á manifestarse, y á dar noticia de las huacas.

„El exámen será con las preguntas siguientes:

I. Si el exámen es en pueblo de la Sierra, se le a de preguntar al Indio si es *Llacuaz,* ó *Huari,* y llaman *Huari,* ó *Llactayoc,* al que es natural de aquel pueblo, y todos sus antepasados lo fueron sin tener memoria de aver venido de fuera; y *Llacahuaz* llaman á los que (aunque sean nacidos en aquel pueblo ellos, y sus padres, y sus progenitores) vinieron de otras partes. Y assí se conserua en los ayllos esta distincion en muchas partes, y los Llacuaces, como gente advenediza tienen menos huacas, y adoran mucho, y veneran sus *Malquis,* que como diximos, son los cuerpos de sus progenitores. Y los *Huaris,* que son fundadores, tienen muchas huacas, y los unos, y los otros tienen, y cuentan sus fábulas, las quales dan mucha luz para saber su idolatría. Por estas, y otras razones suele auer entre los ayllos, y parcialidades sus vandos y enemistades y descubrirse unos á otros; y por esta via venirse á saber las huacas de unos, y de otros, y es bien aprovecharse desta ocasion quando se ofrece. Sabido de que ayllo es el Indio, se le pregunta en esta manera.

22 *

II.   ¿ Como se llama la huaca principal de este pueblo que todos adorais?

III.   ¿ Esta huaca es algun cetro, ó peñasco grande, ó piedra pequeña? y sacarle las mas circunstancias, y señas que pudiere della.

IV.   ¿ Esta huaca tiene hijo que sea piedra y huaca como ella, ó padre, hermano, ó muger? Esta pregunta se le a de hacer, porque siempre todas las huacas principales tienen sus fábulas, de que tuuieron hijos, y fueron hombres, que se convertian en piedras etc.

V.   ¿ Quien guarda esta huaca?

VI.   ¿ Que mas huacas adoran en este pueblo?

VII.   ¿ Que huaca adoran para las chacras, y para el maiz, ó para papas, ó que huaca adoran para el aumento del ganado, ó de los cuyes?

VIII.   ¿ Si tienen *Cocamama*, ó *Zaramama?*

IX.   ¿ Que huacas adoran en sus chacras para el aumento dellas, que llaman *Chacrayoc?*

X.   ¿ Que puquios, ó lagunas adoran?

XI.   ¿ Como se llama su pacarina? porque siempre la suelen adorar.

XII.   ¿ Como se llama el *Marcayoc, ó Marcachacra?* que es como el patron, y abogado del pueblo, que suele ser algunas veces piedras, y otras cuerpo de algun progenitor suyo, que suele ser el primero que pobló aquella tierra: y assí se les a de preguntar si es piedra, ó cuerpo.

XIII.   ¿ Como se llama la huaca á quien adoran para las lluvias? que algunas veces suele ser piedra, y otras el rayo; y aunque digan que se llama L i u i a c, se les a de preguntar, si es piedra.

XIV. ¿ Como se llama la huaca que adoran para que las acequias no se quiebren?

XV. ¿ Que huaca adoran para que no llueua demasiado, ó para que llueua á su tiempo?

XVI. ¿ Que huaca adoran para que el maiz cresca bien, y que no se coma de gusano? De que laguna traen cántaros de agua para rociar la chacra, y pedir lluvia? á que laguna tiran piedras para que no se sequen y vengan lluvias?

XVII. ¿ A que huaca ofrecen los nacidos de un vientre juntos, que llaman *Chuchu,* ó *Curi,* ó al que nace de piés, que llaman *Chacpa?*

XVIII. ¿ Que huaca es la del cacique? que siempre suele ser muy célebre.

XIX. ¿ Que huaca adoran quando van á la mita de chacras, estancias, obrages, ó minas, para que vuelvan sanos y presto, y los españoles no los maltraten? y que ceremonias usan en todas estas cosas?

XX. Se les a de preguntar, en diciendo la huaca, donde está, y de que manera, con que vestidos, y con que ornato, y todas las demas circunstancias que se pudieren preguntar, y saber, porque no den una cosa por otra, y una huaca fingida para esconder, y quedarse con la verdadera como a acontecido muchas veces: y si fuere possible, ir luego donde está.

XXI. ¿ Que *Malquis* adoran? que son los cuerpos de sus progenitores, y como se llama el padre? y quantos hijos tuvo? y en que parte los tienen, en que cueva, ó *Machay*, y de que manera?

XXII. ¿ Que *Conopa,* ó *Chanca* tiene? (que es su dios penate) y si es *Micuy Conopa,* ó *Zarapconopa,* ó *Llamaconopa,* si es Conopa del maiz, ó del ganado, y si todos los demas Indios las tienen, lo qual es cosa certisima, y en lo que se a de instar mucho, porque se a experimentado, que mas fácilmente descubren las huacas comunes, que las particulares, que cada uno tiene.

XXIII. Para examinar el hechicero en su oficio, se le a de preguntar si es *Villac*, ó *Huacahuanrimac*. que es lo mismo, el que habla con la huaca, y le ofrece ofrendas, ó si es *Humumaxa*, que es el mas consultado, y mingado, ó *Rapiac?* ó *Socyac?* ó *Pachacuc?* ó *Asuac?* ó *Yanapac?* ó brujo, y si habla con el Demonio, y en que figura se le aparece?

XXIV. A se les de preguntar, que fiestas hacen, á que tiempos, y con que ceremonias? porque suele haber variedad en diversas partes, y muy en particular si se an confessado con sus hechiceros? que en las provincias de Caxatambo, y Guailas se pregunta: *Huchaiquita aucacucchucanqui?* as confessado tus pecados con los hechiceros? Y preguntarle con que ceremonias ?

XXV. ¿ Que dias beben, y que bayles baylan, y que cantos cantan en las fiestas de sus huacas, y donde se ¡juntan á confessar estos dias con sus hechiceros? que suelen tener lugares señalados para este efecto, que llaman *Cayan.*

XXVI. ¿ Que cuerpos muertos tienen *Chuchus?* (que son nacidos de un parto), ó *Chacpa* (los que nacen de piés) guardados en sus casas, ó quien los tiene; y si á estos tales que murieron, ó estan viuos los bautizaron, que suelen no hacerlo.

XXVII. ¿ Quien trasquiló á sus hijos los cabellos? y quien los tiene guardados?

XXVIII. ¿ Que cuerpos muertos an desenterrado de las Iglesias? y quien? y donde los an puesto?

XXIX. ¿ Que lugares hay que llaman *Apachita* y *Tocanca* y donde están?

XXX. ¿ Desde que lugar, y á que tiempo adoran al sol, y al rayo? y que hechicero es el *Liuac villac?* que tiene oficio de inuocarle, y quien es el *Malquivillac.*

XXXI. ¿ Quien adora la Sierra nevada, y la mar quando van á los llanos, tirándose las cejas ?

XXXII. ¿ Que hechizeros tienen á su cargo echar las fiestas, y ayunos, mandar hacer la chicha, y enseñar á los moços sus idolatrías, y supersticiones?

XXXIII. ¿ Quien pone parianas para la guarda de las chacras?

XXXIV. ¿ Que cosas ofrecen á las huacas? y si tienen llamas, ó chacras? quien es el mayordomo de las chacras de las huacas, que llaman *Pachacac?*

XXXV. Al hechicero se le a de preguntar: quando ibas á mochar la huaca, que respuestas dabas á los Indios? y como fingias que hablaba la huaca: y si dixere, que quando hablaba á la huaca que se tornaba loco (que lo suelen decir muchas veces) se le ha de preguntar: si era por la chicha que bevia? ó por efecto del Demonio?

XXXVI. ¿ En la visita passada, que se hizo contra las idolatrías, que ídolos dexaron de manifestar los Indios? y de los que manifestaron, y se quedaron, que pedaços, ó sobras dellos an guardado? y donde estan ahora?

XXXVII. Inquirirá con recato, y prudencia si ay algunas personas, que no esten bautizadas, porque suelen esconder algunos por no bautizarlos, y especialmente los que nacen en las estancias, y en el campo, y tambien a sucedido decir las Indias, por descasarse de sus maridos, que no estan bautizadas. A tanto como esto llega la malicia, é ignorancia.

XXXVIII. A la postre se a de preguntar por la hacienda que la huaca tiene, y si tiene dinero, que este suele estar en poder del que la guarda, ó en el mismo lugar de la huaca, y si tiene oro, ó plata, *Huamas*, *Chacra*, *Hincas*, ó *Tincurpas*, ó *Aquillas* con que les dan de beber."

Por este resúmen del sistema religioso de los antiguos Peruanos, podrá notar el lector versado en el estudio de las religiones, que esta divinizacion de los objetos exteriores que les infundian ideas de sublimidad y poder, tiene mucha analogía con el panteismo de la India oriental, segun lo entiende la plebe; al paso que el culto de los animales y legumbres, y sobretodo la veneracion por los cadáveres, recuerda la religion de los antiguos Egipcios ampliamente descrita por Herodoto, Diodoro de Sicilia y muchos autores modernos. Al mismo tiempo la idea de maternidad (*mama*) que aplicaban á los cuerpos terrestres, es una idea metafísica profunda y elevada, profesada por algunos antiguos filósofos, y especialmente por Platon, que se sirve de la misma palabra para designar las ideas, ó arquetipos, esto es, la esencia espiritual de las cosas.

Pasemos ahora á examinar otra cuestion que tanto ha llamado la atencion de los doctos, y es la analogía de ciertas instituciones y ceremonias religiosas de los Peruanos con los Sacramentos cristianos. Los sacerdotes de los primeros tiempos de la conquista, consideraron estas coincidencias como artimañas del príncipe de las tinieblas, que, para mejor engañar á sus víctimas, remedaba los sagrados ritos del Cristianismo. Tal es la opinion de Acosta, Herrera y Cieça de Leon: este último asegura que Satanas en persona se mostraba en las fiestas de los Indios para usurpar sus adoraciones. Siguiendo un rumbo diferente, otros críticos han explicado estas notables analogías con la religion evangélica, considerándolas como restos del culto cristiano establecido primitivamente en esas regiones, y que alteraron la influencia de las naciones vecinas, ó conquistadas, las emigraciones de pueblos, ó ese declive arrastrador á la idolatría, consecuencia funesta de la caida del hombre, que hacia prevaricar continuamente al pueblo escogido. Los que esta opinion sostienen, atribuyen á los Santos Bartolomé y Tomas el haber esparcido en tan remotas regiones las semillas evangélicas que encontraron los Españoles imperfectamente fructificadas y casi abogadas por la zizaña sembrada por el enemigo. Por último los racionalistas hablan irónicamente de ambas opiniones y consideran tales semejanzas como coincidencias en parte fortuitas, en parte fatalmente resultantes de la condicion humana. Nuestro intento es describir con exactitud los ritos peruanos, renunciando á discutir el mayor ó menor valor de las opiniones citadas, y sin perdernos en conjeturas sobre la conexion real, ó imaginaria de ambas religiones.

El Bautismo fué general á todas las naciones peruanas al oeste de los Andes, y en algunas provincias tenia lugar dos ó tres semanas despues del nacimiento. Imponia el padre de la familia el nombre á la criatura con ciertas ceremonias que no conocemos circunstanciadamente. En las provincias del Sur y en Cuzco, destetaban á la criatura á los dos años y despues la bautizaban. A esta ceremonia se juntaba toda la parentela, y un miembro de esta, elegido padrino, cortaba con un cuchillo de piedra parte de los cabellos con que habia nacido el niño, ejemplo que seguian los demas de la comitiva hasta que quedaba completamente esquilado; en seguida le daba el nombre el padrino, y cada uno de los testigos le ofrecia un regalo. El dia del nacimiento, vertian el agua con que habian lavado el infante en un hoyo escavado en tierra, en presencia de uno de los sacerdotes menores, ó de un hechicero que pronunciaba palabras cabalísticas sobre el recien-nacido, para conjurar y exorcitar toda maligna influencia ulterior. Tales son las ceremonias del Bautismo peruano que, á la excepcion de imponer el nombre, guarda poca conexion con el sacramento cristiano.

La Confirmacion, que era una especie de segundo bautismo, tenia lugar á la entrada á la pubertad del niño, ó la niña, esto es, cuando ponian al muchacho por primera vez la camiseta y la manta, y á la aparicion de la primera menstruacion en la niña. Esta época era no solo para toda la familia, sino para todo el ayllu, ó poblacion un dia de fiesta celebrado con danzas y borrachera. El gefe del ayllu imponia al niño, ó niña púber un segundo nombre distinto del primero, y le cortaba los cabellos y uñas de las manos sacrificándolos á sus Conopas, Huacas, ó una de las Deidades mayores. Cumplida esta ceremonia el niño era considerado por mayor.

La Penitencia practicaban los Indios con la mayor escrupulosidad. Antes de las fiestas principales, acusaban sus pecados á los sacerdotes (*Aucanchic*, ó *Ychuris*), y precedentemente ayunaban algunos dias. Al acercarse al preste ponia este un poco de ceniza de los sacrificios quemados sobre una piedra, que soplaba en el aire el penitente. Despues recibia una piedrecita (*Parca*), é iba á lavarse la cabeza en una *Tincuna,* ó lugar en que se unen dos riachuelos, ú otro parage sagrado y destinado á este objeto. Luego volviéndose al sacerdote decia: „Oidme cerros, llanos, condores que volais, lechuzas, sabandijas, y todos los animales y yerbas, que quiero confesar mis pecados." Al empezar la confesion entregaba al sacerdote una bolita de barro colorado, en la punta de una espina de un giganton *(Cactus)*, y, acabada, traspasaba el confesor la bola con la pua hasta que reventaba y caia en el suelo. Si se partia en tres pedazos, buena era la confesion, si en dos, mala, y tenia que volver á comenzarla el penitente. Este, para probar que nada habia disfrazado, tenia que echar uu puñado de maiz en una vasija, y si el número de estos granos era par, la confesion habia sido bien hecha, si impar, reputada ineficaz. La penitencia impuesta por el sacerdote consistia en la abstinencia de sal, aji y del coito; como igualmente en castigos corporales, como azotes etc. A veces tenian que ponerse vestidos nuevos para que quedasen los pecados en los antiguos.

En la distribucion de pan y chicha sagrados, hecha por el Inca á los Señores de la corte en la fiesta *Mosoc nina,* ó renovacion del fuego sacro, encontraron los Españoles ortodoxos mucha analogía con el sacramento de la Eucaristía. (Véase los capítulos sexto y octavo.)

Tambien habia ciertas ceremonias algo semejantes á la Extrema-Uncion,· pues asistian á los moribundos los sacerdotes, médicos, hechiceros y brujas, murmurando encantamientos contra el poder del demonio.

El Orden sacerdotal, ó ceremonias de consagracion de prestes, era cosa de suma importancia entre los antiguos Peruanos, y solo conferido á los jóvenes que habian dado pruebas suficientes de ser dignos de tan alto oficio. El sacerdocio contaba un gran número de miembros que, segun á la Deidad á que servian, se hallaban repartidos en varias clases. La mayor veneracion la gozaban los del Sol *(Intip-huillac),* de los cuales hemos hablado al principio de este capítulo. En la provincia de los Yungas, los de Pachacamac eran los principales. Cada Huaca tenia su sacerdote *(Huacap huillac)* que era tanto mas respetado cuanto mas venerada era aquella. Su ocupacion era cuidar de la Deidad, velar en su templo, ó en el sitio en que estaba su imágen, hablar con ella y dar sus respuestas á las preguntas del pueblo, presentarles las ofrendas, hacer los sacrificios, celebrar sus fiestas y enseñar su culto. El mismo empleo tenian los sacerdotes de los muertos *(Mallquip huillac)*, los del rayo *(Llipiacpa huillac)*, y los de las demas Deidades.

Los Conopas tenian tambien sacerdotes, pero hasta cierto punto cada uno lo era de la suya; y si queria preguntar algo á estos Penates, los llevaba al sacerdote, llamado *Macsa*, ó *Viha*, y recibia contestacion por su órgano.

Una subdivision particular del sacerdocio la formaban los hechiceros y adivinos que se hallaban obligados á dar pruebas de suficiencia ántes de empezar á ejercer su oficio. Los mas respetados eran el *Socyac* que predecia el porvenir por medio de montoncitos de maiz; el *Paccharicuc (Pacchacuti,* ó *Pacchecuc)*, ó adivino por los piés de las arañas, llamadas *Pacchac*, que buscaba la especie de estos insectos peludos en las paredes, ó bajo las piedras, y poniéndolas sobre una manta, las perseguia con un palito hasta que les quebraba uno ó dos piés, y adivinaba por los que faltaban; el *Hacaricuc*, ó *Cuyricuc*, que vaticinaba por la sangre y entrañas de los cuys, ó conejos; el *Pichiuricuc* que observaba el vuelo de los pájaros; el *Moscoc* que interpretaba los sueños, durmiendo encima de los cabellos, ó vestidos del que lo consultaba, y recibiendo en sueño la contestacion. El oficio de estas clases de sacerdocio, aun el de confesor, pertenecia en comun á hombres y mugeres

pero solo los primeros podian ejercer el de las Deidades
superiores. [1])

Acostumbraban los sacerdotes que hablaban con los Huacas,
ó Mallquis, ponerse en un estado extático, mediante una bebida narcótica, llamada *Tonca*, fabricada con el fruto de una
especie de estramonio (*Datura sanguinea* Ruiz et Pav.), ó
Huacacacha, esto es, yerba de Huaca, y en este estado recibian sus inspiraciones.

Mérito fué de los Incas haber arreglado las ceremonias
del Matrimonio, é instituido ciertas condiciones inviolables
para cumplirlo. En los tiempos anteriores la union de ambos
sexos era voluntaria, desarreglada y acompañada de usos bárbaros: así en algunas provincias desfloraban los parientes del
novio á la novia, y en este estado la entregaban á su futuro
marido; en otras rompian las madres, en presencia de todos los
parientes el hímen de sus hijas, mostrándoles los dedos en-

---

[1]) Aun se conocen algunos de estos impostores en varias partes de la Sierra, y
estando de prefecto del departamento de Junin Don Mariano E. de Rivero, le refi-
rieron varios casos curiosos y raros el Sor. cura de Huariaca y otros vecinos del
departamento, de los hechizos que hacian con personas volviéndolas tullidas, enfermas
y fatuas, poniendo muñecas de drapos cosidos y claveteados con espinos de los gigan-
tones entre la lana de los colchones, almohadas, en agujeros de la misma casa, ó cuevas,
de los que habia ordenado se quemasen algunos, por confesion de las partes y á mérito de esto habian sanado, creyéndolo así el vulgo. Tambien están persuadidos los
vecinos del valle de Majes que la *kara*, enfermedad de manchas rojas, blancas y azules
que se observa en el rostro, brazos y piés de la plebe, es producida por una bebida
compuesta de maiz colocado en una olla con un sapo grande, y que molido y puesto
en infusion lo propinan las mujeres zelosas y olvidadas por sus amantes. Esta enfer-
meda se cura al principio con sudoríficos y ciertas bebidas, cuyo secreto lo tienen las viejas
curanderas. Llámanse estas personas pintadas „karientos".

sangrentados como prueba de la virginidad de la moza, y con otras ceremonias que aun en el dia existen entre las naciones bárbaras de la América meridional. Los Incas abolieron estos y otros semejantes abusos, y fijaron las condiciones bajo las cuales podia tener lugar el matrimonio que eran las siguientes: el novio y la novia tenian que ser del mismo pueblo, ó ayllu, y de la misma clase, ó dignidad; el primero debia tener cuando menos veinte y cuatro años, y la moza diez y ocho; era preciso el consentimiento de los padres y gefes del ayllu; el novio tenia que abastecer de todo lo necesario á la casa que le ayudaba á labrar todo el pueblo; el ajuar proveia á su parentela; todos los matrimonios debian tener lugar en un dia fijo, y en presencia del gobernador de la provincia. El Inca mismo presidia á los enlaces de la familia real como monarca y pontífice, y tomando por la mano á las diferentes parejas que iban á unirse, hacia que se las diesen y las declaraba marido y muger; lo mismo hacian los curacas con los individuos de su clase, ó de otras inferiores en sus distritos, sin intervencion del sacerdote. Luego se celebraba la boda con banquetes opíparos y bailes mas ó ménos lujosos, segun lo permitian los bienes del marido.

La poligamía era una de las prerogativas de la familia real y de los nobles, pero solo el soberano podia tener mas de una muger y un número ilimitado de concubinas. A los caballeros se permitia tener algunas, y una sola muger propia. Con el permiso del gobernador de la provincia, ó cabeza del ayllu, y, mediante sentencia legal, podia haber divorcio si mediaba consentimiento recíproco, ó á consecuencia de motivos graves; y es cosa singular que el adulterio del marido no arrastraba castigo, si era con muger soltera, si bien habia pena de la vida para toda infidelidad con muger casada.

Despues de la muerte de su marido podia escoger la muger la viudez, ó el sepultarse viva con el difunto esposo. Con
los Incas y nobles era costumbre enterrar las mugeres legítimas, las concubinas favoritas, un número mas ó ménos considerable de criados, al mismo tiempo que alhajas y plata labrada, llamas, armas, víveres y vestidos. Algunas de las personas que debian acompañar en la tumba al difunto monarca,
manifestaban repugnancia á tal sacrificio; mas en general se
ofrecian voluntariamente las mugeres y los criados, y aun hay
ejemplos de esposas que prefirieron el suicidio para probar su
fidelidad conyugal, cuando se les impedia bajar á la huesa con
el cuerpo de su consorte. La muger, ó criado que preferia la
vida al acto del martirio que debia atestiguar su fidelidad, era
objeto del desprecio general y arrastraba una vida peor que
la muerte. Este uso introducido por los Incas que recuerda
él de las viudas de Malabar de quemarse en la hoguera que
consume los restos de su marido, merece una atencion especial de los eruditos y arqueólogos.

Garcilasso de la Vega refiere (Coment. real. I, lib. II, cap.
III) que los Incas tenian en Cuzco una cruz cuadrada de
mármol blanco y encarnado (que llaman jaspe cristalino) de
tres cuartas de largo, en un lugar sagrado (Huaca) en grande
veneracion,[1]) y en las ruinas de Coati hay varias cruzes talladas en una pared (véase la lámina XLV). Erróneo sería querer
sacar de estas cruzes una induccion tocante á una conexion de
la religion peruana con la cristiana. La cruz es una figu-

---

[1]) Véase tambien Garcilasso Comment. part. II, lib. I, cap. XXXII.

ra tan sencilla y fácil de representar en el dibujo y escultura, que existe como ornamento en casi todas las naciones bárbaras. La flauta de Pan, figurada en la lámina XXXII del Atlas, está adornada con doce cruces de las que llamamos maltesas, y el cubilete, lámina XXVII, con varias cuadradas.

Ceremonias religiosas.

En cada mes del año tenian los Peruanos fiestas, pero las principales guardaban relacion con el Sol, y celebraban los cuatro grandes periodos de su progreso anual, los solsticios y los equinoccios (véase el capítulo sexto). La mas solemne de todas era la fiesta de *Raymi*, ó *Intip-Raymi*, celebrada en el solsticio del verano, cuando el Sol, llegado al último punto de su carrera meridional, vuelve en su curso al Norte.

Esta fiesta era de gratitud y reconocimiento por los beneficios de que gozaba la nacion debidos á la Deidad, la fiesta de adoracion profunda al Supremo Númen, y en consecuencia era solemnizada con la misma piedad en todos los paises en que alcanzaba el cetro de los Incas. Concurrian á ella los gefes y curacas del imperio, y los que por sus achaques, edad, ó servicios no podian verificarlo, enviaban á sus hijos, ó parientes

24

con los señores mas nobles de la comarca. Venian todos con la mayor gala y espléndidas armas de guerra, cada uno con su trage nacional, rivalizando entre sí por la forma de sus blasones y riqueza de sus atavíos. Era innumerable la multitud, tanto de nobles como de plebeyos, que se reunia en la capital, de modo que no habia lugar en las casas para hospedarlos, y la mayor parte tenia que acampar en las plazas públicas y en las calles. De las provincias cercanas acudian numerosas mugeres enviadas para guisar la comida de los concurrentes, y principalmente para amasar ciertos panecitos de maiz cocidos, llamados *Zancu* que solo se comia en las fiestas solemnes. Las vírgenes del Sol preparaban para el Inca y los grandes del imperio este manjar y los demas en la noche anterior. Precedian á la fiesta tres dias de ayuno rigoroso, en que el solo alimento consistia en un poco de maiz blanco y crudo, y cierta yerba llamada *Chucan;* al mismo tiempo no se permitia encender fuego en ninguna casa.

Para solemnizar mas esta fiesta, pontificaba el Inca acompañado de su corte. Al amanecer dejaba el monarca el palacio, seguido de la familia real, y pasaba descalzo la plaza Haucaypata para saludar el nacimiento del Sol. Toda la comitiva que acompañaba al monarca, iba vestida con sus mejores trages, y los nobles ostentaban á porfía un lujo de joyas y adornos; miéntras que los doseles de plumas brillantes y espléndidas telas que llevaban los criados cubriendo la cabeza de sus señores, hacian parecer la plaza y calles que á ella desembocaban, como cubiertas de un magnífico toldo.

Apénas doraban los primeros rayos las cimas de los cerros vecinos, brotaba un inmenso grito de júbilo de toda la multitud, con cánticos de triunfo, música estrepitosa y bárbaros instrumentos, cuyo violento rumor crecia á medida que subiendo el Dios en su curso esparcia torrentes luminosos en su pueblo. La multitud arrebatada alzaba los brazos, daba besos al aire, y absorbia extática la atmósfera impregnada de luz. Luego se levantaba el Inca, tomaba dos *Aquillas* (vasos de oro) llenas de chicha, preparadas por las vírgenes escogidas; sacrificaba el de la mano derecha al Sol, derramando su licor en un receptáculo, del cual salia un caño esculpido en la roca hasta el templo de la Deidad; y con el de la mano izquierda brindaba á su familia, y vertia á cada uno de sus miembros una cantidad del licor sagrado en un vasito de oro. Los curacas se hallaban en la plaza inmediata *(Cusipata)*, y adoraban tambien al Sol en su oriente, bajo la direccion de un Inca sacerdote que les distribuía igualmente la misma bebida.

En seguida se encaminaba en procesion al templo el monarca acompañado de la familia real y los Curacas, y allí ofrecian sus vasos de oro á la imágen del Sol. Solo al soberano y á la familia era permitida la entrada en el sagrado recinto. Todos los demas presentaban por manos de los sacerdotes sus sacrificios numerosos y ricos á la Deidad. Hechas las ofrendas volvian todos en el mismo órden á la plaza pública para asistir á los sacrificios que hacia el Sumo-Sacerdote (y no el Inca), sobre un tablado ricamente adornado. El primero consistia generalmente en un llama tierno negro; y el sacerdote, despues de abierto su cuerpo, buscaba en sus entrañas, el anuncio del porvenir. Colocada la víctima con la cabeza al oriente, la asian cuatro criados de los sacerdotes: y entonces el sacrificador abria con el cuchillo sagrado el costado izquierdo, y le arrancaba el corazon con los pulmones y el gaznate. Si no eran propicios los agüeros, hacia otro sacrificio de un llama macho, y si tampoco era próspero, se inmolaba una hembra estéril; y si estos presagios no eran aun favorables, apoderábase de la nacion la mas profunda tristeza, y cada uno temblaba ante un porvenir infausto.

Acabado el holocausto augural, hacian los sacerdotes el sacrificio general al Sol que consistia en una cantidad considerable de llamas y alpacas que se ceñian á degollar, ofreciendo sus corazones al Sol, y quemando despues las entrañas de las víctimas hasta reducirlas á cenizas, y la carne era asada en la misma plaza y repartida con zancu y muchos otros manjares. Despues empezaban á beber la chicha que habia en abundancia. El rey que asistia sentado en su asiento de oro puesto sobre un tablon del mismo metal macizo, brindaba á su familia, á algunos gefes llenos de denuedo y á los mas distinguidos curacas; luego brindaban los miembros de la familia real unos á otros, y lo mismo hacian los curacas. Poco á poco hacia su efecto la chicha, aumentábase la alegría, y seguian las danzas, bailes de máscara, música, canto y regocijo general que duraba ocho nueve dias. Entre las danzas era y es la favorita aun en el dia la cachua, haciendo mil figuras con mucha velocidad y cantando al mismo tiempo. La música de esta y las figuras que hacian son muy parecidas á las de los Escoceses en su baile nacional.

Algunos historiadores refieren que la ceremonia de la renovacion del fuego sacro (*Mosoc nina*) tenia lugar la víspera de la fiesta de Raymi; el sacerdote lo encendia por medio de un espejo metálico, cóncavo y bruñido, que, concentrando los rayos del sol en una cantidad de algodon seco, pronto lo inflamaba, proceder igualmente usado en la antigüedad, y que describe Plutarco en la vida de Numa. Este espejo lo llevaba el sacerdote en ·un brazalete de la mano izquierda (*Chipana*), y cuando se hallaba cubierto el Sol, lo que era mal agüero, se obtenia el fuego por medio de la friccion. Otros autores pretenden, al contrario, que el dia destinado á la renovacion del fuego era el de la fiesta del equinoccio vernal.

La segunda fiesta principal llamada *Situa*, se solemnizaba en el equinoccio de Otoño, y precedíala un ayuno que tenia lugar el dia de la luna nueva ántes de la fiesta. En la noche anterior preparaban en todas las casas zancus, mezclando á una parte de la masa sangre humana, sacada de los niños de cinco á seis años, de la raiz de la nariz entre las cejas con una piedrecita puntiaguda. Pocas horas ántes de amanecer, lavábanse todos los que habian ayunado, y tomaban un poco de la masa con sangre, untándose con ella todo el cuerpo para expeler las enfermedades. Con la misma masa frotaba el gefe de la casa los umbrales de esta, dejándola pegada en conmemoracion. En el palacio real, cumplia esta ceremonia el tio mas anciano del rey, y en el templo del Sol el Sumo-Sacerdote y otros diputados en las demas casas sagradas.

Al salir el astro reuníase toda la nacion en las plazas señaladas para adorar la Deidad, invocándola y rogándola que se dignase desterrar todos los males y enfermedades; y despues desayunaban comiendo el zancu sin sangre. Luego á una hora señalada de la mañana salia de la fortaleza Sacsahuaman un Inca como mensagero del Sol, ricamente vestido, su manto ceñido al cuerpo, una lanza con una banderilla de plumas en la mano, y corria hasta en medio de la plaza principal donde lo aguardaban cuatro Incas vestidos del mismo modo. Al llegar á ellos, tocaba con su lanza las suyas, diciéndoles que el Sol lo mandaba que desterrasen de la ciudad y sus contornos todos los males y enfermedades. Al mismo tiempo partian los cuatro Incas á las cuatro partes del mundo por los cuatro caminos reales que salian de esta plaza, y corrian un cuarto de legua, á un parage en que los aguardaban otros ya listos á continuar la carrera; y de este modo reemplazados unos por otros, continuaban el camino hasta seis leguas de la ciudad en las cuatro direcciones principales, inclinando los Incas sus lanzas como para poner término á los males que pretendian ahuyentar. Mientras así corrian, salia toda la poblacion de las ciudades y lugares vecinos á las puertas de sus casas, sacudiendo con grande gritería y alaridos toda la ropa, y estregándose con las manos el cuerpo, en señal de querer arrancar todos los males y darlos á los Incas para que los desterrasen. A esta ceremonia seguia un regocijo general con música, danza y embriaguez, que duraba todo el cuarto de la luna. En la noche despues de la fiesta, salian los Indios con antorchas redondas de paja *(Pancuncu)*, amarradas á cordeles gruesos, y corrian agitándolas por las calles hasta fuera de la ciudad, echándolas luego de apagadas en los arroyos, pretendiendo así desterrar los males nocturnos.

La tercera fiesta, *Cusquic-Raymi,* se celebraba en el solsticio hiemal, y tenia por objeto implorar al Sol que preservase las sementeras del maiz del rigor del yelo. Precedia un dia de ayuno á esta festividad que era solemnizada con sacrificios semejantes á los de la fiesta Raymi, de un cordero prieto y de gran cantidad de llamas, cuyo corazon y sangre eran quemados como ofrendas al Sol, y la carne asada repartida á los numerosos asistentes que

participaban de la funcion. La fiesta acababa por danzas solemnes que duraban tres dias.

Por último, la cuarta fiesta principal del Sol, solemnizada
en el equinoccio vernal, era la de armar caballeros, ó *Huaracu*.
Despues de haber pasado por los exámenes mas rigorosos en
todas las ciencias militares y políticas, (véase el capítulo cuarto),·
admitíanse los Incas jóvenes á la ceremonia, en cuyo honor se
celebraba la fiesta. Ayunaba la nacion un dia, y los mancebos
ocho ó diez; en seguida, despues de la adoracion del Sol por
la mañana, y los sacrificios públicos como en las demas fiestas,
salia el Inca acompañado de los mas ancianos de la sangre real
á la plaza mayor, hacia á los candidatos una plática acerca
de sus deberes futuros, y concluida esta pasaban uno á uno
delante del monarca que horadaba sus orejas con un alfiler de
oro. Besaba el novicio la mano del rey, y se presentaba delante de otro Inca que le quitaba las *Usutas* de esparto (sandalias) que llevaban todos los aspirantes miéntras duraban sus
exámenes, y lo calzaba con usutas de lana muy ricamente bor-
dadas, y besándole en la espalda derecha le decia: el hijo
del Sol que ha dado tales pruebas de sí, merece ser
reverenciado. Entraba luego el novicio en un cercado de para-
mentos, donde le ponian los pañetes *(Huaracu)* los Incas ancianos
como insignia de varon, y adornaban su cabeza con ramilletes de
las flores *Cantur* y *Chichuayhua*, y con una hoja de la yerba *Uiña-*
huayna. Despues de haber recibido todas las insignias de Inca y
caballeros, eran conducidos los novicios á la plaza mayor en que
fenecia la ceremonia con cantos y bailes que duraban muchos
dias, y aun continuaban en las casas de los padres de los jóvenes.

Garcilasso de la Vega da en sus Comentarios una descripcion minuciosa de esta fiesta de la que ehmos extraido el resú-

men que queda expuesto. Tal vez es probable que no se limitaban á lo descrito los ritos y las ceremonias, ó que se diferenciaban algun tanto de lo que acabamos de ver; no obstante los informes que aquí comunicamos, parecen ser exactos en sus elementos, y dan la idea fundamental de su esencia.

Ademas de estas fiestas principales en honor del Sol, habia otras muchas que continuamente se seguian, en términos que se puede decir que casi la mitad del año se pasaba en festividades. Citaremos algunas de las mas importantes. El primer dia de la luna se celebraba siempre con sacrificios, música, baile y embriaguez. En el mes de Abril caian las fiestas de la cosecha y del *Misac* (véase el capitulo sexto); en Junio las militares precedidas de ejercicios y paradas; en Agosto las *Yupay-asitua*, ó bailes suplementales como continuacion de las fiestas del mes precedente; en Septiembre se solemnizaba la *Coya-raymi,* ó baile de las coyas, casándose en un dia fijo las princesas de la familia real, y al siguiente todas las novias del imperio; y enfin la fiesta de la enumeracion de los habitantes del estado.

En Octubre tenia lugar la fiesta de la conmemoracion de los difuntos, y en Noviembre la del término del año y del fin de la sementera. Un dia solemne para toda la provincia de Cuzco era cuando salia el Inca con todos los caballeros de la corte al campo, y rompia la tierra á la manera de los emperadores chinos con un instrumento de oro que correspondia á nuestro arado. Los magnates seguian el ejemplo del monarca, y esta ceremonia inauguraba la labranza de la tierra.

Ya hemos dicho que en todo el imperio se celebraban las fiestas de las Huacas unas ó mas veces al año segun la dignidad de ellas; pero estas festividades de un número indefinido, eran parciales, y la nacion entera tan solo participaba de las cuatro grandes que hemos descrito, y de pocas de las otras citadas.

Las ofrendas que presentaban los Indios al Sol y demas Deidades, las formaban de lo que produce la naturaleza y el arte. A veces consistian los sacrificios en víctimas humanas, si bien Garcilasso de la Vega pretende reiteradas veces en sus Comentarios reales que los Incas no solo se opusieron á tan horrendo holocausto, sino que lo abolieron y lo persiguieron con ahinco en todos los pueblos que conquistaron. En este, como en otros muchos puntos, se halla Garcilasso en completa contradiccion con todos los historiadores que acusa de falsedad el descendiente de los Incas, y ciertamente no por ignorancia del hecho, sino por parcialidad en favor de la ponderada prudencia y humanidad de los monarcas peruanos, cuya sangre, aunque mezclada, corria por sus venas. Los autores de los siglos décimo sexto y décimo séptimo que hacen mencion de sacrificios humanos entre los antiguos habitantes del Perú, son: Gomara, (Hist. de las Indias, lib. IV); Cieça de Leon, (Crónica, cap. XIX); Acosta, (Hist. nat. de las Indias, lib. V, cap. XVIII); Tamara, (Costumbres de todas las gentes, lib. III, pág. 298); Levinus Apollonius, (de Peruviae inventione, lib. I, pág. 37); Balboa, (Hist. del Perú, cap. VIII); Benzoni, (Istoria del Nuovo Mundo, lib. III, cap. XX); Montesinos, (Memor. antiguas) en varias partes; Betanzos, (citado por Garcia, Historia de las Indias, pág. 198); Herrera, (Historia de las Indias, Dec. V, lib. IV, cap. IV). Y, segun Prescott (Conquest of Perú, lib. I, cap. III), tambien Sarmiento, (Relacion M.S. cap. XXII); Ondegardo, (Relacion segunda, M.S.); y las Décadas de la Audiencia real.

A estos testimonios podemos añadir el de José de Arriaga, (Extirpacion de la idolatría de los Indios del Perú, 1621). Enfrente de tantas pruebas, las mas de las cuales son fidedignas, es nulo el testimonio de Garcilasso, á pesar del trabajo que toma para disculpar á sus antepasados de toda sospecha en este punto. Es verdad que los sacerdotes peruanos no procedian con la frenética ferocidad de los mejicanos; no obstante la cantidad de sus víctimas llegaba á un número horroroso, y consistian principalmente en niños de edad tierna que inmolaban al Sol, y no era cosa extraordinaria que llegasen hasta doscientos á la vez. En ciertas ocasiones presentaban tambien algunas vírgenes del Sol. Cuando el Inca, ó algun Señor enfermaba, solian ofrecer un hijo suyo á la Deidad, implorándola que tomase esta víctima en lugar del enfermo. Cuando aparecian cometas, ó reinaban epidemias, acostumbraban ofrecer niños al Sol para aplacar su enojo. Ya hemos visto que, á la muerte de un Inca, ó de un gefe principal, enterraban con el difunto sus criados y mugeres; al mismo tiempo los sacerdotes inmolaban otras víctimas sobre las aras. Se pretende que en las exequias de Huayna-Capac, perecieron mas de mil hombres así sacrificados. Esta costumbre bárbara duró mucho despues de la conquista. Cieça de Leon refiere (Crónica, cap. LXII), un hecho de esta naturaleza en estos términos: „Y Alaya, Señor de la mayor parte del valle de Xauxa, murió ha casi dos años: y cuentan los Indios que echaron con él gran número de mugeres y sirvientes vivos. Y aun si yo no me engaño se lo dixeron al presidente Gasca, y aunque no poco se lo retrajo á los demas Señores, haciéndoles entender que era gran pecado el que cometian y desuarío sin fruto.“

En algunas provincias era ofrenda presentada siempre el primogénito, en otras se ofrecia uno de los hijos gemelos al Sol, ú á otra Deidad; y aun mas de cincuenta años despues de la conquista, se inmolaba en un templo del asiento de Hunayan, á legua y media del pueblo de Catas, todos los años, cierto número de mancebos y niños, pretendiendo que estos ídolos se sustentaban de carne humana.

No nos consta si bajo el reinado de los Incas, era costumbre ofrecer los prisioneros de guerra como en Méjico, uso que es general aun en el dia entre las naciones salvages de la Pampa del Sacramento, las cuales comen la carne de las víctimas de la guerra, despues de quemar las entrañas en ofrenda.

Los sacrificios mas usados eran de llamas, principalmente al Sol. Tenia esta Deidad numerosos rebaños de estos animales y el apacentarlos era una de las ocupaciones de los Indios de la Puna. En los sacrificios generales, era insignificante el color de la res, pero para el holocausto inaugural, prescribia la ley un llama negro sin mancha de otro color. Un cálculo aproximativo demuestra que, en la sola ciudad de Cuzco, eran degollados anualmente unos doscientos mil llamas en honor del Sol. Como ya hemos dicho, la carne de los holocaustos era asada y distribuida á los asistentes de la fiesta, con la excepcion del llama negro y la sangre é intestinos de los demas, que eran reservados para la Deidad y convertidos en cenizas. De la lana de estos rumiantes, mandaba el Inca tejer ropas para los soldados.

Los alpacas, vicuñas y huanacos eran tambien víctimas ofrecidas al Sol, ó á las Huacas. El sebo (*Huira*) de todos estas reses formaba uno de los objetos mas preciosos de las ofrendas. En la provincia actual de Jauja, sacrificaban perros

25 *

(Alljo), zorras *(Atoc)*, mefítes *(Añash)*; en otras cuys *(Cavia Cuttleri* King), agutis *(Cuspi)*, viscachas, chinchillas, didelfos *(Carachupas)*, monos, venados *(Lluchos)*, y ciervos *(Tarush, ó Taruco)*. De los animales feroces y dañinos que no podian llevar vivos para los sacrificios, como tapires *(Anta)*, leones *(Puma)*, tigres, serpientes, lagartos etc., hacian figuras de oro, ó plata que á la Deidad presentaban; é igual proceder observaban con los llamas, los que acudian de comarcas lejanas á las fiestas.

Las aves principalmente destinadas al sacrificio eran el Iriburu pichu *(Vultur papa* Dum.), el Cuntur, el Tunqui negro *(Cephalopterus ornatus* Geof.), el Tunqui colorado *(Rupicola peruana* Dum.), el tornasol *(Trogon heliothrix* Tschudi), los picaflores, guacamayos, papagayos, cúculis, flamencos *(Parra)*, y otros pájaros de brillante plumage.

Igualmente ofrecian diversas especies de conchas marinas *(Mullu)*, las mas de hermosos colores, la piedra bezoar y la miel.

Del reino vegetal la principal ofrenda la constituia el maiz en todas formas: en mazorcas, desgranado, crudo, tostado, ó convertido en la bebida usual de los Indios llamada *Acca*, ó *Asahua* (chicha). En todas las fiestas vertian en libacion á la Deidad una aquilla llena de chicha, y consumian, concluidas las ceremonias, una cantidad considerable de esta bebida, de modo que cada funcion religiosa se concluia con una embriaguez general, y á menudo con pendencias atroces. La yerba *Coca* era una de las mas preciosas ofrendas, sobretodo á las Huacas, á las cuales la ponian mascada en la boca, ó mezclada con sebo y maiz molido á los piés. Tambien dedicaban otros muchos productos vegetales, como quinua, papas, piñas, plátanos, granadillas, palillos, espinco, ahut, pichurim, frutillas parecidas á las almendras secas y de olor muy fuerte y aromático; toda especie de bebidas fabricadas de raices y frutas, pitas, algodon, etc.

· Las ofrendas sacadas del reino mineral eran las mas ricas, pues consistian en metales nobles y piedras preciosas, cuyo valor relativo conocian los Indios á pesar de hallarse muy esparcidos entre ellos. El oro presentaban á las Deidades, ó en polvo, ó fundido en forma de tejitos, ó en hojas delgadas, ó labradas de diferentes modos; la plata en pedazos fundidos de diversos tamaños, ó en láminas finas; y el cobre tan solo labrado. Ademas usaban para los sacrificios de polvos de cinabrio *(Paria, ó Puccu-llimpi)*, de sulfato de cobre *(Pinso, ó Anas-llimpi)*, sulfato de hierro *(Llacsa, ó Comer-llímpi)*, y piritas molidas *(Carhuanuqui, ó Carhua llimpi)*. Al ofrecer los polvos señalaban primero con ellos las Huacas, ó Conopas, y luego los soplaban al aire. Llamaban á esta ceremonia *Huatcuna.* Entre las piedras preciosas hay que notar las esmeraldas, jacintos, topacios, ópalos, crisopasios, jaspes, granates, obsidianos [1]); de todas estas se han hallado ejemplares en las Huacas peruanas y de las esmeraldas algunas de sumo valor. Igualmente notábase un sacrificio muy comun, y consistia en las pestañas que se arrancaban los Indios y que echaban al aire soplándolas. Era esta ofrenda muy general, pues podian presentarla ellos mismos sin intervencion del sacerdote necesario en los demas casos.

Por último para acabar con las ceremonias religiosas, nos queda por examinar el modo como los antiguos Peruanos sepultaban sus difuntos y embalsamaban los cadáveres. En el capítulo precedente ya hemos dicho que depositaban los reyes

---

[1]) Nosotros no hemos podido encontrar á excepcion de las últimas.

difuntos en la parte principal del templo del Sol en Cuzco, embalsamados y cubiertos con sus vestidos de gala, con un cetro riquísimo en la mano derecha. La Coya, ó emperatriz igualmente se embalsamaba y deponia en la parte del templo dedicada á la Luna. Las exequias reales eran muy imponentes: colocado el cadáver con mucha pompa en el templo delante de la imágen del Sol, le sacrificaban durante tres dias lo mejor que habia, principalmente oro, plata, maiz y coca, y durante cuatro lunas lloraban diariamente los súbditos la muerte del soberano. Cada barrio de la ciudad salia al campo con banderas, armas, vestidos y otras insignias reales, cantando himnos que celebraban los hechos, sabiduría y grandeza del difunto, ceremonia que se repetia cada aniversario de la muerte de este; y aun, cada plenilunio y novilunio, ciertas personas repetian entre llantos y sollozos, endechas plañideras y loores ditirámbicos relativos al monarca perdido.

Los reyes de Quito, ó Scyris eran sepultados, segun Fray Marcos de Niza (Conquista de la provincia de Quito, ritos y ceremonias de los Indios), todos en un sepulcro muy grande, fabricado de piedras en forma cuadrada y piramidal, cubierto de tantos guijarros y arena que formaba un pequeño otero. La puerta miraba al oriente, se hallaba cerrada con pared doble, y solo se abria á la muerte de uno de ellos. Hallábanse en él sus cuerpos embalsamados, colocados en torno, con sus insignias reales, y el tesoro que habia mandado el monarca que con él se enterrase. Sobre cada uno correspondia un agujero, ó pequeño nicho, en que se hallaba representado una figura de barro, piedra, ó metal, en cuyo hueco habia piedrecillas de diversos colores y tamaños que denotaban su edad, los años y meses de su reinado.

El modo de sepultar los vasallos era muy distinto y variaba de provincia á provincia. En algunas partes, principalmente en las del Sud, los caballeros de sangre real, curacas y otros magnates se depositaban en grandes vasos de oro y plata, en forma de urnas, hermeticamente cerrados, los cuales se hallaban colocados en prados, bosques, ó selvas, como refiere Gomara (Hist. gen. cap. 122). Es lástima que no haya llegado á nosotros ni una sola de esas urnas que tan abundantemente encontraban los Españoles, y que no las conozcamos, ni aun por un mero dibujo. Cieça de Leon (Crónica, cap. LXII) dice: „De manera que en mandar hazer las sepulturas magníficas y altas, adornarlas con sus losas y bóvedas, y meter con el difunto todo su aver y mugeres y seruicio, y mucha cantidad de comida, y no poca cantidad de cántaros de chicha, ó vino de lo que ellos usan, da á entender que ellos tenian conocimiento de la inmortalidad del anima, y que en el hombre avia mas que el cuerpo mortal." Mas atras dice el mismo autor en el citado capítulo: „Y muchos de sus familiares, por no caber en su sepultura, hacian hoyos en las heredades y campos del Señor ya muerto: ó en las partes donde él solia mas holgarse y festejarse, y allí se metian: creyendo que su anima pasaria por aquellos lugares y los lleuaria en su compañía para su seruicio. Y aun algunas mugeres, por le echar mas carga, y que tuuiese en mas el seruicio, pareciéndoles que las sepulturas aun no estauan hechas, se colgaban de sus mismos cabellos y así se matauan."

La nacion de los Chinchas y otras de las provincias de la costa, enterraban sus cadáveres (probablemente los de la gente comun) en la superficie de la tierra, cubriéndolos con una ligera capa de arena, sin que la menor elevacion de terreno indique el parage en que yacen estos difuntos que aun en el dia existen en trechos muy extendidos uno junto á otro. En el declive occidental de las Cordilleras, hacíase uso de sepulcros en forma de hornos fabricados de adobes, y en la Sierra construidos de piedras cuadrados, ovales, ó en forma de obeliscos, como en las Punas del Perú del Sud, en las inmediaciones del rio Chucaña, y entre Pisacoma y Pichu-Pichu. Estos obeliscos han sido erróneamente considerados por algunos viageros como monumentos triunfales del Inca Yupanquí.

Gran número de los túmulos estaban cerrados con losas de una ó dos varas de alto. Los sepulcros construidos con adobes, ó piedras, encerraban siempre los cuerpos de las familias principales; los de la plebe se hallaban colocados en hilera, ó formaban un semicírculo en las cuevas, hendeduras de rocas, ó terraplenes formados por las peñas, como aun en el dia se observa en gran número en los departementos de Junin, Ayacucho y otros, ó bien estaban sepultados en hoyos al rededor de los cuales amontonaban los Indios piedras[1]. Hemos hallado momias en las hendeduras de las peñas, tan estrechamente cerradas, que parece increible haber podido entrar en ellas los cadáveres con las carnes frescas, y por consiguiente mucho mas voluminosos que los restos extenuados que quedan, los cuales aun con dificultad se pueden sacar de estas angosturas. Los cuerpos que fueron puestos al abrigo de la intemperie é inclemencias atmosféricas se han conservado; mas de los que estaban en los terraplenes, solo queda el esqueleto.

---

[1] Muchos de estos túmulos se asemejan á los que se encuentran en la Asia y en la América del Norte.

De cualquier modo que los conservasen, colocaban los antiguos Peruanos los cadáveres en una postura acurrucada, el rostro vuelto hácia el poniente, con provisiones de chicha, maiz, coca etc., en ollas y otros vasos, para que encontrasen alimentos al resucitar. Solian poner junto al cadáver saquitos llenos de mazorcas de dos especies poco comunes de maiz: una, cuya mazorca corta tiene granitos cenceños, largos, un poco encorvados á la punta; la otra con la mazorca larga, delgada, con granos voluminosos, casi triangulares á la punta, muy inclinados, cubriéndose como tejas de un terrado. El insigne botánico inglés Robert Brown, posee una de estas mazorcas al estado de petrificacion y hallada en un rio peruano. Tanto esta especie, llamada *Zea rostrata,* por el célebre monografista del maiz Bonafous, como la otra precitada, parecen ser nativas del Perú, pero en el dia son poco cultivadas, viéndose pocas de ellas entre el gran número de otro maiz en el departamento de Cuzco. Damos aquí el diseño de

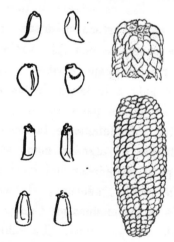

estas dos curiosas especies de maiz. Granos de la *Zea rostrata* sacados de un sepulcro, y por consiguiente de muchos siglos de edad, han germinado en Europa, como el trigo encontrado en las momias egipcias, que cuenta miles de años.

En las paredes de los sepulcros que se hacian sin puertas, se hallan ciertos agujeros y conductos, que comunican desde la superficie hasta los vasos del interior, por los cuales vertian la chicha en los dias de fiestas que solemnizaban en honor de sus mallquis.

Los cadáveres, como se presentaban en los sepulcros, se hallan revestidos de mucha ropa y envoltorios, que describiremos tales como los hemos hallado en mas de cincuenta momias que hemos desenvuelto. A primera vista no se distingue mas que una estatua sentada y tosca, en la cual tan solo es visible una cabeza redonda, dos rodillas, y dos piés de grosero aspecto (véase la lámina I). Una fuerte red de cabuya gruesa con mallas bastante anchas, aprieta una estera tosca de junco, en la cual está envuelto el cadáver. En los sepulcros del alto Perú se encuentran momias en esteras de totora, muy parecidas á las colmenas, con una abertura cuadrada del lado de la cara. Quitada la estera se descubre una faja ancha de algodon, que envuelve todo el cuerpo de abajo, arriba, y fija dos cañas á los costados, á veces un palo á lo largo de las espaldas; despues de desatada la faja se ve un paño de lana, rojo, ó de varios colores, que envuelve completamente la momia, y en la parte inferior uno ó dos trapos de algodon como sábanas, y cocidos tiesamente como el paño al rededor del cadáver: quitados estos encuéntranse algunos vasitos, adornos, el hualqui con la coca; y en la mayor parte de las momias un Conopa de piedra, barro, plata ú oro, colgando del pescuezo. La cubierta interna es un paño de algodon bastante fino, probablemente blanco al principio, pero teñido de amarillo rojizo por el tiempo y cocido como las demas cuberturas; apartada esta se ve el cadáver desnudo, solo la cabeza envuelta con dos ó tres fajas, de las cuales la superior es de un tejido fino y casi siempre con listones de diversos colores; la inferior es mas angosta y mas densa, á veces solo de juncos, ordinariamente de algodon amarillejo.

La postura del cadáver es agachada, dando las rodillas á la barba, los brazos cruzados delante del pecho, ó sosteniendo la cabeza, así es que los puños tocan las mejillas. Las manos están en general amarradas; y en las mas momias da una soga gruesa tres ó cuatro vueltas por el pescuezo, y obsérvase un palo que pasa del suelo entre las piernas hasta la garganta (véase lámina III) y que sirve para sostener mejor el cadáver. En la boca se halla casi siempre una pequeña rodaja de cobre, plata ú oro.

La mayor parte de los cadáveres están bastante bien conservados, pero las carnes avellanadas y las facciones de la cara desfiguradas; los cabellos siempre perfectamente preservados, los de las mugeres artificialmente trenzados, pero el pigmento negro ha perdido mas ó ménos su color primitivo y se ha vuelto rojizo.

Llegamos ahora á la interesante cuestion si los antiguos Peruanos embalsamaban sus cadáveres, ó si se han conservado en tan buen estado á consecuencia de la influencia del clima que favorece tanto la momificacion natural.

Ambas opiniones tienen sus defensores que las sostienen con razones mas ó ménos fundadas. No hay duda que el arte de embalsamar era conocido de los Peruanos, pero probablemente solo de cierta clase de Incas, que, teniéndolo por secreto, lo exercia únicamente en los cadáveres de los reyes y sus mugeres legítimas.

26 *

Si debemos creer á las relaciones de Garcilasso de la Vega y del Padre Acosta, ya en el capítulo precedente citadas, habia alcanzado este arte una perfeccion que parece haber superado aun en mucho al procedimiento de los Ejipcios, pues no se conocen momias de ninguna nacion en que las partes carnosas permaneciesen llenas, el cútis suave y blando, y las facciones de la cara inalteradas.

Confesamos con ingenuidad que las noticias de los citados autores sobre este asunto nos parecen inexactas, á lo ménos exageradas; y cualquiera que conozca las mutaciones inevitables que sufren las partes blandas del cuerpo humano á pesar de todos los medios preservativos, tan luego que cesa la vitalidad, participará de nuestra opinion.

Ello es cierto que los cadáveres de los reyes eran incomparablemente mejor conservados que los demas, á consecuencia de cierto proceder; y la asercion que este era secreto de la familia real, está fundada en el hecho que no se han hallado otras momias artificiales que las de los reyes y reinas. Nada sabemos de que modo efectuaban su proceder los maestros del arte de embalsamar, ni cuales substancias usaban para evitar la putrefaccion y dar cierta flexibilidad al cútis. Para llegar á saberlo fuera necesario someter una de estas momias al análisis químico.

Generalmente se cree que los demas cadáveres momificados que se hallan por millares tanto en la costa, como en la sierra, habian sido tambien embalsamados; pero es un error grave, siendo tan solo momias naturales como luego probaremos. El difunto D. Francisco Barreda publicó en el memorial de ciencias naturales de D. M. E. de Rivero Tom. II, pag. 106, una disertacion con el objeto de probar que estos cadáveres eran embalsamados, y describe el procedimiento de que se servian los peritos del modo siguiente: „Los profesores ejecutaban la operacion de varios modos. Imitando á los antiguos Egipcios extraian el celebro por las narices, convenciéndolo así la falta del pequeño hueso que separa las ventanillas y la fractura hecha en la sutura que une á este con el coronal, facilitando el paso á lo interior del cráneo. Conservaban otras veces este pequeño hueso faltando enteramente el celebro, sin notar reliquia capaz de manifestar la corrupcion que podia haber producido, si lo hubieran dejado sin tocar, convenciéndose de aquí que proyectando buenos conocimientos en anatomia hacian sus estracciones de este órgano de diferentes modos y por distintos lugares. Les sacaban los ojos, como compuestos de partes muy corruptibles, llenaban las orbitas de algodon y otras materias ingeniosamente colocadas que disimulaban la falta cuando les juntaban los párpados; todo ejecutado con primor sin alterar las facciones de la cara de aquel aire que tuviesen en el estado de la vida.“

„La lengua con todas sus partes era arrancada con el pulmon por una pequeña cortadura hecha del ano al pubis; despues de vaciar por él todos los intestinos, quedando el vientre inferior y pecho libres de las partes que podian ser putrecibles. La capacidad de ambas regiones la llenaban de un polvo sutil, color de hígado que exhalaba un ligero olor á trementina en el instante que se sacaba, y se pierde despues de un rato de puesto en contacto con el aire libre. Absuerve la humedad, hace una pequeña efervescencia en el agua fria; presumiendo por estos datos que la composicion parece hecha de resina de molle, cal y alguna tierra mineral. Les unjian la cara con líquido oleoso, color de naranja, cubriéndola despues con algodones, unian ántes las manos á las mejillas, las rodillas al pecho dejando de la parte de afuera los codos; sujetando los miembros con fajas hasta que tomaban la apetecida posicion."

Segun nuestro parecer esta descripcion es un mero juego de fantasía del Señor Barreda, compuesto segun el método que usaban los Egipcios al preparar sus momias. En ninguna de las conservadas en el Museo nacional de Lima (véase Lámina II, III, IV) se ha podido descubrir ni polvos, ni yerbas, ni otros preservativos, como lo asegura el distinguido director de este instituto D. Mariano D. de Rivero, en su opúsculo Antigüedades peruanas pág. 42.

Hemos examinado centenares de estos cadáveres así en las regiones calientes de la costa, como en la Sierra frígida, pero nunca conseguimos hallar un preservativo. Es verdad que hallamos en casi todos los cráneos una masa rojiza ó negruzca, ya sutilmente molida como polvo, ya en pedazos de diferentes tamaños; pero el análisis químico y microscópico que hizo de esta sustancia nuestro amigo Don Julio Vogel, célebre químico patológico, actualmente catedrático de clínica interna en la universidad de Giessen, ha mostrado que tanto el polvo, como los pedazos, están compuestos de grasa celebral y glóbulos de sangre secos, y que no es posible descubrir el menor vestigio de una substancia vegetal, prueba irrefragable de que no han sido extraidos los sesos, como pretende Barreda. Podemos pues asegurar por experiencia propia que todas las momias contienen el celebro y los intestinos, y que en ninguna se apercibe incision alguna en el perinéo.

Entre las numerosas pruebas, que militan contra una momificacion artificial, citaremos pocas pero convincentes. En el año de 1841, hallamos en un sepulcro de gentiles la momia de una muger preñada, conservada perfectamente, de la cual sacamos el feto que todavia está en nuestro poder, y que, segun el dictámen de uno de los mas célebres profesores en el arte de partear, M. d'Outrepont, tenia siete meses de edad fetal. Esta interesante momia se halla figurada en la lámina VI del Atlas (véase pág. 32).

Pocos años ántes hallóse en *Huichay* á dos leguas de Tarma, la momia de una muger que habia muerto de dolores de parto, pues solo la region superior de la cabeza de la criatura habia salido á luz.

En la momia de un niño de diez á doce años que halló el Doctor D. J. D. de Tschudi en una Huaca de la costa y que regaló á la Academía imperial de Petersburgo, están las costillas del lado izquierdo desatadas del esternon, y la concavidad del pecho, y en parte la concavidad del empeine abiertas, pudiéndose ver perfectamente el corazon envuelto en el pericardio, los pulmones avellanados, el diafragma, el colon transverso y parte de los intestinos delgados.

Estos y otros hechos son concluyentes y muestran la nulidad de la hipótesis del Sr. Barreda, y de otros, relativas á un proceder de embalsamar artificial y trabajoso.

En la costa el sol abrasador y arena calcinada secaron los cadáveres; y en el interior el aire puro y frio, y los vientos secos, fenómeno que aun en el dia podemos observar. Póngase, por ejemplo, un cadáver en una cueva de la Sierra, ó en un arenal de la costa, al abrigo de la voracidad de las aves, y se le hallará al cabo de meses enteros, no corrompido sino desecado; y en prueba de esta asercion, citaremos el cementerio de Huacho y otros tantos pueblos de la costa, como igualmente los animales

momificados que á menudo se observa en los caminos. aun en
los de la Sierra. [1])

En las regiones en que frecuentemente llueve, síguese
como consecuencia de lo establecido, que las momias deben
conservarse mal; y en efecto es así, y la mayor parte de
las veces se presentan reducidas á la forma de esqueletos.
Pero en los parages salitrosos de la cordillera se conservan estos en un estado bastante fresco, por muchos siglos,
á pesar de la humedad.

----

[1]) En los caminos de la costa, como de Islay á Arequipa y de esta última
á Lima, se ven multitud de estas momias de animales que sirven tambien como
señales para mostrar el camino borrado por el viento.

CAPITULO NONO.

Estado de las artes entre los antiguos Peruanos.

Al estudiar las obras artísticas peruanas, desde la mas mezquina vasija de barro, salida de manos del rústico alfarero, y del ídolo rudimentario, tosco ensayo del platero, hasta los monumentos asombrosos de esa admirable arquitectura, á cuya construccion concurrian millares de seres; se ocurre naturalmente esta pregunta: sí las artes tuvieron su orígen en el Perú y emanaron de la evolucion progresiva de sus habitantes primitivos; ó sí, procedentes de otro hemisferio, fueron frutos derramados en el nuevo suelo por el gran reformador de la civilizacion y sus sucesores. Mucho difieren los historiadores en este punto; y mientras unos atribuyen exclusivamente el grado de esplendor artístico á que habia llegado el antiguo Perú, á las semillas esparcidas por Manco-Capac, y á la benéfica incubacion de los Incas, revindican otros no poca parte á los habitantes aborígenos

27

en la concepcion y ejecucion de las obras monumentales y productos artefactos que excitan aun en el dia la admiracion de la culta Europa.

El exámen crítico de los monumentos antiguos que han escapado en su totalidad, ó en parte á la accion destructora del tiempo y vandálica saña de los conquistadores, nos dan mas luces que las incorrectas y contradictorias páginas de los autores, y nos indican dos épocas muy diferentes en el arte peruano, á lo ménos por lo que concierne á la arquitectura: una ántes, y otra despues de la llegada del primer Inca. A la primera pertenecen el palacio conocido bajo el nombre de ruinas del *Gran Chimu* en el departamento de la Libertad; las ruinas de *Huanuco el viejo;* las del templo de *Pachacamac;* las de las islas de la laguna *Titicaca;* la formidable pirámide, colosos de piedra y estatuas de *Tiahuanacu,* á la orilla meridional de la laguna de *Chuquito.* La segunda época comprende los restos del departamento de Cuzco, y otros de que hablaremos en este capítulo.

Vana empresa seria indagar la edad positiva de estos monumentos, faltando todo apoyo para la investigacion; solo sí resulta que son de una época anterior á la llegada del primer Inca, y que tanto el Perú como Méjico, se hallaban en aquel entonces en estado mas avanzado en las artes que la mayor parte de las naciones de la Europa septentrional.

En presencia de estos hechos es cosa incomprensible el aserto de Garcilasso, que, ántes de la luz derramada por el primer Inca, los naturales del Perú eran poco mejores que bestias mansas, reunidas en grupos, sin el menor órden de calles, plazas, etc.; que algunos por temor de la guerra habitaban sobre altos riscos, en valles y quebradas, en cuevas, ó en huecos de árboles, etc.; aserto que el mismo autor contradice cuando elogia las obras arquitectónicas admirables que encontraban los Incas en sus conquistas, en que por consiguiente la nueva civilizacion no habia penetrado.

Al tratar en este capítulo de las artes cultivadas por los antiguos Peruanos, debemos tan solo limitarnos á la exposicion del estado en que se hallaban á la llegada de los Españoles, sin intrincarnos en investigaciones ó hipótesis sobre su perfeccion sucesiva, sí bien indicando los progresos en cada uno de los ramos artísticos.

El arte de labrar la madera, ó modo de servirse de este material para los usos habituales, fué muy poco extendido · entre los Peruanos, y es cosa muy notable que llegaron á trabajar mas fácilmente substancias mucho mas duras, tales como toda clase de piedras, y que al paso que encontraban herramientas para vencer la dureza de estas, no llegaron á descubrirlas capaces de superar la fibrosa tenacidad de la madera. Desconocian la sierra y la hacha de hierro, instrumentos indispensables para las obras de carpintería, y con muchísimo trabajo labraban postes y vigas, en términos de tener que suplir en su arquitectura por obras de cal y canto á la falta de maderámen. En sus inmensos edificios, solo era de madera el caballete con sus cabrios, que fabricaban con troncos de Magay (Agave americana Lin.); las puertas eran de pieles, ó lienzos, y aun de metales preciosos soldados, ó robrados; los muebles de piedra, ó metal. La falta de herramientas adecuadas al tejido resistente de la madera, es la causa principal que hace que la mayor parte de sus ídolos sean de piedra, y los pocos de madera que han llegado á nuestras manos, se distinguen por su trabajo tosco y disforme. **Parte de las armas de guerra las fabricaban con madera chonta**; tales eran la *chuqui*, ó lanza grande, la *tupina*, ó pica, la *macana*, ó especie de espada, la *callhua*, ó chafarote ligero, la *huicopa*, ó porra pequeña arrojadiza, la *huactana*, ó maza pesada, armas todas sencillas y fáciles de ser labradas con sus herramientas de piedra. Es digno de notarse que entre las clavas habia una, cuya forma es completamente idéntica á las que usan los habitantes de la Nueva-Zelandia y otras islas del Pacífico. Don Mariano E. de Rivero logró tener una que probablemente era insignia del cacique de Tunga en Colombia (véase su opúsculo Antig. peruan. pag. 51, y lámina XXXIII del Atlas), y el Dr. D. J. D. de Tschudi desenterró en 1841 otra semejante de un sepulcro á tres leguas de Huacho, juntamente con armas de cobre y ponchos adornados de plumas de flamenco. No hay duda que los Peruanos labraban la madera con instrumentos de piedra. La Chonta *(Guilielma speciosa* y *Martinezia ciliata)* y el Huayacan, las mas duras que conocian y que preferian para sus armas é ídolos, resisten á las herramientas de cobre.

¡Cuan adelantada en comparacion de estas obras insignificantes se hallaba el arte de beneficiar y fundir los metales! Conocian los Peruanos el oro, la plata, el cobre, estaño y azogue, pero el hierro les era completamente desconocido, aunque muy abundante en su pais. El oro, si bien era entre ellos el metal mas estimado, lo poseian, segun los cálculos aproximativos, en cantidad absolutamente mayor que ningun otro. Al comparar su abundancia en tiempo de los Incas, con la cantidad que en el espacio de tres siglos han logrado sacar los Españoles de las minas y los rios, se adquiere la certidumbre que los Indios tenian conocimientos de veneros de esta preciosa materia que nunca alcanzaron á descubrir los conquistadores y sus descendientes, y no creemos que sea atrevido pronóstico pretender que llegará un dia en que el Perú descorrerá el velo de riquezas mas asombrosas que las que en el dia ofrece la California.

En la segunda mitad del siglo décimo sexto, en el corto espacio de veinte y cinco años, exportaron los Españoles del Perú á la madre patria mas de cuatrocientos millones de ducados de oro y plata, y bien se puede asegurar que los nueve décimos de esta cantidad los componian el botin hecho por los conquistadores; en este cómputo prescindimos de las inmensas masas de metales preciosos enterrados por los indígenas, sustrayéndolas así de la codicia de los estrangeros invasores, como tambien de la célebre cadena de oro *(Huasca)* que mandó fabricar el Inca Huayna-Capac, en honor del nacimiento de su hijo primogénito Inti-Cusi-Huallpa-Huascar, y que dicen fué arrojada á la laguna de Urcos[1]; igualmente de los once mil llamas cargados de oro en polvo y preciosos vasos de este metal, con qué quiso comprar su vida y libertad el infeliz Atahuallpa, y que los arrieros enterraron en la Puna (probablemente en los altos de Mito en el valle Jauja), tan luego como supieron la nueva

---

[1] Se refiere que esta cadena era del grueso de la muñeca de un hombre, y tenia de largo 350 pasos que son 700 piés, y tomaba dos costados de la plaza mayor de Cuzco. Zarrate lib. I. cap. 14.

del suplicio á que alevosamente habia sido condenado su adorado monarca¹).

Llamaban al oro „lágrimas que lloraba el Sol“ y lo extraian de las minas y lavaderos de los rios, encontrando á veces pedazos de 35 á 40 onzas, y aun mas. Sus minas mas abundantes eran las de Collahuaya que tambien á los Españoles daban rico fruto. La plata la sacaban generalmente de minas poco profundas (á tajo abierto), abandonándolas tan luego como la dureza de la caja ofrecia resistencia bastante tenaz para sus insuficientes herramientas. Los Peruanos no solo conocian la plata nativa, sino tambien sus combinaciones químicas, como el cloruro, sulfuro, plata antimonial etc., dando á cada una de ellas un nombre particular; y sabian extraer de estos compuestos el metal puro, por fusion, ó en hornillos portátiles, mezclando con los mas refractivos el plomo, galena (*Suruchec*, „el que hace correr“), ó sulfuro de antimonio. Los hornos para fundir la plata, usados generalmente en el dia en el Perú, son originarios de los Indios con pequeñas modificaciones.

No tenemos noticias del modo de extraer el cobre que raras veces se ofrece al estado nativo en el Perú; es

---

¹) Otros infieren por la abundante y grande osamenta de llamas, que existe esta riqueza en uno de los cerros cercanos del pueblo de Junin, ó Reyes, habiéndose encontrado algunas figuritas y planchuelas de oro y plata que hemos visto en manos del teniente - cura del dicho pueblo. Muchas son las relaciones que existen tanto en Colombia como en el Perú sobre tesoros enterrados, y para que nuestros lectores tengan una noticia de ellas, insertamos al fin de la obra, las que nos han comunicado personas de algun criterio, refiriéndose á documentos y relatos de sugetos que hemos conocido.

probable que la mayor parte la traian de Chile, pues es dudoso supiesen fundir los minerales cobrizos que abundan en algunas provincias peruanas. En los análisis hechos por Don Mariano E. de Rivero de varios instrumentos de cobre, como cinceles, hachas, etc., ha encontrado la sílice en proporcion de 5 á 10 por ciento. Sí tal sustancia se halla mezclada con el objeto de dar mayor dureza á sus instrumentos, ó se combinó al tiempo de extraer el metal de su quijo, no podemos por ahora asegurarlo. Si este existe en todos los instrumentos, de que hacian uso para labrar las piedras y sus ídolos, es probable que tuviesen un conocimiento de su propiedad real, ó atribuida, de endurecer el cobre, así como el carbon de formar el acero. La liga del cobre con el estaño de que se servian, tampoco sabemos sí la fabricaban combinando estos metales, pues no empleaban el segundo al estado puro en sus obras.

Prohibieron por ley los Incas sacar azogue, tanto por su funesta influencia en la economía animal, como por ser metal inútil, siendo desconocido su empleo. El mineral de azogue de Huancavelica [1] fué descubierto mas de veinte y cinco años despues de la conquista, en 1567, por el Portugués Enriquez Garcés. Era seguramente el que conocian los Incas, pues se encuentra en las inmediaciones de la ciudad, hornos, y, segun autores, sacaban de ahí el *Ychma* que es el cinabrio, y el *Llampi* (óxido de hierro), de que se servian para pintarse.

---

[1] Sobre la historia de esta mina y sus productos véase la „memoria sobre el rico mineral de azogue de Huancavélica por Don Mariano Eduardo de Rivero“ publicada en Lima en 1848.

Otra ley determinaba que el *Ychma* fuese cavado por solo un número limitado de Indios destinados á esta tarea, y prohibia severamente su uso á la gente comun. Todo lo que sacaban estos operarios era entregado á la hacienda de los Incas, y despues repartido entre las pallas, ó mugeres de sangre real que lo usaban como afeite en las fiestas, pintándose una raya del ancho de una paja, desde el ángulo externo de los ojos hasta las sienes. Los Indios sabian muy bien destilar el mercurio de la ychma, y la ley que probibia el uso general de esta substancia, se fundaba en la que prohibia enteramente jugar con él, buscarlo, ó nombrarlo.

Grande era el uso técnico que hacian los Peruanos de los metales preciosos. Se servian de ellos como ofrendas á sus Deidades, para fabricar ídolos y vasos sagrados, y como tributos á los Incas. Labraban igualmente con ellos los objetos que usaban sus reyes, los ornamentos de sus palacios y los templos del Sol de primer órden. El arte de los plateros habia llegado á una gran perfeccion, y si progresos análogos hubiera hecho la plástica, las obras de arte de los Peruanos hubieran tal vez rivalizado con las de las naciones mas cultas de la antigüedad.

Sabian los plateros fundir el metal, vaciarlo en moldes, soldarlo, embutirlo y batirlo. Usaban para la fundicion, como ya hemos dicho, hornillos pequeños, provistos de cañutos de cobre por donde pasaba el aire. Los moldes estaban hechos de cierto barro mezclado con yeso, como lo ha demostrado el análisis de un molde de ídolo de un pueblo de gentiles en la Sierra, que trajimos á Europa. Los metales vaciados los cincelaban con tanta perfeccion, que no se distingue en ellos la menor desigualdad resultante del molde. La lámina

XLIV representa una de estas figuras vaciadas, en que se notan fajas de cobre, plata y oro puro, tan bien embutidas que parecen hacer un todo. La parte principal se compone de plata, antimonio y estaño, fué encontrada en las cercanías de Cuzco, y la posee el coronel Gamarra. Mas admiracion causa aun la destreza con que hacian las obras batidas. No conocemos el procedimiento que usaban en este artefacto, mas probablemente era muy parecido al de nuestros plateros. Hay dos clases de obras: una consiste en figuras de hombres y animales, batidas con láminas delgadas de oro, ó plata, y despues soldadas entre sí en su forma natural; la segunda en vasijas abiertas en cuyos lados hay figuras algo toscas, batidas con la mayor sutileza, en términos que no se conoce golpe de martillo. Las soldaduras se distinguen por su solidez, rompiéndose primero el todo que despegarse aquella, y por la exactitud de la union de las partes soldadas. Algunos autores han pretendido que en muchos de los ídolos huecos, no hay soldadura, pero erróneamente, pues si se examina con cuidado las piezas, se descubre los puntos de reunion que están casi completamente borrados por el bruñido sumamente perfecto.

El arte de dorar era desconocido de los Peruanos, pero lo suplian de un modo sólido, cubriendo el cobre, ó la madera con hojas muy delgadas de oro, ó plata, que sabian unir íntimamente aun con piedras. Tambien sacaban alambres de los metales preciosos de admirable delgadez, sirviéndose de ellos para imitar la barba de las mazorcas de maiz, tejerlos formando lienzos, etc.

Por desgracia las primeras obras del arte del platero no han llegado á nuestro tiempo, habiéndolas destruido la codicia de los invasores y el odio de los indígenas contra estos. Todos los artefactos de oro y plata que encontraban los Españoles

los fundian en barras que remitian en mayor parte á la península; y los Indios testigos de las ansias con que anhelaban
los conquistadores semejantes objetos, los enterraban, derretian,
ó arrojaban en las lagunas. Los que han llegado á nuestras
manos, son objetos de segundo órden, é incapaces de dar una
idea exacta de la perfeccion que alcanzaron los Peruanos en
esta clase de labor, y mejor nos instruyen las relaciones
unánimes de los antiguos cronistas que tuvieron ocasion de
verlos; algunos de los cuales citaremos aquí: „Tenian un jardin que los terrones eran pedazos de oro fino, y estaban arti-
ficiosamente sembrado de maizales, los cuales eran de oro;
así las cañas de ellos, como las hojas y las mazorcas; y estaban tan bien plantados, que aunque hiciesen recios vientos, no
se arrancaban. Sin todo esto tenian hechas mas de veinte
ovejas de oro con sus corderos, y los pastores con sus hon-
das y cayados que los guardaban, hecho de este metal. Habia
mucha cantidad de tinajas de oro y plata y esmeraldas, vasos,
ollas y todo género de vasijas, todo de oro fino. Por otra
parte tenian esculpidas y pintadas otras mayores cosas; enfin
era uno de los ricos templos que hubo en el mundo." (Sarmiento
Relacion MS. en Prescott Histor. of the conquest of Peru.
Book I, Chap. III.) Semejantes jardines habia en todos los palacios reales y templos del Sol. Francisco Lopez de Gomara
dice (Hist. gen. cap. 121): „Todo el seruicio de su casa (del
Inca), mesa y cocina era de oro y de plata, y quando ménos de
plata y de cobre por mas recio. Tenia en su recámara estatuas
huecas de oro que parecian gigantes, y las figuras al propio y
tamaño de quantos animales, aves y árboles y yeruas produce
la tierra y de quantos peces cria la mar y aguas de sus reynos.
Tenia así mismo sogas, costales, cestas y troxes de oro y plata,

rimeros de palos de oro que pareciesse leña raxada para quemar. En fin no avia cosa en su tierra que no la tuviesse de oro contrahecha, y aun dizen que tenian los Incas un vergel en una isla cerca de Puna, donde se yuan á holgar quando querian mar, que tenia la ortaliza, los árboles y flores de oro y plata, invencion y grandeza hasta entonces nunca vista. Allende de todo esto tenia infinitissima cantidad de oro y plata, por labrar en el Cuzco que se perdió por la muerte de Huascar: que los Indios lo escondieron viendo que los Españoles se lo tomavan y embiavan á España." Del palacio de Tumebamba dice el cronista Cieça de Leon en el capítulo XLIIII: „Por de dentro de los aposentos auia algunos manojos de paja de oro, y por las paredes esculpidas ouejas y corderos de lo mismo, y aues y otras cosas muchas. Sin esto cuentan, que auia summa grandissima de tesoro en cántaros y ollas, y en otras cosas, y muchas mantas riquissimas llenas de argentería y chaquira." Garcilasso de la Vega (Com. real. lib. VI, Cap. II) hablando de las casas reales se expresa en estos términos: „en todas ellas tenian hechos jardines y huertas donde el Inca se recreaba. Plantauan en ellos todos los árboles hermosos, y vistosos, y plantas olorosas que en el reyno auia: á cuya semejanza contrahazian de oro y plata muchos árboles y otras matas menores al natural con sus hojas, flores, y frutas: unos que empezauan á brotar, otros á medio sazonar, otros del todo perficionados en su tamaño. Entre estas y otras grandezas hacian mayzales contrahechos al natural con sus hojas, mazorca y caña con sus rayzes, y flor: y los cabellos que echa la mazorca y caña, eran de oro, y todo lo demas de plata, soldado lo uno con el otro, y la misma diferencia hacian en las demas plantas, que la flor, ó cualquiera otra cosa que amarilleava, la contrahazian de oro, y lo demas de plata. Tambien avia animales

28 *

chicos y grandes, contrahechos, y vaziados de oro y plata; como eran conejos, lagartijas, culebras, mariposas, zorras y gatos monteses. Avia páxaros de todas suertes, unos puestos por los árboles como que cantauan, otros como que estauan bolando y chupando la miel de las flores. Auia venados y gamas, leones y tigres, y todos los demas animales y aues que en la tierra se criauan, cada cosa puesta en su lugar, como mejor contrahizese á lo natural. En muchas casas tenian baños con grandes tinajones de plata y oro, por los quales venia el agua á los tinajones. Y donde auia fuentes de agua caliente natural, tambien tenian baños hechos de gran majestad y riqueza. Entre otras grandezas tenian montones y rimeros de rajas de leña, contrahechos al natural de oro y plata, como que estuuiessen de depósito para gastar en el seruicio de las casas." En el capitulo primero (l. c.) dice el mismo autor: „El Inca se sentaua de ordinario en un assiento de oro maçiço que llaman Tiana, era de una tercia en alto sin braçeras, ni espaldar con algun cóncauo para el assiento; poníanla sobre un gran tablon cuadrado de oro. Las vasijas de todo el seruicio de la casa, assí de la messa como de la botelleria y cozina, chicas y grandes, todas eran de oro y plata, y las auia en cada casa de depósito para quando el rey caminasse que no las lleuauan de unas partes á otras, sino que cada cosa, de las del Inca, assí las que auia por los caminos reales, como las que auia por las prouincias todas, tenian lo necessario para quando el Inca llegasse á ellas, caminando con su exército, ó uisitando sus reynos. Auia tambien en estas casas reales muchos graneros y orones que los Indios llaman Pirua, hechos de oro y plata, no para encerrar grano, sino para grandeza y majestad de la casa y del Señor della."

Estas noticias de Garcilasso se hallan confirmadas por su antecesor, el contador de Mercedes D. Agustin de Zarrate (Conq. del Perú lib. I, cap. XIV) que dice: „Tenian en gran estima el oro, porque dello hazia el rey y sus principales sus vasijas para su seruicio, y dello hazian joyas para su atauío y lo ofrecian en los templos y tenia el rey un tablon en que se sentaua, de oro de diez y seis quilates, que valió de buen oro mas de veynte y cinco mil ducados, que es el que Don Francisco Pizarro escogió por su joya al tiempo de la conquista, porque conforme á su capitulacion le auian de dar una joya que el escogiesse fuera de la cuenta comun.“ El mismo Don Francisco de Pizarro escribió á la corte desde Jauja el 5. de Julio de 1534 „que ademas de los barretones y vasos de oro, habian encontrado cuatro carneros (llamas) y diez estatuas de mujeres del tamaño natural de oro el mas fino y tambien de plata, del mismo poste y una pila de oro tan curiosa que los asombró á todos.“ Y el anónimo autor de la Conquista y Poblacion del Perú MS. (véase Prescott l. c.) refiere hablando del templo del Sol: „El bulto del Sol tenian mui grande de oro i todo el seruicio desta casa era de plata i oro; i tenian doze horones de plata blanca, que dos hombres no abrazarian cada uno quadrados; i eran mas altos que una buena pica, donde hechavan el maiz que havian de dar al Sol, segun ellos decian que comiesse.“

Bastan estas relaciones para dar una idea del número de las obras de oro y plata de los antiguos Peruanos, y de la singular perfeccion con que hacian estos labores. En las historias de Cieça de Leon, Zarate, Acosta, Levinus Apollonius, Calancha, Garcilasso de la Vega, Gomara y Montesinos etc. etc. se hallan todavía mas noticias sobre este particular.

De cobre se hallan muy pocos artefactos, parece que no sabian labrar este metal con tanta perfeccion como el oro y la plata; sin embargo conserva el museo de Lima algunas vasijas de este metal muy delgadas, ídolos, instrumentos y dos bastones macizos de una vara de largo con sierpes embutidas, que fueron últimamente descubiertos en el departamento de Puno. Una de las piezas mas interesantes de este metal, que hemos visto, cuya figura sigue aquí, fué hallada en un sepulcro entre Huaura y Huillcahuaura, y formaba, segun las apariencias, la parte superior de un cetro, ó báculo, insignia de cacique. Tiene seis pulgadas de largo y una pulgada de diámetro; á pulgada y media de su abertura inferior se halla interiormente una pared divisoria, hasta la cual se podia introducir el báculo en el cilindro.

Sobre la parte superior de este reposa un pájaro (su compañero está roto), que representa, á juzgar segun el

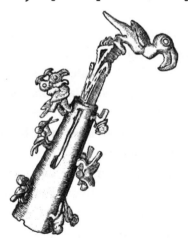

pico, un flamenco, aunque el pescuezo y los piés son desmasiado cortos para un ave de esta naturaleza; al lado derecho del cilindro bajan tres pares de aves, al lado izquierdo suben otros tantos. El primer par de aquellas es pequeño, cabezudo con picos derechos, gruesos; el segundo, mucho mas grande, representa, en términos que no se puede desconocer, lechuzas; el tercero es como el primero. Los inferiores de los del lado izquierdo son pequeños, las cabezas gruesas con una cresta; los siguientes son *Yanahuicus* (Ibis Ordi. Bonap.) con sus picos largos casi derechos; los superiores son grandes, los picos en forma de garabato, en la frente tienen una cresta alta y el cuello cercado de un collar bastante ancho, así que fácilmente se puede caracterizarlas por condores machos.

No ménos admirables son los progresos de los Peruanos en el arte de tejer y teñir. Sin telar, ú otra máquina, que hiciese sus veces, solo con la manipulacion mas sencilla, lograban fabricar ropas finísimas, muy artificialmente entretejidas con dibujos y adornos. Tejian algodon y lana; del primero dos clases: el algodon comun blanco y el parduzco, ó color de vicuña, que cultivaban principalmente en los valles calientes del declive oriental de los Andes. Les proveian de lana las cuatro especies de la familia de los camellos americanos (Auchenia Ill.): las dos domésticas, el llama y el alpaca; y las dos silvestres, el huanaco y la vicuña. Para los tejidos groseros usaban la lana del llama y del huanaco; para los finos la del alpaca y de la vicuña. La gente comun se vestia con los primeros; los nobles y curacas con lana de alpaca, y los Incas con ropa de lana de vicuña, de la cual regalaban á veces por merced y distincion á los Señores nobles. Era privilegio exclusivo de las vírgenes escogidas y de las pallas, hilar y tejer la lana de vicuña, y no hay duda que habian alcanzado la mayor perfeccion en este arte y que sus trabajos se distinguian por su rara finura y sus bellos dibujos. „La ropa de la cama toda era de mantas, y fre- çadas de lana de Vicuña, que es tan fina y tan regalada, que entre otras cosas preciadas de aquellas tierras las han traydo para la cama del Rey Don Phelipe segundo." (Gar- cilasso Com. lib. VI, cap. I.)

Tenian el secreto de fijar la tintura de todos colores; encarnado, amarillo, pardo, azul, verde, negro etc., tan sóli- damente en el hilo, ó en las telas ya tejidas, que no se destiñen en el transcurso de los siglos, aun expuestas al aire, ó sepultadas bajo tierra. Solo las de algodon se ponen algo descoloridas, miéntras las de lana conservan su primi- tivo lustre. Es cosa muy digna de notarse que el análisis químico hecho con pedacillos de tejidos de todas las diferentes tintas, demuestra que los Indios sacaban todos sus colores de los vegetales, y de ningun modo del reino mineral.

Aun en la actualidad usan los habitantes de las montañas peruanas plantas desconocidas á los Europeos; produciendo con ellas los colores mas vivos y firmes.

Solian adornar los tejidos cosiendo sobre ellos hojas delga- das de oro y plata, ó pedacillos de nácar y flecos de plumas en lugar de franjas (véase en las láminas XXXVII y XXXVIII los tejidos hallados en los sepulcros); pero hacian tambien flecos, cordoncillos y borlas de lana y algodon para guarnecer alfom- bras y mantas.

Todos los tejidos finos de lana que hemos tenido ocasion de examinar, son tan sólidos como hermosos en colores y dibujos; los de algodon han sufrido mas del tiempo, y los que provienen de las Huacas, son muy frágiles, y raras veces tan finos como los de la lana de vicuña. En las provincias de la costa usaban mas de algodon, y en las de la Sierra, como mas frias, de lana.

No conocian los Peruanos el arte de curtir con corteza las pieles. Los cueros de los llamas, huanacos, etc., los zurraban en vasijas grandes, ó en hoyos, y doblados en tierra pingüe, dejándolos algun tiempo con orines corrompidos y batiéndolos despues. El uso casi exclusivo de estos cueros zurrados se reservaba para la fabricacion de los *Usutas*, ó *Llanquis* (sandalias) del pueblo, y para fabricar las puertas.

Tratando ahora de las obras de los antiguos alfareros, empezaremos por algunas observaciones preliminares en este ramo, que, no habiendo excitado por su naturaleza la rapacidad de los conquistadores, ha podido ser conservado en numerosos objetos, ya por mera curiosidad, ya por utilidad doméstica.

Si se examina los principios de la plástica en las diferentes naciones, se verá que, si bien los artistas se propusieron siempre representar un conjunto, faltándoles la destreza y correcta ejecucion de las proporciones exactas, exageraron el volúmen de una de las partes relativamente á las otras. En la representacion de hombres y animales, generalmente se halla pronunciada en demasía la cabeza, ó cualquier órgano de esta; así obsérvase en las estatuas egipcias los ojos de frente y el rostro de perfil, y en la plástica peruana sobresalen por su tamaño ordinario la nariz y las orejas. Entre los Egipcios predominaban las formas alargadas, entre los Peruanos las cortas y abultadas, y en ellas hay mas desproporciones que en cuantas otras naciones hemos tenido ocasion de examinar. En las mas antiguas representaciones plásticas de los Peruanos, forma siempre la cabeza la parte principal, y presenta un carácter señalado indicando que el artista apuraba en ella toda su habilidad; el cuerpo forma una masa disforme y las extremidades son apéndices de la menor importancia, teniendo á veces solo la décima parte de las proporciones correctas en comparacion de la cabeza. Esto se encuentra tanto en las figuras humanas, como en las de animales.

Es observacion general que los mas antiguos monumentos plásticos representan Deidades; y fundándose en la aceptacion de una religion primitiva monoteística que participaban todas las naciones del orbe, bien se puede sostener que la plástica tomó su orígen en aquel tiempo, en que las naciones, dejando la religion fundamental, se convertian al politeismo. Entre los Peruanos se descubre en las Huacas y Conopas los principios de la plástica, y, en ellos y en los vasos destinados para sacrificios á las Deidades, se puede fácilmente seguir los progresos del arte.

Para pronunciar un dictámen exacto sobre este punto, es necesario haber examinado un número muy considerable de obras de arte y seguir en este exámen máximas fijas, generalmente adoptadas por todos los críticos, no dejándose descarriar por circunstancias secundarias, entre las cuales las principales son la destreza del artífice, y el estado de cultivo de la provincia donde se hallaba.

La observacion crítica atestigua que las obras de arte de la provincia que rejia el régulo Chimu ·Canchu, y las encontradas, en la ciudad imperial de Cuzco y sus inmediaciones, son mucho mas perfectas y correctas que· las que se ven en la Sierra y en la costa del Perú central. Y como un ejemplo especial de lo dicho, nótese los dos Conopas de la lámina XXVI, ambos indudablemente originarios de la misma época del arte; el que representa la figura de un hombre teniendo una copa

entre las manos, es obra de un artífice muy vulgar que hasta
ha aumentado el número de los dedos del pie izquierdo; miéntras que el otro que tiene agarrado en cada brazo los piés de
un individuo cargado en sus espaldas, lleva las proporciones
mucho mas exactas y es sin duda producto de un alfarero mas
experto.

Vasos y Conopas de la época mas antigua de la plástica
peruana, están representados en las láminas X, XI, XIV, XIX,
XXV, todos distinguiéndose por extremidades desproporciona-
das; una de las mas instructivas es la figura de muger en la
lámina XIV, con su nariz y sus orejas muy grandes, y los
ojos de frente, aunque está la cara de perfil. Pruebas del
arte mas perfeccionado son: el mono en la lám. X, la figura
sentada lámina XI, el pez en la lám. XIII, el vaso octuplo
en la lámina XV, el Conopa singular en la misma lámina, cuyos
grandes piés sostienen inmediatamente la cara; ademas los vasos
y Conopas de las láminas XVI—XVIII, XX, XXI (el loro),
XXII, XXIII, XXV, XXVII, XXVIII. A las obras de barro
mas perfectas, y que atestiguan los progresos sucesivos en la
plástica, pertenecen los dos Zarapconopas en las láminas XII y
XXI, las dos figuras humanas de la lámina XXIV con sus
caras muy expresivas, y sobre todo la cabeza de hombre,
fabricada de barro colorado muy fino, lámina XXIX [1]).

Hay una pieza de una época anterior del arte, conservada
en el museo nacional de Lima, que representa á un hombre y
una muger en postura tan lúbrica y tan cínica, que no hemos

---

[1]) Como una de las obras mas perfectas se considera un anciano dormido que
se halla en poder del Sor. Alarcon de Cuzco.

¡juzgado conveniente publicarla en nuestro Atlas, ofreciendo ademas solo la expresion voluptuosa de la cara del hombre un interes artístico.

Todas las obras plásticas de los antiguos Peruanos tienen un carácter especial que las distingue de aquellas de las demas naciones americanas, carácter que cualquiera persona versada en antigüe-dades conoce á primera vista. Algunas de ellas tienen cierta seme-janza con las formas que presenta el antiguo continente, sobretodo las mas sencillas: tal es la figura sentada de la lámina XI, la cual tiene el tipo egipcio, el vaso (lámina XXVII, fig. 3) puede pasar por etrusco, y el vaso negrusco de la lámina XXXVI parece idéntico á las de los Celto-Germanos, con tal perfeccion que, mezcladas con los restos de estos paises, no encontraria dife-rencia alguna el arqueólogo; pero estas obras tan sencillas, tan fáciles de fabricar, no pueden servir de criterio para el carácter especial de las obras de arte de una nacion.

Toda la habilidad de los alfareros peruanos se nota en la fabricacion de las Huacas, Conopas y vasos sagrados que ponian con los cadáveres en los sepulcros. El ajuar de cocina y demas vasijas para usos domésticos son muy simples y sin arte. El material de que se servian, era barro colorado y arcilla negruz-ca que preparaban tan bien, que resistia perfectamente al fuego y no dejaba trasudar los líquidos. Parece que no quemaban los vasos, pues, la substancia de estos difiere mucho del barro quemado, y segun todas las apariencias, los secaban al sol, despues de háberlos preparado y mezclado de un modo que ignoramos. En el dia existen en muchas casas cántaros, tinajas y ollas de este género, y generalmente son preferidos por su solidez á los que fabrican nuestros olleros actuales, lo que prueba su superioridad.

La mayor parte de los vasos sagrados, sepultados con los mallquis y destinados á recibir la chicha de sacrificio en los dias de fiestas, tienen un gollete alargado, colocado ordinariamente en el asa, con un agujero para echar el líquido, y una contra-abertura por la que se evade el aire, cuando se llena el vaso. Muchos son dobles, y parece que así los hacian con prediccion; otros son cuadruplos (lámina XX), ó sextuplos (lámina XVII), ú octuplos (lám. XV), teniendo el vaso principal apéndices regulares que entre sí comunican, y con el mismo vaso. Los dobles están hechos con tanta perfeccion, que, si se les llena de líquido, el aire, al evadirse por la contra-abertura, produce sonidos á veces muy melodiosos, que imitan de vez en cuando la voz del animal que representa la parte principal del vaso como en el hermoso ejemplar (lámina XXIII), que, al recibir agua por el conducto superior, deja oir un sonido semejante al miaullido de un gato. Tenemos en nuestro poder un vaso de arcilla negra, que imita perfectamente el silvido del chihuanco que está sentado en el asa. Conservamos igualmente dos vasijas redondas que, llenándolas de agua por el agujero del asiento y volteándolas, no cae una sola gota, saliendo el agua cuando se quiere, si se inclina por la parte superior; lo que prueba que los artífices peruanos tenian tal vez conocimiento de la presion atmosférica. Aun en los Conopas habia vasos sonantes, tales como el bello Zarapconopa (lámina XXI), que tiene la contra-abertura en la punta de la mitra. Las comunicaciones interiores se ven en la vasija ricamente adornada, figurada en la lámina XXVIII.

En muchos de los vasos sagrados hay diseños y pinturas (lám. XIV, XVII, XVIII, XX — XXIII, XXVI, XXVII), que dan una idea muy poco favorable de los progresos del arte de dibujar entre los Peruanos. Solo los diseños arquitectónicos con líneas rectas (véase lámina XXVII y XXXVI), son correctos y aun de bello aspecto, pero todos los dibujos con líneas curvas, como las representaciones de hombres y animales, son de poco valor. Hay uno digno de notarse, que se ve muy á menudo, ó pintado en vasos de barro (lámina XXII), ó grabado en las armas (lámina XXXIII), ó trabajado de realce en oro, ó plata (lámina VIII, IX), y representa un hombre con los brazos abiertos, teniendo en las manos báculos como lanzas *(Chuqui),* y la cabeza cubierta con cierto gorro ancho. No hay duda que estas figuras representan Deidades (Huacas), y la de la lámina XIV especialmente una Huaca de la guerra; otras tienen vestiduras talares, y en la cabeza una especie de mitra, mostrando tambien Huacas, como se puede inferir de lo que refiere Gomara (Hist. cap. 121), diciendo „que los Indios, cuando vieron pontificar al obispo D. F. Geronimo Loayza, preguntaron si aquel era Huaca de los cristianos.“

En algunos edificios antiguos se conocen todavía los restos de pinturas arquitectónicas, y segun todas las apariencias no sabian los Peruanos pintar las paredes de los palacios de otra manera, quedando el arte de dibujar entre ellos siempre en su primera infancia. Tampoco alcanzaban á esculpir figuras sueltas, ó grupos en relieve con tanta perfeccion, como los Mejicanos que se distinguian extraordinariamente en este trabajo.

Los antiguos historiadores nos dejan en obscuridad sobre las pinturas peruanas; prueba cierta que eran muy poco notable. Solo Garcilasso de la Vega (Com. real. lib. V, cap. XXIII), habla de la famosa pintura de dos condores que mandó hacer el Inca *Viracocha* en una peña altísima, en el parage donde su padre pasó, cuando salió de Cuzco, al retirarse de los Chancas. Dice este autor: „Dos aues destas mandó pintar, la una con las alas cerradas, y la cabeça baxa, y encogida, como se ponen las aues por fieras que sean, quando se quieren esconder: tenia el rostro házia Collasuyu y las espaldas al Cozco. La otra mandó pintar en contrario el rostro buelto á la ciudad: y feroz, con las alas abiertas, como que yva bolando, á hazer alguna presa. Dezian los Yndios, que el un Cuntur figurava á su padre que auia salido huyendo del Cozco, é yva á esconderse en el Collao: y el otro representaua al Inca Viracocha, que auia buelto bolando, á defender la ciudad y todo su imperio. Esta pintura viuia en todo su buen ser el año de mil y quinientos y ochenta: y el de nouenta y cinco pregunté á un sacerdote criollo, que uino del Perú á España, si la auia visto y como estaua? dixome que estaua muy gastada, que casi no se diuisaua nada della: porque el tiempo con sus aguas, y el descuydo de la perpetuydad de aquella, y otras semejantes antiguallas la auia arruynado.“

Los Indios peruanos han alcanzado en el dia alguna destreza en este arte, principalmente los de Cuzco y Quito, en que suelen pintar al oleo los retratos de los Incas, é imágenes de Santos.

Quédanos todavía que hablar del arte en que los antiguos Peruanos sobrepujaban, esto es, de la arquitectura, y de su auxiliar, la cantería. Contemplando las piedras artificialmente labradas que hallamos en los antiguos palacios, ó en forma de estatuas, tasas, vasos y anillos en los sepulcros, sugieren ideas de la mas profunda admiracion al hombre meditador que busca explicar el modo, como los antiguos alcanzaron hacer obras de tan rara perfeccion sin instrumentos de hierro y acero. Desde tres siglos, varones sabios de todas las naciones han intentado la

solucion de este problema, sin que hayamos podido llegar á conocer hasta ahora nada de positivo de esta singular manipulacion.
Ello es cierto que las herramientas ya citadas de una mezcla
de cobre y estaño, ó de cobre y silicium no eran suficientes
para labrar los minerales mas duros. Ensayos hechos en nuestros
dias con cinceles de estas composiciones, hallados en las Huacas
peruanas, han demostrado que herramientas de tal liga tienen
mucho ménos dureza que las de acero, y que labrando con
ellas piedras duras, como mármol, ó granito, en breve se embotan
y se vuelven inútiles. No obstante parece que hacian muy á
menudo uso de tales instrumentos, y que conocian los medios
de aguzarlos fácilmente. Segun nuestra opinion los empleaban
solo para quebrar las piedras y darles las primeras formas
toscas, pero tenian otros medios para desbastarlas y pulirlas,
y segun todas las apariencias lo hacian mediante la trabajosa y
lenta manipulacion de frotarlas, ya con pedazos de otras piedras,
ya con polvo de estas mismas, ya, para poner la última mano
en ellas, con yerbas que contienen silice, parecidas á la cola
de cavallo de España. El antiguo proverbio *gutta cavat la-
pidem* tiene aquí su justa aplicacion, y la objecion que esta
operacion fuese demasiado penosa, halla su refutacion en la
índole sosegada y paciente de los Indios que, acostumbrados
durante generaciones á la repeticion diaria de sus ocupaciones,
continuaban por años enteros con la mayor indolencia el trabajo
mas monotono; ademas, este procedimiento es el mas sencillo y
natural. Despues de haber considerado con la mayor escrupulosidad todas las circunstancias, no podemos explicar de otro
modo la talla de anillos de esmeraldas, jaspe, granito, y basalto,
tasas, vasos, ídolos de mármol, pórfido, granito, y otros minerales durísimos, y en general las obras de piedra mas finas

de los antiguos Peruanos. (Véase en las láminas **XXX,
XXXI y XXXII** vasos de piedra).

Para las obras arquitectónicas labraban ordinariamente piedras cuadradas, y tambien poligonas y esféricas, como se ve .
en las ruinas interesantes del palacio de *Limatambo*. La exactitud con que las trabajaban, era tal que, sobreponiéndolas en
la construccion de los edificios, las haces y ángulos cuadran
tan íntimamente que entre ellos queda el menor espacio
posible. El tamaño de estas piedras es muy diferente, de
ordinario de una ó dos varas de alto, y del mismo de largo;
pero hemos medido algunas que tenian **12** varas de largo
y **8** de alto.

Para dar una idea del tamaño de las piedras insertamos
aquí el dibujo de una parte de la fortificacion á la entrada de
Ollantaytambo por el lado de Cuzco.

El Padre Acosta (lib. VI, cap. XIV) dice: „En Tiaguanaco medí yo una piedra de treynta y ocho piés de largo, y de diez y ocho de ancho, y el grueso seria de seis piés: y en la mu-ralla de la fortaleza del Cozco que es de manportería, hay muchas piedras de mucho mayor tamaño.“ La piedra cansada, de la cual habla Garcilasso l. c. lib. VII, cap. XXIX, supera á todas, pero no llegó á ser colocada en el sitio destinado en la fortaleza de Cuzco. En su transporte venció, segun este autor, la fuerza de los hombres que iban sosteniéndola, y rodando mató tres ó cuatro mil Indios, lo que creemos sea una exageracion, conociendo la timidez de estos, y lo cauteloso que son en sus trabajos.

Ocurre aquí la pregunta: de qué modo transportaban estas masas pesadas de los canteros á los lugares de su destino, y como las alzaban hasta la altura necesaria, faltándoles toda disposicion mecánica que facilita tanto en nuestros dias estas operaciones. La contestacion se encuentra en las instituciones sociales ya mencionadas de los antiguos Peruanos. Para la construccion de casas particulares tenia que concurrir todo el pueblo, y para la de obras públicas todos los habitantes útiles de una ó mas provincias; así es que suplian por el número de gente y fuerzas disponibles, la falta de medios auxiliares.

Es un error grave de qué participan la mayor parte de los antiguos y modernos historiadores, pretender que los Peruanos no se servian de mezcla, ó argamasa, para la union y afianzamiento de las piedras en sus edificios, pues las tenian de diferentes clases. Para los palacios, templos, baños y todos los demas edificios fabricados de piedras pulidas, usaban en lugar de mortero de un barro muy soluble y sumamente pegadizo, llamado *Lancac allpa*, ó una mezcla de cal *(Iscu)*, que quemaban y apagaban, como se hace en el dia, con ciertos betunes, cuyo uso se ha perdido (véase Gomara Hist. gen. cap. 194); y para las fábricas de ménos importancia, construidas de piedras brutas, empleaban una argamasa de yeso *(Pachachi)*, con arena no muy fina, como se ve todavía en muchísimos pueblos antiguos.

Muestras de todas clases de arquitectura peruana, desde el imponente palacio hasta la rústica choza, han resistido al diente destructor del tiempo, y nos permiten, ayudados de las relaciones de los autores contemporáneos de la conquista, dar una idea general de ella.

Las casas particulares eran muy sencillas y segun el genio de la provincia, ó todas de piedras, ó de ladrillos, ó de caña, como en la costa. Los ladrillos, ó, por mejor decir, adobes *(Ticacuna* en la lengua quichua), los fabricaban de barro mezclado con la yerba *Ichu*, cortada algo menuda, como tamo, é íntimamente pisada y majada. Trabajados en formas rectángulas, tan largos como el grueso de la pared que iban á construir con ellos, de seis ú ocho pulgadas de alto, y de quince ó veinte de ancho; y expuestos por un año ó mas al aire y al sol, se volvian tan duros como nuestros ladrillos quemados. Aun en el dia hacen los Indios sus adobes del mismo modo, tomando á veces en lugar de ichu la paja de trigo cortada, ó bien estiércol.

Eran las casas pequeñas y de pocos cuartos que no comunicaban unos con otros, tenia cada uno su puerta al patio, ó à la calle, puerta que tambien hacia las veces de ventana. En los edificios de mayor importancia habia puertas intermedias y ventanas en gran número, aunque algunos autores pretenden erróneamente lo contrario, como se ve en muchas ruinas de palacios y templos. En las ciudades grandes estaban las casas pegadas y dispuestas en hileras frente por frente, formando así calles rectas. La disposicion general de todos los pueblos grandes era semejante á la de la mayor parte de los del Sur de Europa y de los actuales del Perú: una plaza con los edificios principales forma el centro, del cual salian en la direccion de las cuatro regiones del mundo las calles principales. En muchos pueblos de la Sierra estaban las habitaciones mas esparcidas y colocadas sin órden, como el terreno mejor lo permitia.

Hemos observado en las ruinas de pueblos antiguos en los departamentos de Junin y Ayacucho, casas como torres, y de una construccion muy singular de bastante extension. Cada vivienda es cuadrada y tiene un diámetro de 6 piés, y una altura de 16 ó 18. Las paredes son de pie y medio de grueso, y en la del levante, ó en la del medio dia se halla la puerta, de pie y medio de alto, y dos piés de ancho. Despues de haber pasado boca abajo y con alguna dificultad por este agujero, se llega á una especie de estancia de cinco y medio ó seis piés de alto, y otro tanto de largo. Las paredes están desnudas, pero en el espesor de los muros hay pequeños vasares que servian para guardar provisiones, y se ven todavía en ellos á veces mazorcas de maiz, coca, ollas y vasos. El techo de estos aposentos consiste en algunas lajas de piedra, dejando en el medio una abertura de dos piés de diámetro. Subiendo no sin alguna dificultad por este agujero, se llega á otra vivienda, semejante á la primera, con algunas ventanillas parecidas á troneras: su cubierta tiene una abertura, como su suelo, ó el techo del primero, por la cual se pasa al tercer compartimento, cuya cubierta, fabricada de unas losas gruesas, sirve de techo á toda la habitacion. Este espacio es algo mas bajo que los dos inferiores, y estaba probablemente destinado á guardar los víveres. Encontramos en uno de ellos una momia de muchacha. El compartimento de enmedio era al parecer el dormitorio, y una losa bastante grande que se ve casi siempre en él, servia para cerrar la abertura del piso; el mas bajo era á la vez aposento, y cocina y muy bien se conoce todavía el hogar. Con una laja· de piedra bien pesada se cerraba por adentro la puerta de la casa.

Escavando el suelo de una de estas viviendas, hallamos á poca profundidad ollas, vasos y tinajas, dos Conopas y huesos humanos.

Entre los edificios públicos debemos considerar las hosterías y almacenes reales, las casas de juegos públicos, los baños, los palacios, los monasterios, los templos y fortalezas.

Los tambos, ú hosterías reales eran edificios sin el menor arte arquitectónico, fabricados de piedras brutas, ó adobes, y formaban un cuadrado, ó rectángulo, cercando una plaza bastante grande, en cuyo medio habia una atalaya que superaba al edificio de poco mas de un estado. En el contorno, cortado por dos portadas una enfrente de otra, se hallaban compartimentos muy grandes para alojar los soldados, y aposentos pequeños para el Inca y los Señores de su séquito; las puertas estaban dirigidas á la plaza. Tenian treinte ó cuarenta piés de ancho, y de largo seiscientos ú ochocientos, y mas; de manera que era fácil alojar en ellos cuatro ó cinco mil soldados. Estaban construidos sobre el camino real, distante cinco ó seis leguas uno de otro, y sin fatigarse desmasiado, se podia alcanzar cómodamente en una jornada estas posadas. Algunos autores pretenden que llegaba el número de estos tambos á nueve, ó diez mil, lo que es muy exagerado, no habiendo sido en verdad ni la tercera parte de este número.

Conforme á la construccion de los tambos era la de los a l-
m a c e n e s r e a l e s, y en lugar de la atalaya tenian una fortaleza
pequeña en medio de la plaza con guarnicion permanente. Situados en las inmediaciones del asiento de los Curacas principales, estaban destinados á depositar para el tributo de las provincias, las armas y abastecimientos de los ejércitos. Llamaban especialmente *Coptra* á los depósitos de vestidos, calzados y armas,
Pirhua-coptra á las troxes, donde guardaban el maiz y la quinua, y *Cumpi-Coptra* á los almacenes de lanas finas y tejidos preciosos, bordados en los monasterios de las vírgenes
del Sol.

Las c a s a s d e j u e g o s estaban adjuntas á los palacios,
ó aisladas, no se distinguian por su arquitectura, sino por su
extension. Eran edificios solo de cuatro muros con un techo,
destinados á servir de plaza para celebrar las fiestas, cuando el
tiempo de lluvias no permitia verificarlas en las plazas públicas sin
cubierta. G a r c i l a s s o d e l a V e g a dice (Com. real. lib. VI,
cap. IV) haber alcanzado á ver cuatro de estas salas de juegos en Cuzco; la mayor estaba en *Cassana*, y capaz de
contener tres mil personas; otra en *Amarucancha;* la menor,
en *Collcampata*, y otra enfin en el lugar, donde se halla actualmente la iglesia catedral. Refiérese que uno de estos *Gal-
pones* tenia doscientos pasos de largo y cincuenta ó sesenta de
ancho. Sobre su disposicion interior, si tenian galerías y tri-
bunas, ú otro tablado, nada sabemos; tampoco si habia semejantes edificios en otras ciudades.

Los b a ñ o s, ó *Armanahuasi,* atraian la atencion por cierta
elegancia de su exterior, y por un rico aparato interno. Las
fuentes *(Puquio)* cuidadosamente empañetadas con una mezcla
hidráulica de piedras menudas y cierto betun; y sobre ellas

veíase colocada una figura de animal, como leon, tigre, mono, ave, ó culebra de mármol, basalto, ó aun de oro, ó plata, que arrojaba el agua por la boca, ó bien en forma de chorro vertical *(Huraca)*, ó de surtidor horizontal *(Paccha)*. El agua chorreando se conducia por un conducto de metal, ó piedra, á tinajas de oro, plata, ó piedra labrada, una de las cuales está en nuestro poder. Las estancias pequeñas que se ven en estos baños, parecen haber sido destinadas á vestirse, pues las adornaban con estatuas de piedras y metal. Los mas célebres baños eran los termales en *Huamalies*, construidos de piedras labradas con la mayor exactitud é interiormente adornados con sumo lujo. En las mas fuentes termales *(Coñic puquio)*, de que abunda la cordillera peruana, aun en las mas eficaces, no encontramos vestigio de haber sido aprovechados en tiempo de los Incas. [1])

Los palacios reales, ó *Inca huasi*, cuyo número desde el Cuzco hasta Quito ascendia á mas de doscientos, habiéndolos no solo en las capitales de provincia, y aun en las ciudades de menor importancia, sino tambien en sitios amenos retirados

---

[1]) Insertaremos aquí la temperatura de algunos termales que eran conocidos de los Incas.

Baños de Caxamarca, 129,7 F.

Baños de Huamalies: Baños de Chavin de Huanta 112° F. Aire 52° F.

Baños de Huallanca 123° F. y 158° F.

Baños de vapor de Aguamiro, cañon de 14 varas 124° F., el segundo de 14 varas 118° F. Aire 70° F. á las 2½ de la tarde.

Los de Cono, distante á media legua, 110° F. Aire 68° F.

Yauli en cuatro posos 120° F., 114° F., 110° F., 92° F. Aire 60° F. (sulfúreos).

Baños de Yura de Arequipa en 4 posos 94° F., 90° F., 89° F., 80° F. Aire 68° F. (sulfúreos).

del camino real, fueron en parte muy suntuosos, fabricados de mármoles, ú otras piedras superiormente pulidas; en parte muy sencillos, distinguiéndose de las hosterías reales solo por su destino. De los mas magníficos tenemos noticias, ó por tradicion, ó por sus hermosas ruinas, y hallábanse en Tinta, Lampa, Tiahuanacu, en las islas vecinas de Hatuncolla y de Capachica, en Paucarcolla, en Cuzco, en el hermoso valle de Yucay, en Limatambo, Huamanga, Huanuco el viejo, Chavin, Chachapoya, etc., en Chimu, en Trujillo, y en el reino de Quito en Puncallacta, Callo en la provincia de Latacunga (Humboldt Vues des Cordillères pag. 197, Ulloa Relac. histor. del viaje etc. lib. II, cap. XI), en Hatuncañar y Tomebamba en la provincia de Cañar (Cieça de Leon Crónica cap. XLIIII), y otros. La mayor parte de los palacios en el Norte del Perú y del antiguo reino de Quito, fueron construidos á fines del siglo quince, y á principios del siglo dies y seis, por órden del Inca Huaynacapac que tenia una singular predileccion por las obras arquitectónicas.

Vistos de afuera, no tenian los palacios ni los templos un aspecto imponente, como los Teocalis de Yucatan, pues, aunque ocupaban un espacio muy considerable de terreno, eran bajos, de dos ó dos y medio estados de alto, y afeados por techados rústicos de paja.[1]) Las paredes eran á veces admirables por

---

[1]) Excepcion de esta regla hacia el palacio Amarucancha, edificado por órden del Inca Huaynacapac. Dice Garcilasso (Coment. real. II, cap. XXXII) que alcanzó a verlo: Era un hermosíssimo cubo redondo, que estava de por sí, ántes de entrar en la casa. Las paredes eran como de cuatro estados en alto, pero la techumbre tan alta que igualava en altura á qualquiera torre de la que en España he visto (?!), sacada la de Sevilla.

la union artificial y pulida de las piedras de sillería, pero demasiado sencillas, careciendo de columnas, cornisas, relieves y otros ornamentos arquitectónicos. La entrada de estos edificios consistia en una abertura muy ancha en la pared, en direccion al Este; ó en un portal cubierto por encima con vigas embaldosadas, con losas, pero jamas con arcos. Es un error general de los mas historiadores, tanto antiguos como modernos, pretender, que los arquitectos peruanos no habian alcanzado la construccion de arcos y bóvedas, pues en muchas Huacas de piedras se observan bóvedas muy superiormente construidas. Segun todas las apariencias usaban del mismo proceder para hacerlas, que los albañiles indios en el dia emplean para la construccion de bóvedas pequeñas en los hornos de fundicion, esto es, llenando el espacio con champas, formando una convexidad, y abovedándolas luego con cal y canto. En algunos edificios mayores se encuentran tambien vestigios de arcos, pero cierto es que su aplicacion era bastante limitada [1]).

---

[1]) Stephens en sus viages á Yucatan en 1843, dice al hablar del arco de San Francisco de Mérida:

„Pero este convento contiene un resto mucho mas interesante que todo lo que á su ruina atañe, que transporta al espectador á siglos remotos, y conserva la historia de una caida mas imponente y. mas lúgubre.“

„Uno de los claustros bajos que se dirigen desde el norte bajo los dormitorios principales, consiste en dos corredores paralelos, de los cuales el inferior se halla enfrente del patio principal, y posee ese arco importante, á qué tanto he aludido en mis primeros volúmenes: ambos lados se elevan en busca uno de otro, y se hallan cubiertos interiormente como un pie, para formar el eje con una superficie de piedras largas y llanas.“

„Aquí no cabe error acerca del carácter de este arco; no se puede admitir, ni aun momentáneamente suponerse, que los Españoles construyeron una cosa tan diferente de las reglas conocidas.de su arquitectura, y no admite duda que formaba parte de esos misteriosos monumentos que tanto han dado que cavilar, cuya fundacion ha sido atribuida á los

La arquitectura interior de los palacios ofrecia mas complicacion é interés. Algunas salas grandes y una multitud de compartimentos pequeños occupaban el espacio del edificio; las habia con comunicacion entre sí por puertas intermedias, pero las mas tenian solo una puerta hácia el patio cercado del edificio. Los muros estaban á veces tallados, ofreciendo ornamentos arquitectónicos muy bien ejecutados, y número de nichos grandes, y pequeñas tablillas en forma de estantes. En los palacios mas suntuosos veíanse las paredes cubiertas con planchuelas de oro y plata, y aun el suelo de algunos de los cuartos principales se mostraba forrado de estos metales, lo que fué una de las causas principales de su destruccion, habiéndolos derribado los Españoles, para apoderarse de materia tan solicitada. En otros notábase el suelo adornado con sobrepuestos de mármoles de diferentes colores como obra mosaica. En los nichos hallábanse colocadas estatuas de oro y plata, figurando hombres y toda clase de animales. „Contrahazian yervas y plantas de las que nacen por los muros y las ponian por las paredes que parecian aver nacido en ellas. Sembravan las paredes de lagartijas y mariposas, ratones, culebras grandes y chicas, que parecian andar subiendo y baxando por ellas." (Garcilasso de la Vega Com. real. lib. VI, cap. I.)

Los m o n a s t e r i o s de las vírgenes del Sol, ó *Pasña huasi*, eran edificios muy vastos, parecidos á las hosterías reales, y cercados de murallas altas. Su número en todo el reino ascendia á

---

pueblos mas remotos del antiguo continente, y á razas perdidas, exterminadas, ó desconocidas. "

Hemos copiado este fragmento para mayor prueba de nuestro intento que los Indios no desconocieron el modo de construir el arco.

veinte ó veinte y cinco, y algunos encerraban, inclusas las criadas, hasta mil personas.

Los templos, edificios mas suntuosos, presentaban mejores pruebas de la arquitectura peruana, y sobretodo los que estaban dedicados al Supremo Númen, el Sol. Se puede dividir estos en tres clases: los del primer órden contenian siete secciones comunicándose interiormente. La parte principal, con una puerta ancha hácia el levante, ocupando el medio del edificio, estaba dedicada al Sol, ó *Inti*, y era la mas rica en su dotacion interior; la segunda seccion estaba destinada á *Mama Quilla*, ó la luna; la tercera á las estrellas, ó *Coyllur*; la cuarta al *Illapa*, ó rayo; la quinta al arco iris, ó *Ckuichi*; la sexta al *Huillac Umu*, ó sumosacerdote, y á las asambleas de los sacerdotes Incas, para deliberar sobre los sacrificios y todo lo concerniente al servicio del templo; y en fin la séptima era una sola pieza extensa, para alojar los encargados del culto que cumplian con el servicio alternativo de la semana. Ademas de estas contábanse cantidad de estancias pequeñas para los sacerdotes y personas empleadas.

Los templos del Sol de segundo órden contenian solo dos partes principales; la del astro tutelar y la de la luna; y en los de tercero faltaba aun la capilla dedicada á este astro.

Para formar una idea de la magnitud y hermosura de los templos de primer órden, daremos aquí la descripcion del templo del Sol en Cuzco, valiéndonos de las relaciones de los cronistas antiguos, contemporáneos á la conquista, habiendo quedado en el lugar, donde en el dia está el convento de los frailes domínicos, solo algunos fragmentos, como tristes reliquias de una de las mas hermosas obras arquitectónicas del nuevo mundo (véase la lám. LI).

Ocupaba este templo, llamado *Inti huasi*, ó casa del Sol, un recinto considerable; „tenia, dice un antiguo autor, en circuito mas de cuatrocientos pasos, todo cercado de una muralla fuerte, labrado todo el edificio de cantera muy escelente de fina piedra, muy bien puesta y assentada, y algunas piedras eran muy grandes y sovervias; no tenian de tierra, ni cal, sino el betun con que ellos suelen hazer sus edificios; y están tan bien labradas estas piedras que no aparece mescla ni juntura alguna."

„En toda España no he visto cosa que pueda comparar á estas paredes y postura de piedra, sino á la torre que llaman la Calahorra, que está junta con el puente de Córdoba, y á una obra que ví en Toledo, cuando fui á presentar la primera parte de mi crónica al príncipe D. Felipe." (Sarmiento Relacion MS. Cap. XXIV, en Prescott Conq. of Peru Book I, Chap. III.)

En el alto de la pared que no superaba dos estados, habia al exterior una especie de faja, ó cornisa de oro, de palmo y medio de ancho, embutida en las piedras (l. c.).

La parte principal, dedicada al Sol, tenia una puerta grande en la pared del Este. Cubrian su techo lienzos de algodon primorosamente tejidos, con bordados de diversos colores que tapaban muy vistosamente el aspecto interior del techado de paja. Una cenefa de oro, como la del lado externo, bordaba la juntura del techado con los muros. Todas las paredes estaban tapizadas de planchas de oro y tablones del mismo metal, que servian de puertas. En la pared del poniente, enfrente de la portada, veíase colocada la imágen del Sol, hecha de una plancha gruesa de oro, con rostro humano y muchísimos rayos, ricamente engastada con esmeraldas, y otras piedras preciosas[1]). En ambos lados de la imágen se hallaban los cadáveres embalsamados de los difuntos Incas, cada uno sentado sobre su tiana, ó trono de oro.

En comunicacion con esta parte principal habia una cuadra grande de piedras pulidas, adornada solo en el alto con una cenefa de oro que servia de vestíbulo á cinco capillas. La mayor de ellas era dedicada á la luna, cuya imágen de plata con rostro de muger, se presentaba en uno de los lienzos. Las paredes y la puerta hallábanse cubiertas de planchas de plata; las momias de las mugeres legítimas de los Incas estaban puestas á un lado y otro de la luna, como los Incas, sus Señores, á ambos lados del Sol. La segunda capilla, dedicada á las estrellas, semejante á la de la luna, tenia su puerta de oro, y los lienzos del techo de tejidos azules, con labores amarillos, en forma de estrellas. En la tercera capilla, dedicada al Yllapa, las paredes eran de oro, como en la cuarta, dedicada al arco iris que se veia pintado con colores muy vivos en una de las paredes. Junto á estas capillas notábase un recinto igualmente con las paredes forradas de oro, destinado como una especie de sacristía al Huillac-Umu, y de sala de conferencia de los sacerdotes mayores.

Garcilasso de la Vega dice como testigo ocular (Com. real. I, lib. III, cap. XXII): „De las cinco quadras alcançé las tres, que aun estauan en su antiguo ser de paredes y techumbre.

---

[1]) Segun los P. P. Acosta y Calancha (Crónica moralisada) este sol de oro cupo en suerte á uno de los mas valerosos conquistadores, al Capitan D. Mancio Sierra de Leguizano, que le jugó en una noche y le perdió ántes que amaneciese, por lo que quedó en el Perú el ordinario refran, cuando de algun jugador quieren hacer gran ponderacion: juega el Sol ántes que salga.

Solo les faltauan los tablones de oro y plata: las otras dos que eran la quadra de la luna, y de las estrellas, estauan ya derribadas por el suelo. En las paredes destos aposentos que mirauan al claustro, por la parte de afuera, en el gruesso dellas auia en cada lienço quatro tabernáculos, embeuidos en las mismas paredes labradas de cantería, como eran todas las demas de aquella casa, tenian sus molduras por las esquinas y por todo el hueco del tabernáculo, y conforme á las molduras que en la piedra estauan hechas, así estauan aforrados con tablones de oro, no solo las paredes y lo alto, mas tambien el suelo de los tabernáculos. Por las esquinas de las molduras auia muchos engastes de piedras finas, esmeraldas y turquesas; que no vuo en aquella tierra diamantes, ni rubies. Sentáuase el Inca en estos tabernáculos, quando hacian fiestas al Sol, unas veces en un lienço y otras en otro, conforme al tiempo de la fiesta."

Todo lo relativo para el servicio del Sol, era de oro y plata, como ya mas adelante hemos mencionado. Las viviendas de los sacerdotes y hasta las de sus criados estaban ricamente adornadas de estos metales preciosos. ¿Quien podrá admirarse que los mismos Peruanos llamasen al barrio de este inmenso edificio, en que cerca de cinco mil empleados se encontraban acomodados, *Coricancha*, ó barrio de oro?

En las provincias habia muchos templos en su construccion semejantes al de Cuzco, pero ninguno que le superase en riquezas, ni le igualase. Muy suntuosos eran los de *Huillca*, de *Tumpez*, de *Tomepampa*, de *Hatun Cañar* y de *Quito*, y varios otros, pero nos falta todo criterio para hacer una comparacion aproximativa entre ellos.

De los otros santuarios no dedicados á la Deidad tutelar, exceptos aquellos de que en el capítulo siguiente hablaremos, merece por su construccion arquitectónica nuestra atencion, el que el Inca *Viracocha* mandó construir, y que Garcilasso de la Vega (l. c. lib. V, cap. XXII) describe del siguiente modo: „El Inca Viracocha mandó hazer en un pueblo, llamado Cácha que está diez y seys leguas al Sur de la ciudad del Cozco, un templo á honor y reuerencia de su tio, el fantasma que se le apareció. Mandó que la hechura del templo imitasse, todo lo que fuesse possible al lugar donde se le apareció: que fuesse (como el campo) descubierto, sin techo, que le hiziessen una capilla pequeña cubierta de piedra, que semejasse al cóncauo de la peña donde estuuo recostado, que tuuiesse un soberado alto del suelo, traça y obra diferente de toda quanta aquellos Yndios ántes, ni despues hizieron: porque nunca hizieron casa, ni pieça con soberado. El templo tenia ciento y veynte piés de hueco en largo, y ochenta en ancho: era de cantería pulida, de piedra hermosamente labrada, como es toda la que labran aquellos Yndios. Tenia cuatro puertas á las quatro partes principales del cielo; las tres estauan cerradas, que no eran sino portadas para ornamento de las paredes. La puerta que miraua al oriente, seruia de entrada y salida del templo; estaua en medio del hastial, y porque no supieron aquellos Yndios hazer bóueda para hazer soberado encima della, hizieron paredes de la misma cantería, que seruiessen de vigas, porque durassen mas que si fueran de madera: pusiéronlas á trechos, dexando siete piés de hueco entre pared y pared, y las paredes tenian tres piés de maciço; eran doze los callejones, que estas paredes hazian. Cerraronlos por lo alto, en lugar de tablas, con losas de á diez piés en largo, y media vara de alto, labradas á todas seys hazes. Entrando por la puerta del templo, boluian á mano derecha por el primer callejon, hasta llegar á la pared de la mano derecha del templo, luego boluian á mano yzquierda por el segundo callejon, hasta la otra pared. De allí boluian otra vez sobre mano derechá por el tercer callejon, y desta manera (como van los espacios de los renglones desta plana) yuan ganando todo el hueco del templo de callejon en callejon hasta el postrero, que era el dozeno: donde auia una escalera para subir al soberado del templo.“

„De frente de cada callejon á una mano y otra, auia ventanas como saeteras, que bastantemente dauan luz á los callejones: debajo de cada ventana auia un vazio hecho en la pared, donde estaua un portero sentado, sin ocupar el passo del callejon. La escalera estaua hecha á dos aguas, que podian subir, y baxar por la una vanda, ó por la otra; venia salir lo alto della de frente del altar mayor.“ De este altar y de la estatua de la Deidad hemos hablado ya en el capítulo octavo.

Cieça de Leon en su crónica hace mencion de algunos templos interesantes, dedicados á otras Deidades, como el de la isla *Lampuna*, consegrado al terrible *Tumpal*, Dios de la guerra, fabricado de piedras negras, con las paredes cubiertas de esculturas y pinturas horrorosas; en el interior todo oscuro, con una ara grande en el medio, sobre la cual ofrecian los sacerdotes sacrificios humanos. Otro templo en la provincia de *Manta* se hallaba dedicado al Dios de la salud *Umina*, y se distinguia por su arquitectura y sus riquezas.

El sistema de fortificaciones de los antiguos Peruanos es admirable y atestigua sumo grado de inteligencia. Por todo el imperio hasta el Norte de Quito, habia innumerables fortalezas, ó *Pucaras* tan ventajosamente colocadas que la eleccion de los sitios, donde fueron fabricadas, haria honor á ingeniores de hercotectónica moderna (las de Pativilca, Huaraz, Conchucos). La construccion era, en consideracion á las armas que usaban en aquellos tiempos, sumamente fuerte, á veces sencilla, á veces con mucho arte, y siempre con aprovechamiento ingenioso de las ventajas que ofrecia el terreno. Algunas estaban fortificadas con baluartes, rodeadas de fosos, y las murallas guarnecidas de parapetos. La mayor de todas las fortalezas era la de la capital del imperio, y bien se puede llamarla una de las obras arquitectónicas mas maravillosas de la fuerza brutal del hombre.

La tradicion refiere que se comenzó su construccion á fines del siglo catorce, ó á principios del siglo quince de nuestra era, bajo el reinado del Inca Pachacutec, ó de su hijo Yupanqui, y aun se conservan los nombres de los arquitectos *Apu Huallpa Rimachi, Inca Maricanchi, Acahuana Inca* y *Callacunchuy*, que dirigieron sucesivamente la obra. Estaba edificada en un aspero cerro, llamado *Sacsahuaman*, un poco al Septentrion de la capital, y hallándose el declive del cerro hácia este lado muy escarpado, lo defendia solo una muralla (las láminas III. y II.) bastante alta, y de mas de mil piés de largo; pero hácia el Norte que la ladera se pierde suavemente en el llano, y era el punto mas fácil de ataque, contábanse tres muros, uno en pos de otro, y con ángulos salientes de mas de veinte varas, en media luna, juntándose con la muralla del Sur, tan largos como esta, construidos del modo ciclópeo, esto es, las piedras poliangulares se encajaban sin argamasa perceptible, íntimamente unas sobre otras. Estas mismas masas eran brutas, y solo en las junturas y como el ancho de una mano de los bordes adentro pulidamente labradas; así es que los listones bruñidos de las junturas, en medio de la masa total, presentaban un aspecto muy vistoso. Asombroso es el tamaño extraordinario de las piedras que componian estas murallas, principalmente de la mas externa, pues habia entre ellas algunas que tenian cincuenta piés de largo, veinte y dos de alto, y seis de ancho. Cada muralla se hallaba distante de la siguiente como treinta piés, y el espacio intermedio terraplenado hasta lo alto de la cerca, y casi en medio de cada una notábase una puerta con una losa levadiza para cerrarla. Llamaban la de la primera cerca *Tiu puncu* (la puerta del arenal); la de la segunda *Acahuana puncu* (la puerta del arquitecto Acahuana), y la de la tercera *Viracocha puncu* (la puerta del Inca Viracocha). Un parapeto de medio cuerpo de alto guarnecia cada muralla. En la plaza oblonga, cercada de estas, habia tres fuertes en forma de fortines grandes, de los cuales el mayor en el medio, llamado *Moyoc marca* (torre redonda), era en efecto cilíndrico, y los dos á las extremidades de la plaza *Paucar marca* y *Sacllac marca*, cuadrados. La Moyoc marca tenia por destino recibir la familia del Inca, y los tesoros de los palacios reales y del templo del Sol en tiempos de guerra, y ser lugar de recreo para el Inca en ciertos festejos durante la paz. Su aparato interno era correspondiente al de los palacios, todo de oro y plata. Los dos fuertes cuadrados eran de igual construccion, con muchos compartimentos grandes y pequeños, para alojar la guarnicion. Estos fortines se hallaban en comunicacion subterránea unos con otros, así como tambien con los palacios reales, y con el templo del Sol de la ciudad.

Tales trabajos subterráneos eran segun la tradicion muy ingeniosos: de ordinario tenian cuatro piés de ancho y un estado de alto, pero en ciertos trechos se engolfaban, y habia en las paredes piedras puntiagudas de modo que un hombre solo podia pasar por enmedio de ellas, ó bien su altura se disminuia tanto que solo á gatas era posible el tránsito. Todo esto era con el objeto de poder salvar los tesoros de la ciudad á la fortaleza, é imposibilitar una persecucion enemiga, pues detras de cada estrechura veíase una capacidad bastante ancha para defender el paso contra un ejército entero. La historia nos recuerda el valor y constancia con que la defendieron en tiempo de Hernan Pizarro, y la presencia de ánimo de aquel capitan que con maza en mano recorria sus líneas, escarmentando al Indio que no permanecia en su puesto, sin embargo de estar herido, y mordiendo las murallas, cual otro Numantin, se precipitó al abismo prefiriendo perecer que quedar cautivo del fiero vencedor.

Cuentan que el apóstol Santiago apareció durante el sitio, decidiendo la accion; y desde aquel entónces tienen los indígenas la mayor veneracion por este Santo, cuyas fiestas son solemnemente celebradas en todo el interior del Perú.

En el dia hay en el cerro de Sacsahuaman tres cruces de madera (véase la lámina IL) y á algunos pasos mas se nota una escalera que desciende hasta la ciudad. A poca distancia de la fortaleza hay un gran trozo de roca amfibólico con una inclinacion muy notable, conocido por el nombre de piedra lisa del rodadero, que servia y aun sirve á los habitantes de diversion, dejándose resvalar así como en algunos jardines rusos, habiéndose formado una especie de concavidad en medio, seguramente por tanta frotacion, como se puede ver en la lámina LI, en que se nota un individuo en acto de rodar [1]).

---

[1]) En otros lugares tienen tambien estos rodaderos de piedras lisas y arena muy fina.

Cada fortaleza tenia su carácter especial: las mas célebres eran las de *Calcahilares*, de *Huillcahuaman*, de *Huanuco el viejo*, del *Chimu* en Mansiche, de *Hatun Cañar*, de *Coranqui* y otras. La pequeña fortaleza de *Huichay*, á dos leguas de Tarma, que defiende la entrada de este valle, era de una construccion muy particular. Su entrada por un agujero, en que se nota una pared hecha de pequeñas piedras, conducia á una galería que se dirigia á la fortaleza. Al pie del declive habia un foso profundo, y tras de este, un baluarte de catorce piés de alto, flanqueado de tres almenas. Un ancho sótano, tal vez natural, conducia de esta fortaleza, por el medio del cerro, hasta Tármatambo, en que se admiraba un gran palacio, cuyas ruinas aun llaman la atencion del viagero. En el sótano habia muchas viviendas, que en tiempos de guerra servian de graneros, y de habitaciones á la poblacion inmediata.

En las cercanías del fuerte, benefician en el dia los Huancas salitre para la fabricacion de pólvora; y á consecuencia de excavaciones ha sido destruido de modo que en pocos años no se conocerá el sitio de tan interesante monumento.

„En el valle de Yucay, á cuatro leguas del Cuzco, tenian los Incas grandes edificios y una fortaleza entre rocas inexpugnables, y al rededor del cerro terrados, ó andenes, donde sembravan mucho maiz; tenian tambien en las murallas figuras labradas de leopardo y otros animales, sosteniendo los troféos de sus conquistas. Entre la mezcla de las piedras bien asentadas, se encontró oro derretido, y se presume que este fué vertido en memoria de las hazañas de algun príncipe, como se hacia en tiempo de los Romanos."

La hidrotecnia de los antiguos Peruanos merece nuestra atencion tanto como su arquitectura. Fabricaban acequias descubiertas, llamadas *Rarccac*, y acueductos subterráneos, *Pinchas*, ó *Huircas*, de asombrosa estension, venciendo todas las dificultades que les oponia la naturaleza, con sumo arte, con objeto de fertilizar los campos áridos. En muchas comarcas y principalmente en aquellas, donde las quebradas de la Sierra se ensanchan en la Puna, por ejemplo los altos mas allá de Tarma-tambo en el camino de Tarma á Jauja, y en la misma quebrada de Jauja, se encuentra una cantidad considerable de campos cuadrados, casi todos del mismo ancho, y cercados cada uno de una pequeña pared de piedras. Están actualmente cubiertos de yerbas de la Puna, ó inútiles para el cultivo. Tales eran los *Topus* que los súbditos del inmenso reino recibian para el sustento de sus familias. Hallábanse en aquel tiempo regados por acueductos de admirable construccion hidráulica, y de este modo buenos para la agricultura. Pero los Españoles destruyeron estos conductos y secándose las arcas artificiales de agua, se ha negado en seguido la tierra á producir el mas pequeño fruto. Como una gran parte de aquellos pasadizos eran subterráneos, no es posible descubrirlos; mas se sabe que muchos de ellos contenian caños de oro, que los conquistadores consideraron como apatecible botin. El trecho mas considerable de estas acequias que se ha conservado íntegro, se encuentra en el valle de *Nasca*, que debe su rara fertilidad para el cultivo de la vid, solo al agua que le llevan los pinchas de los antiguos; y en las inmediaciones de Cajamarca se ve todavía una de esas acequias escavadas en las montañas, que da salida á las aguas de una laguna, y lo mismo en la planicie que conduce al cerro de Pasco, teniendo su orígen en el rio que está cerca de Huallay. Los acueductos subterráneos se hallaban revestidos de losas exactemente unidas, de cuatro ó seis piés de largo, y como de tres piés de alto; su altura interior desde el plan hasta el techo era de seis ú ocho piés.

Garcilasso de la Vega (Com. real. I, lib. V, cap. XXIV) habla de dos acequias: una, hecha por el Inca Viracocha, que empezando en los altos de las Sierras que hay entre *Parco* y *Picuy*, corria hasta los *Rucanas*, mas de ciento y veinte leguas; otra atravesaba casi todo *Contisuyu*, y corria del Sur al Norte mas de ciento y cincuenta leguas por lo alto de las Sierras mas escarpadas, y salia á los *Quechuas*.

Añade este autor: „Puédense ygualar estas acequias á las mayores obras que en el mundo ha auido, y darles el primer lugar, consideradas las sierras altíssimas por donde las lleuauan, las peñas grandíssimas que rompian sin instrumentos de azero ni hierro, sino que con unas piedras quebrantauan otras á pura fuerza de brazos, y que no supieron hazer zimbras, para sobre ellas armar arcos de puentes, con que atajar las quebradas y los arroyos. Si algun arroyo hondo se le atravessaua, yvan á descabeçarlo hasta su nacimiento, rodeando las sierras todas que se le ofrecian por delante.“

Los puentes que construian los antiguos Peruanos sobre riachuelos y rios caudalosos, eran muy sencillos y sin arte arquitectónico, pero muy adecuados á los violentos torrentes que no permitian fabricar cimientos para arcos, y que aun destruian los mas sólidos, si se conseguia el arte de fijarlos en su cauce. En la parte mas angosta de cada orilla de los rios, construian estribos de piedras medianas, juntadas con mezcla de betun y yeso, y aseguraban en ellos cinco ó seis vigas muy fuertes, á las cuales ataban tres maromas bien gruesas de vejuco, ó cabuya, poniendo sobre ellas palos atravesados, y cubriéndolas con ramas, piedras menudas y arena, para formar un piso só- lido: á ambos lados pasaba de un extremo á otro una maroma que servia de agarradero. A veces se servian de peñas vivas por estribos, como se ve en el famoso puente del Apurimac.

El dibujo del puente de Ollantaytambo que conduce del pueblo á los castillos, demostrará á nuestros lectores esta construccion.

Los que aun existen del tiempo de los Incas, son los de la laguna de Lauricocha, en el departamento de Junin, y el de la Compuerta, departamento de Puno. Ambos se componen de una roca micácea y calcárea, con lajas de 2 y 3 varas sobre los estribos, dejando un conducto como de $^3|_4$ de ancho, y de $1^1|_2$ á 2 de alto. Los estribos son muchos, anchos y poco elevados, sin la menor argamasa. [1])

Tanto esta clase de puentes, como los que consisten en una sola maroma, á la cual se amarra el viagero y las cargas en un cesto que cuelga de una argolla, la cual se tira con sogas de una parte á otra, están todavía en uso, lo cual atestigua su utilidad.

No podemos ménos, ántes de concluir este capítulo, de hacer una ligera observacion sobre el dictámen de un distinguido historiador del siglo pasado, acerca de las obras de arte de los antiguos Peruanos. El célebre filósofo francés Raynal, dice en su obra muy conocida[2]): „Es preciso dejar entre las fábulas esa prodigiosa cantidad de ciudades fabricadas con tanto cuidado y tantos gastos; esos magestuosos palacios destinados á alojar los Incas en los lugares de su residencia y en sus viages; esas fortalezas que se hallaban diseminadas por todo el imperio; esos acueductos y arcadas comparables á la magnificencia que nos ha dejado la antigüedad; esos soberbios caminos que hacian la comunicacion tan fácil; esos puentes tan ponderados, esos maravillosos atributos de los quipus que reemplazaban el arte de escribir desconocido de los Peruanos."

Esta sentencia arbitraria, sostenida con las razones mas vagas, no se puede caracterizar de otro modo que por una emanacion del escepticismo de un publicista que sacrificaba

---

[1]) El célebre puente de pura arena entre Arequipa y Vitor se asegura haber sido construido tambien en tiempo de los Incas.

[2]) Histoire philosophique et politique des etablissements et du commerce des Européens dans les deux Indes, por Guillaume Thomas Raynal. 1783. liv. 17, pag. 310 — 315.

toda verdad histórica á sus preocupaciones, y espíritu de partido. El famoso historiador Robertson, sin duda bajo el influjo de su antecesor francés, profesa la misma opinion, aunque la propala con ménos arrogancia.

Felizmente las ruinas de los monumentos, cuyos maravillosos recuerdos deslumbran la prosáica imaginacion de los citados autores, probarán á los siglos remotos la veracidad de los historiadores antiguos, y mostrarán la nulidad orgullosa de ciertos filósofos, que juzgaron la verdad histórica al nivel de sus especulaciones erróneas.

CAPITULO DECIMO.

Monumentos antiguos.

De todos los monumentos antiguos, cuyas ruinas llaman nuestra atencion, no hay ninguno que haga una impresion mas profunda por su carácter asombroso, su inmensa extension y el trabajo al parecer imposible que costó su construccion, como los caminos reales que atravesaban todo el ímperio del Sur al Norte: uno por lo alto de las cordilleras, venciendo admirablemente las dificultades que opone la naturaleza, otro bajando de Cuzco á la costa, y siguiendo un rumbo hácia el Norte. Recorriendo algunos centenares de leguas, de estas vias gigantescas abandonadas en el dia, y recordando las relaciones de autores que alcanzaron á verlas en buen estado, poco tiempo despues de la conquista, no podemos ménos de admirar el plan tan vasto de su autor, la constancia y poder de los Incas para llevarlo al cabo, y la paciencia de pueblos para soportar fatigas y privaciones, como las que indudablemente arrastraron. Establecer estas vias en desiertos, sobre arenas movedizas en que reverberan los rayos ardientes del sol; romper rocas; allanar farallones sin herramientas, sin pólvora y sin instrumentos de direccion, en serranías cubiertas de escarchas eternas; rellenar profundas quebradas y espantosos precipicios, rios, lagunas y pantanos, es empresa en el estado actual de nuestros conocimientos y medios de accion, digna de la mas civilizada nacion de nuestro siglo.

Para dar una idea mas exacta de estos caminos, nos valdremos de la descripcion de autores imparciales.

Juan de Sarmiento, Presidente del consejo real de Indias, dice en su Relacion de la sucesion y govierno de los Incas, conservada en manuscrito en la biblioteca del Escurial, sobre el camino de la Cordillera: „Una de las cosas de que yo mas me admiré, contemplando y notando las cosas de estos reynos, fué pensar, como y de que manera se pudieron hazer caminos tan grandes y soueruios como por el vemos, y que fuerzas de hombres bastaran á los hazer, y con que herramientas y instrumentos pudieron allanar los montes y quebrantar las peñas, para hazerlos tan anchos y buenos como están; porque me parece, si el Emperador quisiesse mandar hazer otro camino real, como el que ba del Quito al Cuzco, ó sale del Cuzco para ir á Chile, ciertamente creo, con todo su poder, para ello, no fuesse poderoso, ni fuerzas de hombres lo pudiessen hazer, sino fuesse con la órden tan grande que para ello los Ingas mandaron que hubiesse: porque si fuera camino de cincuenta leguas, ó de ciento, ó de doscientos, es de creer que, aunque la tierra mas áspera, no se tubiera en mucho con buena diligencia hazerlo: mas estos eran tan largos que havia uno que tenia mas de mil y cien leguas, todo hechado por sierras

tan grandes y espantosas, que por algunas partes mirando
abajo se quitaba la vista, y algunas de estas sierras derechas
y llenas de piedras, tanto que era menester cavar por las
laderas en peña, para hazer el camino ancho y llano, todo lo
qual hazian con fuego y con sus picos; por otros lugares
havia subidas tan altas y ásperas, que hazian desde lo bajo
escalones, para poder subir por ellos á lo mas alto, haziendo
entre medios de ellos algunos descansos anchos para el reposo
de la gente; en otros lugares havia montones de nieve que
eran mas de temer, y estos no en un lugar, sino en muchas
partes, y no así como quiera, sino que no bá ponderado ni
encarecido como ello es, ni como lo bémos, y por estas nieves, y por donde havia montañas, de árboles y céspedes, lo
hazian llano y empedrado, si menester fuere. Los que leyeron
este libro, y hubieran estado en el Perú, miran el camino que
ba desde Lima á Xauxa por las sierras de Guayacoire y por
las montañas nevadas de Pavacaca, y entenderán los que á
ellos lo oyeron, si es mas lo que ellos vieron, que no lo que
yo escrivo."

Pedro Cieça de Leon escribe del camino de la Sierra
(crónica cap. XXXVII): „De Ipiales se camina hasta llegar á
vna provincia pequeña, que ha por nombre de Guaca: y ántes
de llegar á ella, se vee el camino de los Ingas, tan famoso
en estas partes, como el que hizo Anibal por los Alpes, quando
abaxó á la Italia. Y puede ser este tenido en mas estimacion,
assí por los grandes aposentos y depósitos que auia en todo el,
como por ser hecho con mucha dificultad por tan ásperas y frago-
sas sierras, que pone admiracion verlo." Del camino de la costa
habla este autor mas circunstanciadamente en el capítulo sesenta
de la crónica: „y e este lugar daré noticia del gran camino

que los Ingas mandaron hazer por mitad dellos (de los llanos):
el qual aunque por muchos lugares está ya desbaratado y deshecho, da muestra de la grande cosa que fué, y del poder de
los que lo mandaron hazer. Guaynacapa y Topaynga Yupangue
su padre fueron, á lo que los Indios dizen, los que abaxaron por
toda la costa, visitando los valles y prouincias de los Yungas:
aunque tambien cuentan algunos dellos que Inga Yupanque ahuelo
de Guaynacapa y padre de Topaynga, fué el primero que vió
la costa; los Caciques y principales por su mandado hizieron vn
camino tan ancho como de quinze piés: por una parte y por
otra del yua vna pared mayor que vn estado, bien fuerte, y
todo el espacio deste camino yua limpio y echado por debaxo
de arboledas: y destos árboles por muchas partes cayan sobre
el camino ramos dellos llenos de frutas, y por todas las flores-
tas andauan en las arboledas muchos géneros de páxaros y
papagayos y otras aues. En cada uno de estos valles auia para
los Ingas aposentos grandes y muy principales, y depósitos para
proueymientos de la gente de guerra: porque fueron tan temidos
que no osauan dexar de tener gran proueymiento: y si faltaua
alguna cosa, se bazia castigo grande: y por el consiguiente si
alguno de los que con él yuan de una parte á otra, era osado
de entrar en las sementeras, ó casas de los Indios, aunque el
daño que hiziessen no fuesse mucho, mandavan que fuesse muerto.
Por este camino durauan las paredes que yuan por una y otra
parte del, hasta que los Indios con la muchedumbre de arena
no podian armar cimiento: desde donde, para que no se errasse, y
se conosciesse la grandeza del que aquello mandaua, hincauan
largos y cumplidos palos á manera de vigas de trecho á trecho:
y assí como se tenia cuydado de limpiar por los valles el camino
y renouar las paredes, si se ruynauan y gastauan, lo tenian

en mirar, si algun horcon, ó palo largo de los que estauan en los arenales se caya con el viento, de tornarlo á poner. De manera que este camino, cierto fué gran cosa, aunque no tan trabajoso como el de la sierra."

El contador D. Agustin de Zarate habla así de los dos caminos (Descubr. y conquista lib. I, cap. XIII): Quando este Guaynacava fué desde la ciudad del Cozco con su exército á conquistar la provincia de Quito, que ay cerca de quinientas leguas de distancia, como yua por la sierra, tuuo grande dificultad en el passage por causa de los malos caminos y grandes quebradas y despeñaderos que auia en la sierra por do yua. Y assí pareciéndoles á los Yndios, que era justo hazerle camino nueuo por donde boluiesse victorioso de la conquista, porque auia sujetado la prouincia, hizieron vn camino por toda la cordillera, muy ancho y llano, rompiendo é ygualando las peñas donde era menester, é ygualando y subiendo las quebradas de manposteria tanto que algunas veces subia la lauor desde quinze y veynte estados de hondo, y assí dura este camino por espacio de las quinientas leguas."

„Y dizen que era tan llano, quando se acabó, que podia yr una carreta por él, aunque despues aca con las guerras de los Yndios y de los Christianos, en muchas partes se han quebrado las manposterias destos passos por detener á los que vienen por ellos que no puedan passar. Y verá la dificultad desta obra quien considerare el trabajo y costa que se ha empleado en España en allanar dos leguas de sierra que ay entre el Espinar de Segouia y Guadarrama, y como nunca se ha acabado perfectamente con ser passo ordinario, por donde tan continuademente los Reyes de Castilla passan con sus casas y Corte todas las vezes que van ó vienen del Andaluzia, ó del reyno de Toledo á esta parte de los puertos. Y no contentos

con auer hecho tan insigne obra, quando otra vez el mismo
Guaynacaua quiso boluer á visitar la provincia de Quitu, á que
era muy aficionado por auerla él conquistado, tornó por los llanos y los Yndios le hizieron en ellos otros caminos de tanta dificultad, como el de la sierra, porque en todos los valles donde
alcança la frescura de los rios y arboledas, que como arriba
está dicho comunmente occupaua una legua, hizieron un camino
que casi tiene quarenta piés de ancho con muy gruessas tapias
del vn cabo y del otro, y quatro ó cinco tapias en alto: y en
saliendo de los valles, continuauan el mismo camino por los
arenales, hincando palos y estacas por cordel, para que no se
pudiesse perder el camino, ni torcer á vn cabo, ni á otro, el
qual dura las mismas quinientas leguas que el de la sierra:
y aunque los palos de las arenales están rompidos en muchas
partes, porque los Españoles en tiempo de guerra y paz hazian
con ellos lumbre, pero las paredes de los valles se están en el
dia de oy en las mas partes enteras, por donde se puede juzgar
la grandeza del edificio: y assí fué por el vno y vino por el otro
Guaynacava, teniéndosele siempre por donde auia de pasar
cubierto y sembrado con ramos y flores de muy suaue olor.“

    L o p e z d e G o m a r a (Histor. gener. cap. 194) dice:
„Tenian dos vias reales desde la cuidad de Quito hasta la del
Cozco, obras costosíssimas y notabilíssimas: la una por montes y
la otra por la llanuras que se estienden mas de mil millas.
La que yva por la llanura estaua murada por ambos lados y
era ancha veynte cinco piés, con fosos de agua y árboles plantados llamados *molle*. La que yua por los montes era de la
misma anchura de veynte y cinco piés, cortada por las piedras
uiuas y fabricada de piedra y cal: porque verdaderamente, ó
cortauan los montes, ó levantauan los valles por ygualar la uia:

edificio que, al dicho de todos, excedia las pirámides de Egipto y las uias lastricadas de los Romanos y todas las obras antiguas. Guaynacapac la restauró, dilató y concluyó, mas no la hizo toda como pretenden algunos, ni ménos podria haberla acabado en toda su vida. Estas uias uan todas derechas sin uoltear las colinas, los montes, ni los lagos, y tienen para las dormidas ciertos palacios grandes que llaman „tambos", donde se alojan la Corte y el ejército real: los cuales están prouistos de armas; de uituallas, de calzados y de uestidos para las tropas. Los Españoles con sus guerras civiles destruyeron estas uias, cortándolas en muchas partes para impedir el paso los unos á los otros; y los mismos Yndianos las deshizieron por su parte, quando hizieron sus guerras y pusieron asedio á las ciudades del Cozco y Lima, donde estauan los Españoles."

Juan Botero Benes refiere: „Desde la ciudad del Cuzco ay dos caminos, ó calçadas reales de dos mil millas de largo, que la vna va guiada por los llanos, y la otra por los cumbres de los montes, de manera que para hazerlas como están, fué necessario alçar los valles, tajar las piedras y peñascos viuos, y humillar la alteza de los montes. Tenian de ancho veynte y cinco piés. Obra que sin comparacion haze ventaja á las fábricas de Egipto y á los romanos edificios."

El presbitero quiteño D. Juan de Velasco hablando de grandes trechos de la via alta, muy bien conservados, que examinó sobre la montaña de *Lashuay* (Hist. del reino de Quito Tom. II, part. II, pag. 59):

„La anchura que medí en una parte algo deshecha, era cerca de 6 varas castellanas: en otra que conocí no faltarle nada, era de mas de 7 varas, que corresponden á mas de 21 piés, espacio suficiente para que pudiesen andar tres coches juntos. Puede ser que los 25 piés que dice Gomara hayan sido piés de damas; y que los 15 de Robertson con Chieca, hayan sido de gigante. Las partes cortadas y aplanadas en viva piedra, estaban cubiertas, para igualar la aspereza, con la mezcla de yeso y betunes. Las partes térreas y poco firmes, están fabricadas con piedra y cubiertas con la misma mezcla, en la que se observa cierta piedra menudísima, mucho mas gruesa que la arena. En las algo quebradas con las hendeduras de los montes, se levantaba desde muy abajo cimiento de grandes pedrones, fabricado con la misma mezcla. Lo que mas admiré sobre todo, fué que los torrentes de agua que sobrevienen de lo mas alto con las lluvias, habian comido diversas partes poco firmes, por debajo de la via, dejando al aire la calzada, como puente firmísimo de una sola piedra. Tanta era la fuerza de aquella mezcla!"

„La diferencia en la extension de estas vias, único punto en que discuerdan los escritores antiguos (!), proviene de los diversos cálculos de leguas y millas, y de las diversas partes, donde les hacen dar principio hácia el Norte. Comenzaban no en la ciudad de Quito como dicen algunos, sino en la provincia de Dehuaca, un grado mas al Norte, que quiere decir cien millas mas. Desde la ciudad de Quito á la del Cuzco, por la via alta mas breve, se computan 500 leguas de á 4 mil pasos de ley que hacen dos mil millas; por lo que la via alta mas corta es de 2100 millas. La baja tiene muchas mas."

En fin el sabio Humboldt que recorrió parte del camino real de los Incas, lo describe en estos términos en su obra *Ansichten der Natur:* 3. edic. Tom. II, pag. 322.

„Lo que sobretodo aumenta el aspecto severo de los yermos de las Cordilleras, son los restos tan maravillosos como

34

inesperados de una ruta gigantesca, obra de los Incas, que, en una longitud de mas de 250 millas geográficas, hacia comunicar entre sí todas las provincias del imperio. El viagero descubre en diferentes puntos, si bien las mas de las veces á distancias iguales, edificios construidos en piedra bien labrada, especie de caravaneras, llamadas *tambos*, ó *inca-pilca* (de *pirca*, pared). Algunos de estos edificios se hallan guarnecidos de fortificaciones; otros presentan la disposicion de establecimientos de baños con conductos de agua caliente; en fin los mayores estaban destinados á la familia del mismo soberano. Ya, al pie del volcan Cotopaxi, cerca de Callo, habia yo medido y dibujado algunas de esas habitaciones tan bien conservadas que Pedro de Cieça en el siglo décimo sexto, llamaba *Aposentos de Mulalo*. En el paso de los Andes, entre Mausi y Loxa, llamado *Páramo de Assuay*, á 14 millas, 568 piés (camino muy frecuentado en la ladera de Cadlud, casi á la misma altura que el Monte Blanco), tuvimos en la planicie de Pullal, mucha dificultad en hacer caminar á las mulas por un terreno pantanoso, miéntras que nuestra vista se hallaba continuamente fijada en una extension de mas de una milla de Alemania, en los soberbios vestigios de la calzada de los Incas, de veinte piés de anchura, que veíamos estribando sobre profundos cimientos, y empedrada con roca porfírica, piedra de un color oscuro, y bien labrada. Esta ruta es admirable y no va en zaga á las mas imponentes vias romanas que hemos visto en el mediodia de la Francia, en España y en Italia. Añádase á esto que esta obra colosal se halla, segun mis cálculos barométricos, á una elevacion de 12440 piés, que excede de mas de mil piés la altura del pico de Tenerife. A este mismo nivel se encuentran en el Assuay las ruinas del palacio del Inca Tupac-Yupanqui, conocidas bajo el nombre de los „Paredones del Inca". Desde ahí dirígese la calzada al Sud, en la direccion de Cuenca, y fenece en el Cañar, pequeña fortaleza bien conservada, que probablemente remonta al mismo citado Inca Tupac-Yupanqui, ó á su hijo guerrero, Huayna-Capac."

„Aun restos mas hermosos hemos visto de antiguas rutas peruanas, entre Loxa y el rio de las Amazonas, cerca de los baños de los Incas en el Páramo de Chulucanas, no léjos de Guancabamba, y en las cercanías de Iagatambo cerca de Pomahuaca. Los restos del camino de los Incas cerca de Pomahuaca tienen poca elevacion, y me han demostrado mis observaciones que son de 9100 piés inferiores á los del Páramo de Assuay. Segun las latitudes astronómicas, la distancia es, en línea recta, de cuarenta y seis millas geográficas, y la subida excede de 3700 piés la altura del paso del monte Cenis, mas arriba del lago de Como. Algunos de estos caminos empedrados, guarnecidos de piedras chatas, y aun cubiertos en ciertos parages de guijarros y casquijo (caminos macadamizados), atraviesan el llano ancho y árido entre el litoral y la cadena de los Andes, miéntras que otros dan la vuelta al cuello de las Cordilleras. Habia mojones, colocados á intervalos iguales, que indicaban las distancias. Tambien notábanse para pasar por los rios y precipicios, puentes de piedra, ó de cuerdas (puentes de hamaca, ó de maroma); miéntras que acueductos abastecian de agua á las ciudadelas y á los tambos, ó posadas. Estos dos sistemas de caminos iban á pasar al Cuzco, punto central y foco del gran imperio."

Los restos de la via alta que nosotros hemos medido, varian segun los lugares, desde 18 hasta 25 piés castellanos. La via baja

34 *

es de cerca de un pie mas ancha. Las noticias de todos los autores sobre la extension de estas vias son algo exageradas. Cuzco está bajo 13° 30′ 55″ Lat. S., y 74° 14′ 30″ Long. Oe. (Pentlandt), y á la altura de 10676 piés sobre el nivel del mar; Quito bajo 0° 14′ 00″ Lat. S., y 81° 40′ 38″ Long. Oe. (Oltmanns), lo que hace en distancia recta algo mas de trescientas leguas; añadamos por la continuacion del camino de Quito al Norte hasta Dehuaca, y por los rodeos necesarios cerca de cien leguas, y tendremos una extension de 400. El camino bajo, por los dos ángulos que hacia al bajar de Cuzco á la costa, y al subir de ella á Quito, era cerca de 120 leguas mas léjos. Lo que dice Sarmiento de 1100 leguas del camino de la Sierra, es fabuloso, pero estos errores son bien disculpables por aquel tiempo, en que las distancias eran solo aproximativamente calculadas.

Al considerar los mas interesantes monumentos de arquitectura, empezaremos en el Norte por las inmensas ruinas de los palacios del Gran Chimu, de las cuales se halla un hermoso plano en la lámina LVIII del Atlas. D. Mariano E. de Rivero las visitó y las describiremos, sirviéndonos su opúsculo impreso en Lima en 1841, y reimpreso en la Colmena que se publicaba en Londres.

„Se encuentran estas ruinas á la extremidad del valle de Trujillo, y á distancia de legua y media del puerto de Huanchaco. No se sabe á punto fijo la época, en que fué fundada esta poblacion, y solo sí, que en tiempo del Inca peruano Pachacutec que fué el IX Monarca, reinaba en estos valles como soberano Chimu Capac, cuyo nombre propio era Chimu Canchu: que el hijo del Inca, príncipe Yupanqui con un ejército de 30 mil hombres, empezó á hacer la guerra á este Régulo, ó Chimu, quedando vencido su orgullo y aceptado capitulaciones por consejo de sus capitanes, en las que ofrecia adorar al Sol y repudiar sus ídolos patrios que consistian en figuras de peces y animales. En memoria de tal suceso, el Inca mandó construir en el valle de Paramanca unas fortalezas, cuyas ruinas aun se observan en las inmediaciones de Pativilca.

Las ruinas del Chimu comprenden un espacio de tres cuartos de legua, fuera de los grandes cuadros, cuyas paredes son de cascajo amasado con barro, y se presume serian destinados al sembrío, pues aun en el dia se descubren las señales de los surcos.

Desde el pueblo de Mansiche que está á las puertas de Trujillo, se principian á observar las murallas de adobe y los escombros de esta grande poblacion, y á la distancia de una milla de dicho pueblo de indígenas, á mano izquierda del camino para Huanchaco, comienzan los grandes cuadros; sus dimensiones varian en cuanto á lo largo de 200 á 270 varas, y en ancho de 100 á 160; su número puede ser de 7 á 8; se hallan á la parte del Norte de los grandes edificios, ó palacios, cuyo plan se ha trazado en la lámina. Las paredes que circundan estos edificios, son de una solidez considerable, formadas de adobes de 10 á 12 varas, y de ancho 5 á 6, en la parte inferior disminuyendo y terminándose en una vara. Contienen algunos de estos cuadros, Huacas y paredes de salones.

Cada uno de los palacios era circundado por una muralla exterior que los encierra completamente, siendo de advertir que la del primero es sencilla, y doble la del segundo: tienen 5 varas de ancho, 50 de alto, y rematan en una; sus cimientos son de piedra y barro, y lo demas de adobe.

En el primer palacio que es el de mas extension, hay otro
cuadro anotado con la letra A, en el que se encuentran cuartos
de cascajo y barro amasado, enlucidos por dentro, y sus umbrales de piedra de una y media á dos varas de largo, y de
mas de una tercia de grueso; se infiere que estos hayan sido
sepulcros, ó cuartos para las concubinas del Chimu. Hay tambien varias plazas regularmente tiradas á cordel, formando diversas calles, cuyas dimensiones pueden tomarse por la escala
del adjunto plano. La gran excavacion en que se notarán algunas higueras, era el depósito, de donde se surtian los habitantes
del agua necesaria para su consumo, y la que venia por conductos subterráneos (acueductos) desde el rio Moche que se halla
al NE. distante como dos millas. Tiene este palacio dos entradas opuestas y situadas al medio de los lados laterales. Al E.
y á distancia de 30 varas del ángulo recto formado por las
murallas, hay un cuadro que se prolonga hácia el mar de
500 varas de ancho y 400 de largo; en él se encuentran
algunas casitas y una Huaca, atravesada por un subterráneo en
la parte mas sólida de ella. A este siguen otros cuadros de
labor.

El segundo palacio está á distancia de 125 varas hácia el
Oeste del primero y paralelo con este último. Contiene varias
plazas y casas, de cuya disposicion simétrica resultan calles
aunque angostas. A una de las extremidades está la Huaca de
Misa, rodeada de una muralla mas baja. Esta Huaca está atravesada por callejones de tres cuartas á una vara de ancho, y
en ella se encuentran tambien algunos cuartos bastante espa-
ciosos. En tiempos pasados se han sacado de aquí muchas
momias, tejidos, varias piezas de plata y oro, herramientas, y
un ídolo de madera con pedacitos de concha de perla, que

fué de D. José Maria Lizarzaburu, y hoy lo posee el Señor Condemarin.

Todas las paredes de los edificios interiores son de la mezcla amasada de que ya hemos hablado, ó de adobes de media vara de largo sobre una cuarta de ancho. Las secciones verticales de la lámina LVII pueden dar una idea de la vista de las murallas principales y de las labores que ellas representan.

Fuera de estos edificios notables, hay infinidad de cuadros y casitas, unas redondas y otras cuadradas, que seguramente eran habitaciones de las clases inferiores, y cuya gran extension proporciona datos, para suponer que su poblacion debió ser muy considerable.

Existen entre las ruinas muchos cerritos hechos á mano, de un cascajo menudo con una figura de conos truncados, y se conocen con el nombre de *Huacas*, de las que se han sacado y se desentierran con frecuencia algunas curiosidades de los antiguos habitantes, y no hay la menor duda que los busconeros subterráneos han encontrado riquezas.

Se sabe que en 1563 siendo Corregidor D. Diego Pineda, se descubrieron en los sepulcros de los principales Indios, algunas cantidades de oro en diferentes figuras. Consta en los libros de cajas reales de Trujillo de 1566, que Garcia Gutierrez de Toledo, nieto de Antonio Gutierrez, dió al rey de quintos por la primera vez 85,547 castellanos de oro de la Huaca que lleva el nombre de Toledo, reservándose á beneficio de los Indios de los pueblos de Mansiche y Huaman 39,062 pesos y cuatro reales. Por el año de 1592 se volvió á trabajarla, y solo á la hacienda real fueron entregados 47,020 castellanos, de manera que por ambas sumas percibió el monarca 135,547 castellanos.

En el año de 1550 el cacique del pueblo de Mansiche D. Antonio Chayque, descendiente lejítimo del régulo *Chimu Chaucha*, manifestó á los Españoles una Huaca llamada *Llomayoahuan* junta al palacio arruinado de dicho Régulo, con la condicion que cediese alguna parte para alivio de sus Indios, y despues de haber disfrutado la mayor opulencia, que solo consta fué muy crecida, se negaron al pacto, y entónces fingió el cacique tener otro mayor tesoro que descubrir, por cuya causa le dieron 25,000 pesos ensayados, que son 42,187 pesos 4 reales, que se impusieron á censo en varias fincas de los vecinos, á favor de los referidos Indios, de los que permanecen hoy muy pocos principales, así por la injuria de los tiempos, como por la mala administracion de sus protectores, ó juezes de censo. (*Feijoo de Sosa.*)

Se asegura haber sacado de la Huaca de Concha á media legua de la Ciudad, algunas cantidades de oro, y entre ellas unos grillos que se consideraban de cobre y fuéron regalados al obispo de Cuenca, por D. Miguel Concha y Mansuvillaga. La Huaca del Obispo distante media legua de esta última, es la mas grande y no ha producido tal vez nada hasta la fecha. La Huaca de Misa que está en el segundo palacio, se ha trabajado con algun empeño, y está casi toda ella atravesada por callejones mas ó ménos angostos y enlucidos, cuyos techos son de piedra de vara y media á dos de ancho. Se han sacado varias piezas de oro, muchos huaqueros, mantas y el ídolo de madera, de que ya se ha hablado. De otras muchas Huaquitas se han extraido mantas bien adornadas con pedazos cuadrados de oro, otras piezas del mismo metal y ropages con plumas de colores variados, los que fuéron encontrados por el Dr. Casaverde, y deben existir en Londres.

Hace poco tiempo que cesaron de trabajarse por una compañía de vecinos de Trujillo las Huacas de Toledo y Concha, pues se dice que el peje grande aun se halla en la primera[1]): junto á la segunda se sacaron últimamente planchas de oro de dos pulgadas de largo muy delgadas, las que reunidas pesan 40 castellanos, y tambien instrumentos de madera y mantas, todo lo que existe en poder del comerciante D. José Rodriguez.

Agregaremos á esta relacion una breve noticia sobre algunas curiosidades encontradas en las Huacas de Toledo y otras, como la comunicó D. José Ignacio Lequende en el Mercurio peruano (vol. VIII, pag. 80). Una de ellas fué la de un indio con su manto capitular y corona con cuatro borlas, de las que dos le caian por la espalda y otras dos por delante de las orejas. En el cuello tenia una especie de corbata ancha que le colgaba hasta el pecho; en la mano una insignia semejante á un clavo, y en la otra un símbolo que no se puede descifrar. Su ropage exterior era una túnica que remataba en puntas. Otra fué de un indio sentado con las piernas cruzadas (uso que les era comun), sus manos sobre las rodillas, ceñidas las sienes con una especie de faja, la que se extendia por debajo de la barba; le atravesaban otras dos con una falda que le caia por detras, de la que salian dos picos redondos á dar sobre los hombros: en el penacho del bonete tenia una concha enjoyada con mucha gracia. Un huaquero de barro que representa un indio con

---

[1]) Es tradicion que en esta Huaca existieron dos tesoros conocidos con los nombres de *Peje grande* y *Peje chico*, y se dice que el primero está enterrado y que el segundo lo sacó Toledo.

su gorro calado, desgreñado el cabello y la mayor parte sobre las orejas, figurando un borracho en ademan de beber; sobre el hombro tiene un mono asiéndole de la oreja. Otra figura de un indio muy grave sentado con una mitra en la cabeza en accion de ajustársela; le cuelgan unos pendientes de cada brazo, y un manto ceñido á la cintura que le cubre los piés.

El templo del Sol está situado tres cuartos de legua al E. de la ciudad, y media del pueblo de indígenas de Moche, se halla al pie de un cerro perteneciente á la cordillera, compuesto de sienita, en la que se encuentran vetas de una roca amfibólica compacta, que corren de N. á S.; se notan tambien vetas de Feldspato. Hay muchas de estas que se ramifican y se cortan mútuamente. Al pie de este se ve un edificio destruido con muchas habitaciones; es casi cuadrado de 108 varas de frente: lo rodea una pared de 4 varas de ancho, hecha de adobes como todas las de dicho edificio. Se dice que este fué la morada de los sacerdotes y vírgenes del templo. Tiene de largo 150 varas, el ancho en la parte superior 125, pero en la base mide 156 y su altura de 30 á 35. Está construido por gradas de á 4 varas cada una, inclinado hácia su base, siendo mas ancho en su cimiento. Tiene la forma de un martillo y se compone de adobes; hácia el centro y en la parte mas baja hay un callejon que lo atraviesa, el cual está cegado y lleno de murciélagos. La direccion es de Norte á Sur: de este punto se presenta la vista mas hermosa de todo el valle, del mar y·de la ciudad de Trujillo."

Muy dignas de ponerse al lado de estas asombrosas ruinas son las de *Cuelap* del distrito de *Santo Tomas*, cuya descripcion dió Don Juan Crisóstomo Nieto, juez de primera instancia, en la siguiente comunicacion oficial, del 31 de Enero de 1843, al prefecto del Departamento de Amazonas D. Miguel Mesía.

„Habiéndome constituido en estas tierras de Cuelap á practicar el deslinde mandado hacer por el Supremo Gobierno de la República, he encontrado la obra mas digna de la atencion pública, como es una muralla de piedra labrada, que tiene de ancho quinientos sesenta piés, de largo tres mil seis cientos y de alto ciento cincuenta, siendo sólido este edificio en la parte interior; pues todo el espacio contenido dentro de 5,376,000 (?!) piés de circunferencia que tiene hasta la dicha altura de 150 piés, es sólido y terraplenado, sobre el cual hay otro muro de 300,000 piés de circunferencia en esta forma: 600 de largo y 500 de ancho con la misma elevacion de 150 piés que tiene la muralla inferior y con el mismo terraplen sólido hasta la dicha altura. En esta elevacion, y tambien en la del muro de abajo, se encuentra una multitud de habitaciones, ó cuartos de la misma piedra labrada, con las dimensiones de 18 piés de largo y 15 de ancho, y tanto en estos cuartos cuanto en las paredes de la muralla se encuentran nichos formados con arte, de una vara ó dos tercias de largo, y de media vara de ancho y grueso, en los cuales están los huesos de los difuntos de la antigüedad; unos desnudos y otros envueltos en mantas de algodon muy tupidas, aunque algo gruesas, y todas labradas y con bordados de distintos colores. De modo que solo se diferencian estos nichos de los de nuestros panteones en la profundidad, porque en lugar de las dos ó tres varas que en el dia necesitamos para colocar nuestros cuerpos en la posicion erecta en que los colocamos despues de la muerte, ellos solo empleaban dos ó tres piés, á causa de que los doblaban haciendo que sus rodillas topasen con la punta de

la barba, y sus manos se enredasen en las piernas á la manera
que habitamos en el vientre materno á los cuatro meses de
nuestra formacion. La muralla en las tres puertas descubiertas
llama la atencion, porque el lado derecho de cada una de las
dichas puertas es semicircular y el izquierdo es angular, y
desde la base comienza un plano inclinado que vá ascendiendo
casi insensiblemente hasta la elevacion dicha de 150 piés, con la
particularidad de que á la mitad tiene una especie de garita,
y desde allí va perdiendo la rectitud con que comenzó y hace
una curva hácia la derecha del que sube, teniendo en la parte
superior un escondite ingenioso de la misma piedra labrada, de
donde se puede impedir la entrada á cualesquiera, porque empezando con solo seis piés de ancho las dichas puertas á la
parte inferior que es la de fuera de la muralla — en esta interior, que está ya arriba, solo tendrá dos piés, y tan luego como
se sube á lo alto, se encuentra un mirador, de donde se divisa,
no solo todo el llano de abajo y todas las avenidas, sino tambien una considerable parte de la Provincia hasta la capital,
que está á 11 leguas de distancia. En seguida se encuentran
las entradas de la segunda y mas alta muralla, del todo igual
á la primera, y solo de menores dimensiones en lo ancho y largo,
mas no en lo alto, como llevo dicho. Tambien se encuentran
otras sepulturas que párecen unos hornos pequeños de 6 piés
de alto y 24 ó 30 de circunferencia, en cuya base hay una
losa, y sobre ella los restos de algun hombre, ó muger. Exa-
minadas estas cosas el dia de ayer, nos retiramos á descansar
yo y la numerosa concurrencia que me acompañaba, y el dia
de hoy fuimos á lo alto de una peña que está fuera de la
muralla, y que le sirve de cimiento; y habiendo pasado con
mucho trabajo por un camino casi destruido por las aguas,

sobreponiéndonos á los riesgos con que nos amenazaba una profundidad casi perpendicular de mas de 900 piés, y ayudándonos mútuamente, llegamos á un hueco formado por las peñas que hacian del cerro, en el cual habia diez bultos de huesos humanos perfectamente conservados, envueltos en sus mantas, de los cuales uno que era de hombre de edad, estaba cubierto con una manta de pelo que conservo junto con el esqueleto en mi poder, el otro que probablemente era de muger por habérsele separado un hueso de pierna, le quitaron el tronco de la cabeza y quedó inutilizado: esta muger seria ya anciana cuando murió, pues que tenia su pelo con canas, y sin duda era la madre de siete criaturas que componian siete de los dichos bultos, de los cuales dos conservo en mi poder, y dos llevó D. Gregorio Rodriguez, uno de los de la compañía, junto con una manta de algodon de distintos colores, y una faja labrada de colores; habiendo quedado tres de los esqueletos de criatura y uno de gente grande, por haberse deshecho los ligamentos de los huesos: mas todos constantemente tenian la misma postura y el pelo de sus cabecitas era muy fino, cortado y rubio, y no como el de los indígenas del dia, teniendo la hembra las orejas oradadas y con una argolla de algodon torcido y grueso. Posteriormente he sentido mucho no haber seguido mis especulaciones por este sitio, pues que probablemente habria descubierto mas; pero tuvimos que separarnos para tomar otra direccion y buscar un otro sitio donde me aseguraron habia mas que ver: en efecto bajamos por el lado del Norte, y despues llegamos á la falda de un cerro muy empinado, donde subimos con la mayor dificultad por su posicion vertical y por la paja con que estaba cubierto, que nos hacia resbalar á cada paso; y habiendo subido como 600 piés, nos hallamos imposibilitados pasar adelante, á

causa de una peña perpendicular que no permitia el acceso á
una pared de ladrillos de piedra con sus ventanillas, que distaria
del punto donde se pudo llegar como 60 piés, y por falta de escalera y de tiempo no vimos lo que se contenia en esta pared,
que está en una elevacion que da vista al Oriente, Norte y Occidente, hasta donde los ojos de hombre alcanzan: y quedando
con el pesar de no saber nada de lo que significaria esta obra,
ni tampoco de los fósiles y preciosidades que se encierran en la
muralla por la razon de que está muy montuosa y por no haber
habido posibilidad de descubrir lo que tendria en el centro, por
el poco tiempo que me dejaba en libertad la operacion judicial
en que me hallaba, no pudiendo abandonar por mucho tiempo
la capital, donde sufria perjuicio con mi demora la Administracion
de Justicia: aumentándose estos obstáculos con la imposibilidad
de emprender trabajo alguno por falta de manos auxiliares, pues
los indígenas tienen un horror grande á este sitio por las momias
que contiene, las que en su concepto producen grandes enfermedades al tocarlas: así es que todos huyen despavoridos al
verlas, y á fuerza de trabajos y de muchas demostraciones de
familiaridad con los dichos huesos, conseguimos que uno ú
otro de los de entendimiento ménos limitado perdiese el miedo
que una fatal preocupacion les habia inspirado. Estas tambien
han sido las razones por las que no pude dar vuelta la muralla por la parte del Sud-Oeste, donde me aseguran que hay
unas trincheras curiosamente formadas, á las que de ninguna
manera se puede llegar por abajo, y solo se llega á ellas dejándose caer con sogas desde lo alto de la muralla; ni tampoco
un subterráneo que el dicho D. Gregorio, persona de credito,
asegura haber á la otra banda del rio de Condechaca, donde
dice haber muchas calaveras, hoyitas, y otros objetos, y que

habiéndose internado como dos cuadras adentro, se le apagaron las luces por falta de aire, y no pudo pasar adelante."

Las ruinas de *Huánuco el viejo* (véase la lámina LVI) son sumamente interesantes por las seis portadas bastante bien conservadas, una tras otra, y de las cuales no se sabe de positivo, si hacian parte del suntuoso palacio de los Incas, ó del inmenso templo del Sol que fué tan imponente en tiempo de los soberanos del Perú, que „auia á la contina para solamente seruicio del, mas de treynte mil Indios" (Cieça crón. cap. LXXX); y por una especie de mirador, cuyo destino en los tiempos antiguos no conocemos y que probablemente era el lugar donde los sacerdotes hacian los sacrificios, al Sol.

La arquitectura de estas ruinas se distingue singularmente de la de los demas edificios del tiempo de los emperadores peruanos y segun todas apariencias deriva su orígen de una era mas remota que la dinastía de los Incas. Don Mariano Eduardo de Rivero dice l. c. pág. 38: „Las ruinas de Huanuco el viejo distan 2 leguas del pueblo de Aguamiro hácia el Oeste. Los Indios las conocen con el nombre de *Auqui Huánuco*, y están situadas en una planicie como de 4 leguas de largo y 3 de ancho, y á una altura sobre el nivel del mar de 3600 metros. Esta antigua poblacion se halla convertida en el dia en una estancia de ganado lanar, y apenas se encuentran unos pocos Indios que no entienden el castellano. Entre las ruinas se nota con mas particularidad la fortaleza, ó mirador, y el palacio. Lo material de la poblacion está como á tres cuadras de estos edificios, y el primero como dos de la entrada del palacio.

El mirador es cuadrilongo; tiene 56 pasos de largo y 36 de ancho; la altura de la muralla como de 5 varas, é inclinada hácia la base. Reposa sobre dos gradas de piedra redonda de

una y media vara de ancho. Las paredes tienen un ancho de
vara y cuarta, y son de piedra labrada, rematando en una cornisa, que se compone de un calcáreo azulado con conchas, de
una y media vara de largo, y media vara de grueso. Poco mas
ó ménos, las piedras que componen las paredes tienen las mismas dimensiones, y están sumamente bien unidas. El interior
es compuesto de cascajo y barro, pero en el centro se observa
una gran concavidad que aseguran tener comunicacion con un
subterráneo que vá hasta el palacio.

A la parte del Sur tiene una puerta, y en lugar de graderías un terraplen á la manera de plan inclinado, del que usaban mucho los Indios, segun parece, para levantar sus grandes
masas hasta la parte superior de los edificios. En la misma
puerta se observan dos figuras borradas que no se han podido
determinar si son monos, ú otros animales. Desde el plan superior se descubre toda la planicie y las portadas del famoso
palacio.

El primer diseño de la lámina LVI representa las seis portadas
de la casa del Inca. Antes de entrar á esta, á mano derecha
é izquierda hay dos salones de mas de 100 varas de largo y
14 de ancho, con sus puertas correspondientes. Las paredes
que son de *Pirca* (piedras redondas mezcladas con solo barro
y sin ningun órden) de vara y media de ancho, solo tienen en
las puertas, piedras labradas. En seguida se entra en la primera portada de piedras labradas de tres varas de alto, y una
y media de ancho; el hueco de la puerta es de dos varas, sus
umbrales son de una sola piedra de cuatro varas de largo y
media de ancho y grueso. Los batientes son de una sola pieza
y parecen estar labrados á cincel. Nótanse dos figurones
labrados en la misma pieza que indican ser monos.

Como á tres varas de distancia viene la segunda portada, construida del mismo modo, y solo tiene dos figurones borrados en la parte superior. Despues se entra en un patio espacioso rodeado de piedra de pirca, de poca elevacion y de un ancho de tres cuartas; á continuacion y en la misma línea se encuentran otras dos portadas de igual arquitectura, pero de menor dimension.

En seguida otro patio mas pequeño, y por último otras dos portadas aun mas chicas y de piedras labradas. Pasadas estas se hallan á mano izquierda cuartos de piedra labrada de cinco varas de largo, dos y media de ancho y cuatro de alto; tienen nichos en la misma pared. Hay otros cuartos de piedras labradas por donde pasa un acueducto, que dicen era el lugar de los baños del Inca.

En frente de las habitaciones se halla un terraplen hecho á mano bastante ancho, y abajo un gran corralon, en el que opinan estaban muchas especies de animales para diversion del monarca. En el centro se nota un depósito de agua: un acueducto pasa por la última portada y muy cerca de los cuartos labrados.

En uno de estos existe un nicho en donde aseguran ponian á las doncellas para ver si cabian en él, y si entraban, eran adecuadas para el servicio de su Magestad. (?) Tambien se ven en la primera portada dos agujeros que atraviesan la pared, y cuentan haber sido lugar de suplicio; el primero tiene la forma de las mamilas, á la altura conveniente, y era sin duda destinado para las mugeres, siendo el segundo para los hombres. (?)

La direccion de estos edificios es del E al O., y las piedras de que se componen, son calcáreo azul y arenisca.

Al S. O. del mirador y á cosa de un cuarto de legua, se observan casas hechas en los mismos cerros, formando graderías, y se dice que allí guardaban los granos de las siete provincias.

Es de notarse que el ejército Libertador en el año de 1824 marchando hácia el Sur, en la campaña contra los Españoles, acampó en estos mismos lugares en que tambien se detuvo el ejército de los Incas, cuando iba á la conquista de Quito.

Las piedras de que está compuesto el palacio y fortaleza, se traian de un cerro á media legua de distancia, y aun se ven algunas labradas en la cantera. A distancia de pocas cuadras se ven restos de una gran poblacion que indican haber contenido muchos miles de habitantes, y que era lugar predilecto y de mucha importancia para los Incas. Todas las paredes son hechas de piedra redonda y barro. Los célebres baños de vapor de Aguamiro distan dos leguas de esta antigua poblacion.

A distancia de 3 cuartas de legua en *Mirohuain* está el lugar en donde se enterraban á los criminales, y servia de prision; hay un pozo profundo.

Cerca del pueblo de *Chupan* y á orillas del Marañon está la torre que representa el ultimo diseño de la lámina LVI; se halla situada en la parte superior de un cerro de esquito negro, que descuelga sobre el mismo rio y domina el camino que va por el pie, formando un precipicio espantoso por el que arrojaban á los criminales hasta las aguas de esta poderosa corriente."

Hablando de las ruinas del departamento de Junin prosigue D. Mariano E. de Rivero[1]):

---

[1]) l. c. pág. 21 — 26.

„Desde el pueblo de *Chavinillo* comienza un sistema de fortificaciones, ó castillos, como se llama por estos lugares, situados en ambos lados de la quebrada. No he podido descubrir lo que movió á los Incas á construir en esta parte del interior y fuera del gran camino que conducia á Quito, tantos lugares de defensa, mas presumo que sería con motivo de las invasiones que sufrieran de las tribus que habitan las Pampas del Sacramento y orillas de los grandes rios que riegan esas inmensas llanuras, y como un comprobante de esto es, que la fortaleza de *Urpis* que está en el interior de la montaña distante cinco leguas de *Tuntamayo*, camino para *Monzon* y *Chicoplaya*, es la mas grande, la mejor situada y mejor construida; casi toda es de piedra labrada.

El primer castillo que visité por esta parte, fué el de *Masor* cerca de Chavinillo, situado en una eminencia, y cuyas paredes son de esquíto micáceo mezclado con barro. En los ángulos del gran cuadrado están unas garitas redondas hechas del mismo material, de una altura de tres varas y todas llenas de huesos; fuera de este se ven cuartos redondos y cuadrados con alacenas: los umbrales son de la misma roca. Tuvieron agua en esta eminencia, pues existen los restos del acueducto.

En la parte opuesta y á la otra banda del rio se ven dos de estos castillos; el primero se halla situado en la punta de un cerro escarpado, y el otro un poco mas arriba. Entre estos dos, hay fortínes que á la vista forman como graderías y se comunican por caminos bien señalados.

Siguiendo el curso del rio con direccion á *Chuquibamba*, pasé por los pueblos de *Cágua, Obas* y *Chupan*. En todo el camino se encuentran restos de poblaciones y castillos antiguos. Cerca del último hay uno de estos que tiene una escalera que conduce hasta la cumbre, muy ancha, de poca pendiente y bien construida.

En la quebrada de *Chacabamba*, provincia de Huamalies sobre el rio Marañon, y cerca del camino real de los Incas por él que he venido desde Jauja siguiendo su rastro, teniendo este en general nueve varas de ancho, se encuentran ruinas de tambos de los Incas, hechos de pedazos casi cuadrados del esquito micáceo. Existen todavía en *Tambocancha* seis garitas y á su frente cuatro, de cuatro ó cinco varas de alto, redondas y en la parte, donde están las puertas cuadradas. Son hechas de la misma roca anterior con barro gredoso: en su interior están muy bien unidas y forman una masa; divididas por lajas grandes sirven en el dia á los indígenas para guardar sus papas y maiz. Todo el recinto está circumdado por una muralla de piedra y barro, y se encuentran muchos restos humanos, como paredes de casas ya redondas, ya cuadradas."

En la provincia de *Conchucos Alto* se halla el pueblo de *Chavin de Huanta,* situado en una quebrada angosta que corre del N. al S. Sus habitantes en número de ochocientos, gozan de una temperatura benigna y de aguas sulfurosas que manan de una roca arenisca, muy cerca del rio Marías, señalando en el termómetro de Far. 112 grados, estando la atmósfera en 52^{0} A pocas cuadras de la poblacion se encuentran los restos de edificios antiguos casi destruidos y cubiertos con tierra vegetal. Las paredes del exterior son de piedras labradas de diferentes tamaños y puestas sin ninguna mezcla, mas en el interior descubren ser de piedra redonda con barro.

Ansioso de examinar el interior de este castillo, me introduje con varias personas que me accompañaron, por un agujero sumamente estrecho, y con la ayuda de velas encendidas que se apagaban continuamente por la multitud de murciélagos que salian con velocidad, logré con mil incomodidades y sufriendo el mal olor producido por los excrementos de estos animales, llegar á un callejon de dos varas de ancho y tres de alto. Los techos de este son pedazos de arenisca medio labrados de mas de cuatro varas de largo. En ambos lados del callejon principal hay cuartos de poco mas de cuatro varas de ancho, techados con grandes trozos de arenisca de media vara de grueso, y ancho de $2^1|_2$ á 3 cuartas varas. Sus paredes son de dos varas de grueso, y tienen unos agujeros que presumo serian para la comunicacion del aire y luz. En el suelo de uno de estos está la entrada de un subterráneo muy angosto, que aseguran las personas que se metieron con vela hasta una distancia considerable, que conducia á la otra banda por debajo del rio. De este conducto se han sacado varios huaqueros, vasos de piedra, instrumentos de cobre y de plata, y un esqueleto de un Indio sentado. La direccion es del E. al O.

A distancia de un cuarto de legua al Oeste del pueblo y en la cumbre del cerro llamado *Posoc*, que significa „cosa que se madura", hay otro castillo arruinado que en su exterior no presenta sino escombros, pero aseguran que en lo interior se encuentran salones, y un socabon que comunica hasta el castillo mencionado arriba. Se asegura que un Español sacó un tesoro con el que se fué á la capital, y ántes de morir en el hospital de Lima entregó un itinerario que ha corrido por muchas manos. Algunas personas intentaron entrar, pero fueron detenidas por el desplome de una piedra que les impedia el paso. La mayor parte de las casas de Chavin y sus alrededores, están construidas sobre aqueductos. El puente que se pasa para ir á los castillos, está hecho de tres piedras de granito labrado, que tiene cada una ocho varas de largo, tres cuartas de ancho y media de grueso, todas sacadas de estas fortalezas. En la casa del Cura existen dos figurones tallados en la piedra arenisca; tienen de largo dos varas, y del alto media, están colocados á cada lado de la puerta de la calle, y se trajeron del castillo con este objeto.

Fatigado y al mismo tiempo complacido de mi penosa investigacion, tomé descanso sobre unas lajas de granito de mas de tres varas de largo, gravadas con ciertos signos, ó diseños que no pude descifrar, y las que encontré al salir del subterráneo muy cerca del rio. En estos momentos mi imaginacion, con la rapidez del relámpago, recorria todos los lugares antiguos que habia visitado, y los grandes sucesos que tuvieron lugar en tiempo de la conquista. Triste levanté mis ojos hácia las ruinas de este silencioso sitio, y ví las deplorables imágenes de los destrozos cometidos por nuestros antiguos opresores.

No han bastado tres siglos para borrar de la memoria, los infinitos males sufridos por los pacíficos y sencillos habitantes de los Andes, y todavía me parecia que veia el agua del pequeño torrente, teñida con la sangre de las víctimas; que los escombros de sus orillas eran montones de cadáveres en que se sentó el fanatismo y erigió su trono á la tiranía, y desde donde daba gracias al Cielo para haberse logrado la obra de la destruccion.

Entrégado á tan tristes meditaciones y compadeciendo la suerte desgraciada de una nacion tan laboriosa y sagaz, creí oir del fondo de subterráneo una voz que me decia: viagero, ¿ que motivos os mueven para vagar por estos sitios del descanso, remover escombros y pisar cenizas que el tiempo ha respetado, ya que los hombres se complacen en despreciarlas? ¿No son suficientes los datos que teneis en las historias para probar nuestra grandeza, sencillez, hospitalidad y amor al trabajo? ¿Por ventura, serán mejores testigos de la opulencia de nuestros antepasados, los restos de monumentos escapados de la sangrienta espada del conquistador inhumano, que el robo de nuestros tesoros, el saqueo de las ciudades, las traiciones, la muerte de nuestro adorado Inca, de nuestros amautas y de nuestros nobles? El que niegue lo que fuimos, las persecuciones y tormentos que padecimos, el mal que se hizo á nuestra patria, á las artes y á la humanidad, será preciso primero que haga ver, que el Sol, nuestro padre, no contribuye con su calor vivificante al desarrollo de los seres que se mueven, y que la alta y magestuosa Cordillera no encierra poderosas vetas de metales preciosos, causa primordial de nuestra ruina.

La historia de la conquista del Perú no nos presenta mas que cuadros tristes de venganzas, de pasiones mezquinas, y un prurito de destruir todo aquello que podia ilustrar á las generaciones venideras; así es, que por mas que hemos consultado varios autores de épocas diferentes, estos ó repiten lo que otros han dicho, ó pasan en silencio las cosas mas notables; y como poco ántes de la llegada de los Españoles pereció á las manos de Atahuallpa el Inca Huascar, y casi toda la nobleza que, segun se deja dicho, eran los únicos que estaban instruidos en la historia del pais y en la lectura de los quippos, hemos quedado en completa ignorancia sobre el orígen de estas naciones y de ese gran conquistador y legislador Manco Capac.

Sírvanos esto de ejemplo: tratemos siquiera de conservar reliquias preciosas de nuestros antepasados. No nos acriminen las generaciones futuras de indolentes, destructores é ignorantes."

Cerca del pueblo actual *la Fortaleza* al Norte del Puerto de *Pativillca* se hallan las ruinas de *Paramanca*. El Dr. Unanue (Nuevo dia del Perú. Trujillo 1824) desviándose de la opinion de Garcilasso de la Vega, cree que los edificios de Paramanca no deben llamarse fortalezas, por no indicarlo su construccion; que tampoco fueron erigidas para perpetuar el orgullo y soberbia de Yupanpui y humillacion del Chimu, sino para conservar la memoria de ambos gefes, los mas poderosos del Perú que se reunieron aquí, para celebrar la paz y estrechar mas su amistad, por cuya razon está colocado uno de estos edificios al oriente en lo mas elevado, indicando la dignidad y extension del imperio; el otro al occidente pero mas bajo, los distritos del Chimu.

Esta interpretacion es segun nuestro parecer errónea. No solo la construccion de estos edificios que pertenecian indudablemente á fortificaciones, sino tambien su situacion se opone al dictámen del sabio Unanue. Si el mayor hubiese señalado el imperio de los Incas, hubiera sido su direccion al Sur, y la del pequeño al Norte. El único camino pasagero á lo largo de la costa conducia entre las dos eminencias fortificadas; por ellas se podia cerrar la entrada al reino del Chimu. Los Incas sabian por mucha experiencia, que las naciones vencidas fácilmente se sublevan, y se guardaban siempre contra ellas. Muy desconfiado tenia que ser Capac Yupanqui contra un enemigo tan temible y obstinado como lo era Chimu Canchu, que se habia rendido solo despues de una resistencia muy pertinaz, y es muy natural que aquel general circunspecto, hubiese mandado fabricar estos edificios como fortalezas, para refrenar las naciones recientemente sometidas, y no como monumentos de victoria que, segun la costumbre de los Incas, se edificaban siempre en la capital del imperio. Segun la opinion de algunos autores, fabricó Chimu Canchu estos edificios como plazas fronterizas, lo que es muy probable, pues el rey Canchu, mucho ántes que fuese atacado por Capac-Yupanqui, se hallaba en guerra cruel con Cuyz Mancu, régulo de Pachacamac, y Chuquiz Mancu, régulo de Runahuanac. En el valle de Paramanca, tuvo lugar la primera pero indecisa batalla entre Chimu y Capac-Yupanqui. La etimología de la voz Paramanca tampoco nos da á conocer la naturaleza de estos edificios. Hay autores que escriben *Parumonga*, otros *Paramunca*; mas en nuestro concepto *Paramanca* es el verdadero nombre. Oygamos las palabras de un autor en favor de la opinion que emitimos: „A la salida de Patavilca, á un lado, existen las fortalezas mandadas fabricar por Inca Yupanqui, las cuales demuestran los grandes conocimientos de los Indios en la arquitectura militar. Sobre un pequeño cerro inmediato al cerro de *Vendebarato*, se ve una fortaleza cuadrilonga, con tres recintos de murallas, dominando los interiores: el lado mayor tiene 300 varas y el menor 200. Dentro del recinto interior hay varias viviendas separadas con pasadizos y estrechas calles. A 30 varas de cada ángulo del recinto interior, se hallan unos baluartes cerrados en figuras de bombos, que flanquean las cortinas. Tambien se ve en el lado un cerro escarpado por la parte del mar, por la cual hay tres cercas semicirculares, la cual llaman de la horca, y era la destinada como presidio para los delincuentes.“

Mas al Sud, á dos leguas de *Chancay*, cerca de la hacienda *Chancaylla*, hay ruinas de coptras subterráneas que, segun la tradicion, fueron fabricadas por los Incas, durante la campaña de Capac Yupanqui contra Chimu, para guardar los abastecimientos del ejército que contaba en tres divisiones 120,000 hombres.

Las ruinas de *Pachacamac*, á siete leguas de la capital de Lima, en las inmediaciones del ameno pueblo de Lurin, están bastante mal conservadas y no ofrecen una arquitectura interesante, excepto por su extension y el interes particular de su historia. (Véase la lámina LIV.) En un cerco cónico cerca de la orilla del mar, (lámina LV, A.) á 458 piés sobre su nivel, se hallan las ruinas del antiguo templo de Pachacamac. Al pie de esta eminencia se observa en el dia los muros destruidos de los edificios que estaban destinados á hospedar los peregrinos que venian en romería de las comarcas mas lejanas del imperio, para presentar á la Deidad sus ofrendas. (Lám. LV, d.) El conjunto se hallaba rodeado de una muralla de adobes de nueve piés de ancho, y de considerable elevacion probablemente, pues en algunos puntos tiene 12 piés de alto, si bien en su mayor extension no presenta mas que cuatro ó cinco. El material de toda la fábrica no son piedras de sillería, como en los edificios de Cuzco, sino adobes fácilmente desmenuzables. La parte superior del cerro, que tiene como cien piés, se halla artificialmente formada por paredes, cada una de 32 piés de alto, y de 7 ú 8 de ancho. En la parte mas elevada se veia el templo con el santuario de la Deidad, hácia el lado del mar. Su puerta era de oro, y ricamente engastada con piedras preciosas y corales; mas el interior era oscuro y sucio, siendo este el lugar escogido por los sacerdotes para sus sacrificios sangrientos, ante el ídolo de madera, colocado en el fondo del recinto, cuyo culto sucedió al puro y abstracto de Pachacamac invisible. En la actualidad existen tan solo de este templo algunos nichos que, segun el testimonio de Cieça de Leon, representaban diversas fieras, y hemos sacado fragmentos de pinturas de animales, hechas en la pared sobre el enlucido de barro. Aun se puede distinguir el lugar del santuario, segun la descripcion de los cronistas. Errónea es la opinion que juzga, que estas son las ruinas del templo del Sol, opinion que han abrazado casi todos los autores modernos, si bien se halla diametralmente opuesta á la de los historiadores contemporáneos de la conquista, y á la relacion dada por Hernando Pizarro, hermano de Francisco, y destructor del templo.

Fuera de este edificio habia en Pachacamac un templo del Sol, un palacio real y una casa de escogidas, monumentos fabricados por los Incas Pachacutec y Yupanqui. Segun nuestras investigaciones, extendíase el templo del Sol desde el pie del cerro en que estaba el templo de Pachacamac, hácia al N. E. (lám. LV, B); al lado, al N. O., hácia la parte de la laguna de agua dulce, veíase el palacio real (lám. LV, C), y al pié del cerro, al S. E. del templo de Pachacamac, la casa de las vírgenes escogidas (lám. LV, D). La poblacion se hallaba al rededor de estos edificios hácia el lado de la hacienda de San Pedro, del despoblado de San Juan y del pueblo actual de Lurin. Cerca de este último nótase el cementerio antiguo, que atestigua, mejor que otra prueba alguna, cuan poblado era en tiempos remotos el valle de Pachacamac en las inmediaciones del templo. Las riquezas de que abundaba este edificio, eran tales que, segun un autor, ascendia á 4000 marcos el importe de tan solo los clavos que fijaban á las paredes las chapas de oro, y que, como cosa insignificante, concedió Pizarro al piloto Quintero. En las haciendas de Lomo largo y Nieveria, y en las faldas de los cerros inmediatos se ven ruinas de mucha extension con salones de 20 ó 25 varas de largo, y seis ú ocho de ancho, de tapias, formando calles angostas, indicando que contenia una poblacion numerosa y palacios de sus caciques, ú otros Señores grandes.

A unas dos millas de la costa del mar, hállanse las isletas conocidas bajo las denominaciones de los Farallones, Santo Domingo y Pachacamac; y en esta última hallamos en 1842 vestigios de un edificio de bastante extension. Formaban estos islotes parte del continente bajo forma de promontorios, y fueron separados por el terrible terremoto de 1586 que tantos estragos hizo en la costa peruana.

Las noticias de Cieça de Leon es lo solo que nos consta tanto por lo relativo al *Nuevo Cuzco*, que mandaron fabricar los Incas en el valle de *Huarco*, como por lo concerniente á la inmensa fortaleza de *Huarco*, fundada en un collado alto sobre grandes losas cuadradas, con una escalera de piedra que bajaba hasta el mar[1]). Lo mismo sucede con el templo de *Guaribilca* en el valle de Jauja, consagrado al Dios *Ticeviracocha*, Divinidad principal de los Huancas, y cuyo culto singular recuerda la mitología de los paises del Norte de Europa. A pesar de las mas escrupulosas investigaciones, no ha sido posible hallar vestigios de las ruinas de este templo.

---

[1]) En Chincha baja se asegura hubo un templo del Sol en el mismo sitio, donde hoy existe el convento de Santo Domingo, y en las inmediaciones del pueblo de Huancay, distrito de Pisco, aun se notan las ruinas del pretendido palacio del Tambo colorado, por haber conservado sus paredes este color.

Cieça de Leon (Crónica, cap. LXXXVII y cap. LXXXIX)
hace en pocas palabras mencion de las ruinas de los antiquísimos
y grandes edificios á las orillas del Rio *Vinaque* cerca de Huamanga que, segun la tradicion, fueron hechos por gentes bar-
badas y blancas, las cuales mucho tiempo ántes que los
Incas reinasen, vinieron á estas partes y hicieron allí su morada; y de los edificios de *Vilcas* fabricados por órden del
Inca Yupanqui.

Las chulpas que se ve sobre el cerro que le baña la
pequeña laguna de *Clustoni* en el departamento de Puno, ofrecen una construccion particular (como lo representa la lámina
LIII), y no sabemos si estas eran habitaciones, ó servian para
guardar los granos y papas, ó quizas de sepulcros (lo que nos parece ser lo mas probable), pues llevan tambien el nombre
de Huacas. Todas las que hemos examinado, están fabricadas de piedras calizas, arenosas y con pedazos de esquito
micáceo, con sus ventanillas de un pie de alto y divididas por
la mitad con lajas empanatadas por dentro, y cubiertas con
paja, ó trozos de piedras, lo mismo que las de Huamalies[1]).

En las ruinas de *Hatuncolla* se observan restos de
monumentos, y se dice que esta fué la residencia de un
príncipe, cuyos palacios y poblacion fueron cubiertos por las
aguas del lago, aunque la historia no dice nada sobre este
particular. Entre ellas existe un asiento de piedra (especie
de lava), con su espaldar todo de una sola pieza que dicen
era el trono del Señor del lugar. El Inca Lloque Yupanqui, despues de haber subyugado á los Canas y

---

[1]) Se ven en el camino de Lampa á Puno torres de igual construccion.

Ayahuiris, pasó á Hatuncolla y Paucarcolla, distritos mandados por Apus, ó Señores, que no le dieron que hacer, y les concedió construyesen un templo del Sol, casa de vírgenes y palacios reales, repartiéndoles vestidos y telas ricas.

Ya hemos hablado de los baños de los Huamalies, y del palacio de Limatambo; ahora nos queda que decir algo relativamente á los antiquísimos monumentos que existen á cuatro leguas de la orilla de la laguna de Titicaca, seguramente los que mas siglos cuentan de cuantos atestiguan la antigüedad peruana; los de Tiahuanaco[1]) que, segun la historia, fueron erigidos en una sola noche por una mano invisible.

En el dia destruidos están estos edificios, (véase la lámina XLVI), y ya á la llegada de los Españoles flaqueaban sobremanera; y es probable que nunca fueron concluidos y quedaron abandonados á consecuencia del nuevo culto introducido por los Incas, pues no admite duda que remontan á una época anterior al establecimiento de la dinastía peruana. Lo mas notable en estas ruinas son los fragmentos de las estatuas de piedra, de las cuales dice Cieça de Leon, cap. CV: „mas adelante deste cerro están dos ydolos de piedra, del talle y figura humana, muy primamente hechos, y formadas las fayciones, tanto que paresce, que se hizieron por manos de grandes artífices, ó maestros. Son tan grandes que parescen pequeños gigantes: y veese, que tienen forma de vestimentas largas, diferenciadas de las que vemos á los naturales

---

[1]) Tiahuanaco quiere decir en lengua quichua „descansa Huanaco", es nombre que dió, segun la tradicion, á este lugar el Inca Yupanqui en la conquista de la nacion Aymara por la velocidad, con que llegó el correo, ó *chasqui* á ese lugar.

destas provincias. En las cabeças paresce tener su ornamento." En la cabeza de una de estas estatuas (lám. XLVI,
y en el frontispicio al pié de la puerta junto á los Indios) la
longitud desde la punta de la barba hasta la parte superior
del ornamento de la misma cabeza, es de tres piés y seis pulgadas; su mayor anchura desde el estremo de la nariz hasta
la parte correspondiente del occipucio, es de dos piés y siete
pulgadas. Está adornada con una especie de gorro de un
pie y siete pulgadas de alto, y de dos piés y cinco pulgadas
de ancho. En la parte superior vense algunos listones anchos
y verticales; en la inferior hay figuras simbólicas con rostros
humanos. De los ojos que son grandes y redondos, salen hasta
la barba dos listones anchos, cada uno con tres círculos dobles.
De la parte externa de cada ojo baja un liston adornado
con dos cuadrados, uno rectángulo vertical y dos horizontales, terminándose en una serpiente parecida á la de las monumentales. La nariz es poco proeminente, cercada en su
parte inferior con un liston ancho, semicircular, y terminándose hácia el lado interno de los ojos en dos cuernos. La
boca forma un óvalo transversal guarnecido de diez y seis dientes.
Del labio inferior salen en forma de barba seis listones hasta el
márgen de la barba. La oreja se halla indicada por una figura
semilunar en un cuadrado, y en su parte anterior hay un liston vertical con tres cuadrados, terminándose en una cabeza de fiera. En
el occipucio vertical hay cuadrados formando listones, y en el cuello
distínguense muchas figuras humanas. La escultura de esta cabeza es
muy notable y ninguna conexion guarda con cuanto se conoce de
otras naciones. Otra estatua algo mas tosca véase en la misma lámina.

No ménos digno de atencion es el pórtico monolítico de
arenisco, bastante bien conservado, cuya altura es de diez piés,

y de trece su ancho. [1]) En este pórtico hállase esculpida una puerta de seis piés y cuatro pulgadas de alto, y de tres piés y dos pulgadas de ancho. Presentá en su fachada oriental una cornisa, en cuyo medio se observa una figura humana algo semejante á las que hemos mencionado en el capítulo precedente. La cabeza es casi cuadrada, y salen de ella varias rayas, entre las cuales se distinguen cuatro culebras. Los brazos están abiertos, y cada mano tiene una culebra con la cabeza coronada. El cuerpo se halla cubierto con un vestido adornado, y los piés cortos reposan sobre un pedestal tambien adornado con figuras simbólicas. A cada lado de esta figura se ven en la cornisa cierto número de cuarterones en hileras, cada uno con una figura humana, de perfil, en posicion de andar con una especie de báculo en la mano; los de la hilera media difieren de los de la superior é inferior. Las demas ruinas no ofrecen interes particular, pero es siempre cosa sorprendente el tamaño de las piedras labradas de que están construidas.

El año de 1846, siendo Presidente el general Ballivian, y Prefecto de la Paz D. Manuel Guerra, se hicieron varias excavaciones para desenterrar, ó buscar lo que habia de notable, y solo se encontraron algunos ídolos [2]) y unas masas labradas de grande dimension que han servido para hacer piedras de moler chocolate; destruyendo así monumentos que debian conservarse como reliquias de la antigüedad. Estas grandes masas tienen diez varas de largo, seis de ancho y el grueso de

---

[1]) Otra puerta monolítica mas pequeña de 7 piés de alto, está tirada sobre el uelo (véase la misma lámina).

[2]) Un ídolo de piedra que se trajo desde Tiahuanaco á la ciudad de la Paz el año 1842, tiene tres varas y media de largo, y media vara de ancho.

mas de dos varas, unidas entre sí por un canal que reposa una sobre otra. Hay otras masas de piedra que están en la direccion hácia la laguna, que quedaron en el camino por causas que se ignoran.

En la isla de *Titicaca*, en la laguna del mismo nombre, en que, segun la tradicion, cayeron los primeros rayos del Sol para alumbrar al mundo despues del diluvio, y en que envió el astro benéfico sus hijos predilectos Manco Capac y Mama Oello para civilizar las hordas bárbaras del Perú, fabricaron los Incas un culto á la Deidad protectriz, cuyas ruinas poco imponentes, se hallan en el dia bastante bien conservadas. Están hechas todas de piedras labradas con ventanas y puertas con batientes y umbrales tambien de piedra labrada, siendo estas mas anchas de abajo que de arriba. (lámina XLV.) Su arquitectura es inferior á la de las ruinas del edificio mas destruido de la isla de *Coati*, en la misma laguna, sin que se pueda descubrir si fué un palacio, ó un templo (lámina XLV). Su adorno interior parece haber sido semejante al de Cuzco. La cantidad de ofrendas de oro y plata amontonadas en la isla era tal, que las tradiciones de los Indios en este punto exceden los límites de la verosimilitud. Al tratar esta materia, dice el Padre Blas Valero, que era tal la riqueza del templo, que, segun le aseguraron los *Mitimacos*, ó Indios transplantados que viven en Capucabana, de lo que habia sobrado en oro y plata, se hubiera podido construir otro templo desde los fundamentos hasta la cumbre, y sin mezcla de otro material, y que estos tesoros los echaron al lago los Indios, tan luego como supieron la llegada de los Españoles y su sed de oro (Garcilasso de la Vega, Com. real. I, lib. III, cap. XXV).

En vano hemos recorrido los escritos de todos los antiguos
cronistas peruanos, para obtener datos sobre la fortaleza y palacio de *Ollantay-Tambo*, distante diez leguas al Norte de la
capital del imperio, y situada en una angosta quebrada á orillas
del rio *Urubamba*.

Esta inexpugnable defensa debió considerarse por los Incas

de mucha importancia, tanto por su posicion imponente, pudiendo
llamarse la llave de las naciones Antis, Pillcopatos y Tonos, que
sabemos habitan los valles de Paucartambo y Santana, como
por su construccion singular que difiere de los demas edificios
de Cuzco y de otras partes del imperio; lo que nos induce á
suponer que data su orígen de siglos remotos, y que el Príncipe, ó Señor de esta comarca fué independiente y contemporáneo

del primer fundador y solo subyugado en los últimos reinados de los Incas.

Se refieren diversas tradiciones acerca de este personage, de las cuales hemos mencionado una que forma la base del drama anunciado en la página 116. Otras nos dicen que sorprehendido Ollantay en la casa de las vírgenes del sol, crímen que se castigaba con la pena de muerte, se le conmutó con otra degradante á su alto rango.

Restituido despues de algun tiempo á su fortaleza, se sublevó contra el Inca Yupanqui, quien no pudiendo reducirle, sin embargo de la gente y tiempo que sacrificó, adoptó el plan propuesto por un gefe, y fué el que se le castigase públicamente, para tener motivo suficiente de pasarse al enemigo y que no sospechase de su intriga; que una vez admitido procuraria inspirar confianza al rebelde, comunicándole algunos secretos y medidas que pensaban tomar para atacarle de nuevo, y por estos medios llegaria á tener un conocimiento exacto del lugar, de sus avenidas y de sus proyectos; que enfin en el aniversario del cumpleaños de Ollantay, en el que se entregaban á toda clase de diversiones y desórdenes, pediria se le nombrase gefe de una de las portadas, y á señal convenida, la abriria para que entrasen las tropas imperiales.

Aceptado plan tan inicuo por el Inca, ordenó lo conveniente para su ejecucion, y llevado á cabo, tal como se propuso, entraron en dicha fortaleza, matando y destruyendo todo lo que encontraban á su paso, mas no pudieron apoderarse de Ollantay que se defendió con bizarría, prefiriendo arrojarse por lo mas escarpado de esta, ántes que darse á sus enemigos.

El silencio que guarda Garcilasso sobre este suceso; la poca confianza que debió inspirar el príncipe castigado al

38 *

intrépido y sagaz Yupanqui, para devolverle otra vez la fortaleza, nos hacen sospechar con algun fundamento, que esta es
una historia muy desfigurada, y que fueron otras las causas
de la guerra que se declararon. Sabemos que Yahuar Huaccac,
hijo de Inca Rocca, conquistó por mandato de su padre las
provincias trasandinas, pasando por este y otros puntos forti-
ficados, lo que prueba que estaban ya bajo el dominio de
los Incas.

La fortaleza está construida sobre escarpada eminencia.
Una escalera de piedras conduce á andenes, ó terrados, á
los que se pasan por entradas estrechas, hasta que se llega
á la cumbre, donde se notan tablones de piedra de mas de
cuatro varas de alto, divididos y formando como marcos.

Una parte de este cerro parece haber sido hecho á mano,
presentando un precipicio por la parte del rio, del cual aseguran

arrojaban á los delincuentes. Antes de entrar en el pueblo que está al pie de la fortaleza, se pasa por una portada, á la que se reunen grandes murallas con enormes trozos de piedras labradas, en que se ven muchas garitas que miran al Sud.

Para mayor inteligencia de este formidable castillo, como de las ruinas de sus alrededores, damos en el átlas como en el texto, las láminas necesarias, deseando que otros anticuarios examinen y estudien estos restos que creemos, como lo hemos dicho hace poco, anteriores á los de Cuzco.

Procuremos ahora, para terminar este capítulo, ofrecer á nuestros lectores una ligera reseña de la antigua ciudad de Cuzco, y con este fin hemos creido conveniente, insertar en estas páginas el plano de la actual ciudad de Cuzco publicado por el Señor Pentlandt.

Hallábase la capital [1]) del imperio de los Incas al Sud del cerro de Sacsahuaman, y la dividia en dos partes principales el camino de Antisuyu, que segregaba la parte septentrional, ó *Hanan Cuzco* (Cuzco alto) de la parte meridional, ó *Hurin Cuzco* (Cuzco bajo). Tambien la separaba en dos porciones un arroyo llamado *Huatanay* que, saliendo del cerro de Sacsahuaman, atravesaba la ciudad casi en la direccion del Sud, y separaba la parte occidental de la oriental, en que se encontraban

---

[1]) Parte de los autores antiguos y modernos se sirven del artículo hablando de la ciudad de Cuzco; sin duda apoyándose en la etimología muy problemática, citada por Garcilasso de la Vega que pretende, que Cozco significaba „ombligo" en la lengua particular de los Incas; otros autores no lo usan; nosotros hemos seguido en nuestra obra á estos últimos, por ser mas correcto y adaptado á las reglas gramaticales de la lengua castellana, aunque el uso general milita en favor del artículo.

Hemos tambien preferido escribir Cuzco y no Cozco, como lo hace la mayor parte de los cronistas antiguos.

los mas suntuosos palacios y edificios, atravesando la plaza principal de la ciudad *Huacaypata*, ó plaza de divertimientos. La
dimension de esta plaza era de unos **300** pasos en la direccion
del N. al S., y de algo mas de **270** del occidente hasta el rio.

Explicacion del plano.

Iglesias.

a. Catedral.

b. Iglesia del Sagrario, ó del Triunfo.

c. Id. de Santa Catalina.

d. Id. de la compañía de Jesus.

e. Id. de los Nazarenos.

f. Id. de San Antonio.

g. Id. de San Agustin.

h. Id. de Santo Domingo.

i. Id. de San Cristoval.

k. Id. de Santa Teresa.

l. Id. de San Francisco.

m. Id. del Hospital.

n. Id. de Na. Sa. de la Merced.

En los suburbios:

o. San Blas.
p. Belen.
q. Santiago.
r. Santa Ana.

Plazas y calles.

1. Plaza mayor.
2. Plazuela de San Antonio.
3. Id. de Rimac pampa chica.
4. Id. de Rimac pampa grande.
5. Plaza de Santo Domingo, ó Intipampa.
6. Plaza de San Cristoval, ó Collcampata.
7. Plaza de Santa Teresa.
8. Plaza del Cabildo, ó Casana.
9. Plaza de San Francisco.
10. Plaza de Santa Clara.
11. Jardin del templo del Sol, ó Coricancha.
12. Pumap chupan.
13. Calle de San Agustin, ó del Rodadero.
14. Id. Sucia.
15. Feiseiocha.
16. de San Cristoval.
17. de los Conquistadores.
18. de los Nazarenos.
19. del Triunfo.
20. de Loreto, ó de la Carcel.
21. del Castillo.
22. Pampa maroni.
22*. de Santa Catalina.

23. Cabracancha.
24. de Rimac pampa.
25. de Santo Domingo.
26. del Tambo Pinuelo.
27. de San Bernardo, ó dé la Merced.
28. del Marques.
29. de Matara.
30. del Hospital.
31. de Belen.
32. de Pichu.
33. de Santa Ana.
34. de San Francisco.
35. de la Prefectura.
36. de San Juan de Dios.
37. de Santa Teresa.

Ruinas.

I. La fortaleza, ó Sacsahuaman.
II. Collcampata, palacio de Manco Capac.
III. Palacio del Inca Rocca.
IV. Palacio del Inca Yupanqui.
V. Palacio del Inca Huascar.
VI. Acllahuasi, ó monasterio de las vírgenes del Sol.
VII. Templo del Sol.
VIII. Ruinas en el Monasterio de Santa Teresa.
IX. Ruinas en el convento de San Francisco.
X. Construccion ciclópica en la calle del Marques.

Se divisaban desde este sitio por tres lados los espléndidos monumentos que la rodeaban; la parte del Norte la ocupaban dos asombrosos palacios edificados, segun la tradicion, por el Inca Pachacutec: uno al Oeste llamado *Casana*, y otro al Este denominado *Cora Cora;* detras se distinguia el barrio de la universidad, ó *Yachahuasipata.* Cercaban la plaza en la parte occidental los palacios del Inca Viracocha, y en la ridional elevábase la *Acllahuasi*, ó casa de las vírgenes escogidas, miéntras que al oriente se mostraba el barrio llamado *Amarucanchu*, que de la casa de las escogidas separaba la hermosa calle del Sol. A la espalda del palacio del Inca Viracocha, hallábase el extendido barrio conocido bajo el nombre de *Hatuncancha*, con los palacios del Inca Yupanqui; al Sud veíase el barrio colorado, ó *Puccumarca*, con los palacios de Tupac Inca Yupanqui. Seguia en la misma direccion un gran barrio que, segun la tradicion, contenia los palacios que mandó fabricar el Inca Pachacutec. Contiguo á este se hallaba la plaza grande del Sol *Intip pampa*, donde recibian los sacerdotes las ofrendas de la plebe que no osaba entrar en el templo. Terminaba la ciudad interna hácia la parte meridional el inmenso barrio llamado *Coricancha*, con el templo del Sol. Entre el arroyo y la calle mayor llamada en el dia de San Agustin, hallábanse los palacios y habitaciones de los Incas de sangre real, formando así esta parte de la capital el cuartel de la aristocracia. Al Este del arroyo, junto á la plaza principal, y unida á esta por un puente muy ancho de vigas cubiertas de losas, veíase la plaza *Cusipata* (plaza de alegrías), que se dilataba á lo largo del rio entre este y los arrabales, y era destinada á contener los palacios de los Incas venideros.

Los arrabales, que en forma semicircular cercaban esta plaza al occidente, empezaban al Norte con el barrio *Huacapuncu* (puerta sagrada), y por él entraba el arroyo á la ciudad. Continuando el semicírculo hácia el Sud, seguia el barrio *Carmenca*, con el camino real de *Chinchaysuyu*; y ademas el barrio *Quillipata*, el de *Pichu*, el de *Chaquillchaca* con el camino real de *Cuntisuyu*, y dos famosos caños de agua llamados *Collquemachachuay* (culebras de plata). A poca distancia de este barrio se encontraba el pueblecito *Cayaucachi*, que era el arrabal mas meridional.

El arroyo que entraba por el barrio *Huacapuncu*, y separaba la ciudad de sus arrabales occidentales, salia de esta capital un poco al Sud del barrio de Coricancha, despues de haber recibido las aguas del riachuelo del Rodadero, y en este punto empezaba el semicírculo de arrabales que cercaba la ciudad del Sud, por el oriente al Norte, basta el pie de la fortaleza de Sacsahuaman. Tenia su principio en el barrio estrecho de *Pumap chupa* (cola de Leon); seguia el barrio *Rimacpampa* (plaza que habla), atravesada por el camino real de Collasuyu, con una plaza grande, donde pregonaban las ordenanzas reales; el barrio de *Munaycenca* (ama la nariz), el barrio muy vasto de *Tococachi* (ventana de sal), el de *Pumacurcu* (viga de leones), llamado así porque habia en él una leonera, donde ataban en vigas los leones, ofrecidos al Inca, para domesticarlos; el de *Cantutpata*, cuyo nombre deriva de la planta Cantut que crecia en este barrio en abundancia, y por último el de *Collcampata* que se juntaba con el de Huacapuncu. Este último formaba el arrabal mas famoso, habiendo en él suntuosos palacios, cuya construccion atribuye la historia al Inca Manco Capac.

Conforme á una ordenanza real muy antigua, tenian obligacion los curacas, parte de la nobleza y cierto número de la plebe, de ir á la capital y fabricar casas en los arrabales de la ciudad, correspondientes de un modo exacto al sitio geográfico de sus provincias respectivas. „Avia allí Indios de Chile, Pasto, Cañares, Chachapoyas, Huancas, Collas y de los demas linages que ay en las provincias: cada linage dellas estaua por sí en el lugar y parte que les era señalado por los governadores de la misma ciudad. Estos guardauan las costumbres de sus padres, y andauan al uso de sus tierras, y aunque viuiesen juntos cien mil hombres, fácilmente se reconocian por las señales que en las cabeças se ponian." (Cieça de Leon, Crónica, cap. XCIII). Y muy oportunamente observa Garcilasso de la Vega que la ciudad contenia la descripcion de todo el imperio.

Entre los muchos restos de la antigüedad que existen aun en la ciudad de Cuzco, se notan los de la calle del Triunfo, en la que se ve parte de la muralla de la antigua casa de las vírgenes del Sol, construida del modo ciclópico. En ella existe una piedra muy grande, conocida bajo el nombre de piedra de las doce esquinas, y efectivamente está tallada de modo que ofrece doce ángulos con aristas truncadas y los planos tallados de diferente modo. En muchas partes de la ciudad

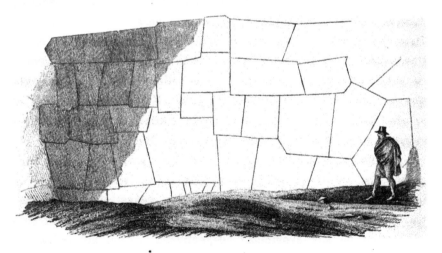

pueden verse trozos mas ó ménos considerables de muros antiguos, ú otros monumentos arquitectónicos.

Entre las mas célebres é interesantes son las ruinas del palacio supuesto de Manco-Capac en el declive del cerro de

Sacsahuaman (véase la lámina IL), sobre una especie de planicie, en la que tambien se halla la iglesia de San Cristoval, que oculta parte de estas ruinas. El extenso edificio construido segun la tradicion por el primer Inca, tiene terrados con murallas de tres y media ó cuatro varas de alto, y bastante largos. Se sube por una escalera, pasando por una abertura estrecha, hasta llegar á un extenso recinto, cuya muralla tiene algunas varas de alto y nichos, ó alacenas de arriba mas angostas que de abajo, cuyo destino ignoramos. En este mismo terrado se notan en el dia restos de edificios que debian haber sido considerables y en el que se conserva una sola ventana. Se ven tambien otros restos de paredes transversales sobre terraplenes. El material de estas murallas es de un calcáreo blanco sucio.

Sobre la fortaleza y delante de estos interesantes recuerdos de la antigüedad se hallan colocadas cuatro cruces en lugar de las banderas que en remotos siglos flameaban como indicando las residencias de los hijos del Sol. Son estas los símbolos del Cristianismo que han remplazado á los signos é ídolos de la religion helíaca; y aunque su plantificacion costó inmensos sacrificios y víctimas, sus benignas instituciones, fundadas en la palabra del verdadero Dios, han derramado opimos frutos en el ánimo deprimido de aquella pobre gente, y solo en su culto puro y humano se fundará la prosperidad nacional.

––––––––––

Aquí concluye nuestra publicacion, en que, movidos del respeto por el ilustre público, á quien nos dirigimos, y nuestro amor por la antigüedad peruana, no hemos escaseado tiempo, fatigas, viages, lecturas, experiencias, en una palabra todo cuanto podia redundar en ventaja de nuestra empresa, reunido todos los materiales que pudimos encontrar, clasificado cuantas preciosidades nos ha sido posible recoger en todo género, y formado una coleccion de láminas de una gran parte de monumentos, ídolos y artefactos del antiguo Perú, que, bajo la forma de Atlas, acompaña nuestro texto, y forma lo mas interesante de nuestra obra.

Hemos descrito, bajo sus diferentes aspectos, la nacion tal vez mas culta del Nuevo Mundo, y seguramente la mas distinguida por su carácter, la mas sorprendente por sus usos y recuerdos, la que mas seduce las inteligencias poéticas por el medio en que se muestra envuelta, medio misterioso y como crepuscular, efecto de la lucha de la luz civilisadora con las tinieblas de la ignorancia. Si la libertad, ídolo de nuestros padres, era casi desconocida á los vasallos de los Incas, tambien es cierto que dominaba en ellos una casi igualdad, un espíritu de fraternidad, un amor sincero por sus soberanos, ligados á sus súbditos por innumerables y recíprocos beneficios que formaban la base de la paz y concordia, y los vínculos entre el monarca y la nacion. Si nuestros antecesores en la patria que adoramos, se hallaban léjos de poder rivalizar con la culta Europa en el esplendor de las ciencias, el lujo pomposo de los artes y la táctica superior en la guerra, es fuerza empero reconocer, que tampoco se hallaban infestados de la lepra del pauperismo, de la úlcera corroedora de la prostitucion, y de tantas enfermedades que desolan los paises trasatlánticos. La religion, la política, la agricultura formaban un todo en las regiones, cuyos habitantes cayeron en hecatombe bajo la cuchilla siempre humeante de la insaciable codicia é implacable fanatismo. La política de los Incas habia resuelto muchos problemas que actualmente ocupan las mas vigorosas inteligencias europeas. .

Pueda esta publicacion sacar de su letargo á la juventud peruana, puedan nuestros desvelos avivar su entusiasmo y hacerles comprender que el polvo que pisan, latió, vivió, sintió, pensó en otro tiempo; que la justicia debe llegar tarde, ó temprano para todo individuo, ó pueblo; que Babilonia, Egipto, Grecia y Roma no son los únicos imperios que merecen servir de pábulo á una imaginacion generosa; que á sus piés yace una civilizacion naufragada, petrificada como Niobe en su noble quebranto; que huellan distraidos una mina arqueológica no ménos rica y opulenta que las celebradas minas de oro y plata de su pais, y como estas, apénas cubiertas de una ligera capa de arena; que miles recuerdos líricos, que innumerables efectos dramáticos, que los mas sabios consejos políticos y morales, deben brotar de un orbe fallecido, pero galvanizado por el estudio y entusiasmo artístico. Pueda sobretodo comunicarse su ardor y dominar la opinion, esa reina del mundo, esa corriente impetuosa que debe arrastrar á los gobiernos para que con sus subsidios, autoridad moral é innumerables medios, emprendan la obra gigantesca de la regeneracion del pasado. ¡Dichosos nosotros si coronados fuesen nuestros labores, viendo asociarse á los sabios y artistas bajo la direccion de un gobierno inteligente, activo y paternal, como el de los Incas, hijos del Sol, y salir la civilizacion peruana del polvo que la cubre, como Pompeya y Herculano, en estos últimos tiempos, de la lava que por tantos siglos las sepultaba!

NOTA.

(Véase página 214.)

Refiere la tradicion que hace unos ochenta años que vivia una India en la provincia de Lampa (Departamento de Puno), que tenia el giro de comprar y vender aguardiente. Presentósele un dia un Indio carbonero que queria llevarse algunos arrobas, mas no teniendo dinero suficiente, dejó en prenda unas figuras de oro y plata, con el encargo de que no las enseñase y le guardase el secreto. Pasado algun tiempo tuvo la India necesidad de dinero, y, faltando á su palabra, llevó las prendas empeñadas con otras alhajas al ayudante de la parroquia, que era el Padre Catalan, religioso de Santo Domingo, para que le prestase la cantidad que deseaba, á lo que sin dificultad accedió el religioso, en presencia de tan buenas prendas.

Pocos dias despues vino el legítimo dueño con dinero para rescatar sus figuras. Inmediatamente la muger acudió al Padre Catalan; mas, habiendo su paternidad calculado que prendas tan antiguas provenian de alguna Huaca, retuvo estas, si bien dió las otras, rogándole que declarase á quien pertenecian, para lo cual se valió del mismo cura Gamboa, á quien habia dado parte del negocio. Resistióse la muger á declararlo, mas el mandato de un párroco era irresistible en aquella época; y al cabo de alguna repugnancia declaró la India quien era su legítimo dueño.

Inmediatamente fué este arrestado, encarcelado é intimado para que declarase el sitio en que habia sacado figuras tan ricas. El Indio les indicó un lugar en el cual se hicieron excavaciones sin fruto alguno; y en consecuencia fué encarcelado de nuevo como impostor, azotado y atormentado para que declarase el parage de la Huaca, tan convencidos estaban que lo conocia y no queria decirlo.

Divulgándose luego esta relacion y lo que sufria el pobre carbonero, presentóse un anciano al cura, y le expuso que sin fruto se castigaba al Indio, que nada sabia este, ni podia saber acerca de la Huaca, por ser Indio plebeyo; que él les enseñaria el parage en que debian cavar, y que encontrarian muchas figuras y mayores de oro y plata; que toparian con un peñasco, que servia de puerta, que debian removerlo, y que entrarian en un salon, en el cual hallarian, como en otros lugares, muchas figuras y vasos de oro esparcidos, pero que muy pronto saldria tanta agua, que anegaria á todos los que estuviesen dentro. Dijo que en esta Huaca estaba depositado el tesoro del Inca Huascar, el de sus antecesores, y las alhajas de algunos templos, mandados enterrar á consecuencia de la venida del ambicioso Atahuallpa sobre Cuzco; que 20,000 Indios por espacio de tres meses lo estuvieron cavando, y otros tres meses 10,000 llamas cargando caudales; que el tesoro se tapó con muchos peñascos muy grandes, y sus aberturas con una argamasa que debia petrificarse en el agua. Se hizo despues encima de este depósito un estañque espacioso cubierto, y sobre él se levantó el cerro que estaba á la vista.

Con noticias tan circunstanciadas se decidieron el cura y ayudante á llamar á Don Pedro Aranibar, vecino de Arequipa, para que les proporcionase los fondos necesarios interesándolo en su compañía. Accediendo á ello Aranibar, acudieron al Virey, pidiéndole licencia que les fué concedida, nombrando por juez para el percibo de los derechos reales á Don Simon de la Llosa, vecino tambien de Arequipa.

Procedieron al trabajo segun el itinerario del Indio anciano, encontrando muchísimas piezas del valor de 2,500,000 pesos, tocándole al juez Llosa, como interesado en la compañía, no obstante su comision real, como unos 600,000 pesos, los mismos que fueron entregados segun recuerdan nuestros vecinos de nota de Arequipa, á su hijo Don José de la Llosa por el albacea Don Julian de Aranibar.

Contento Don Simon con tan buena parte, y viendo que todo lo que habia dicho el Indio se habia verificado, y que por momentos podia encontrarse el agua, no quiso seguir la empresa y se separó; mas sus tres compañeros la continuaron, logrando del gobierno se les auxiliase con 400 Indios en su trabajo, en el cual persistieron hasta que se vieron abandonados por estos, y segun cuentan, porque no querian que se descubriesen los tesoros de la Huaca.

La pampa en que estaba tan celebrado tesoro, se llamaba *Mananchili*, provincia de Lampa; hoy es una laguna con una isla Huaca en medio.

Todos los documentos y papeles concernientes al trabajo de la Huaca, los conservó Don Julian de Aranibar; pasaron en manos de su nieto Don Estanislao que murió hace poco, y hoy se hallan en poder de Don José de Rivero, vecino de Arequipa.

Se asegura que hay otro depósito en los arrabales de la ciudad de Cuzco, de que sacó algunos tejos el general Pomacagua.

Queriendo este descendiente de la antigua nobleza de los Caciques, sacudir el yugo de los Españoles, se declaró contra ellos en union de los Astetes, Angulos, Echeverretes, Ferrandis, en 1814.

Dado el grito de libertad, forzoso era acabar con los que se le oponian, mas no tenia suficientes recursos para hacer la guerra, y la empresa era arriesgada. Confundido y perplejo en posicion tan crítica, presentóse un amigo y compadre para preguntarle lo que le molestaba, y le contestó: el no tener dinero para acabar con nuestros enemigos. Pues si esto os aflije, le respondió su amigo, yo os proporcionaré cuanto necesiteis. Tengo un tapado que me descubrieron mis antepassados para cuando llegue el caso de reconquistar nuestra patria; esta noche lo vereis y tomareis lo que necesiteis. En efecto se pusieron en marcha ambos, y llegaron al sitio, y quitando una puerta tapiada con barro, y con luz en mano, entraron en un salon en que decia Pomacagua se asombró de ver tantos ladrillos y piezas de oro. Tomó dos ó tres de estas bien pesadas, y volvieron á tapar tan rico tesoro. El general aseguró que, estando en el sitio, oyó tocar las nueve de la noche en la ciudad, por lo cual calculó no estar muy lejos de ella, y que la entrada era por el rio Huatanay que atraviesa la ciudad de Cuzco.

Inmediatamente que se separó del compadre, fué á casa de su amigo el Señor Campero que estaba iniciado en la revolucion, y temiendo su esposa que lo vinieran á prender, porque se decia que ya marchaban tropas de Lima y de Arequipa para Cuzco, lo negó sin decir donde se hallaba. Instó Pomacagua por saber su paradero, y tanto hizo que confesó su señora que estaba en su quinta á unas seis leguas de distancia de la ciudad. Entónces le encargó que lo mandase llamar, porque se trataba de negocio importante, mas se negó tenazmente la esposa á dar un paso que podria comprometerlo sin saber la causa de su llamada; y sacando Pomacagua los pedazos, ó ladrillos de oro, le dijo: no temais que nos hagan mal os contrarios; mi objeto es comunicarle el gran tesoro que me han mostrado. Pues le avisaré y vendrá, contestó su señora.

Esta relacion la referia el mismo Campero, la saben todos los de su familia, y muchas personas que aun existen, se la oyeron.

Pomacagua cayó prisionero despues de la batalla que se dió á fines del año de 1814, por el general español Ramirez, y fué ahorcado y despues descuartizado en la plaza de Cuzco, ofreciéndole ántes por su vida mas oro del que dió Atahuallpa. La contestacion fué negativa, y que muriese un Indio traidor. Tambien sufrieron la pena capital Astete, Angulo y Echeverrete. Se dice que Noriega, secretario de Pomacagua, despues de algun tiempo marchó á Cuzco con gran riesgo de ser descubierto, y sacó de la casa de Angulo algunos tejos de oro. Lo que hay cierto, es que en la retirada precipitada de Arequipa por la aproximacion de las tropas del general Ramirez, dejaron considerables sumas Pomacagua y Angulo. Relata referimus.

Muy parecida á esta relacion es la que refiere el Sor. Prescott, sacada de un manuscrito sobre los monumentos y antigüedades peruanas (Conq. del Perú Tom. I. p. 162), y puede ser que el depósito mencionado sea el mismo.

DESCRIPCION
DE LAS LAMINAS.

La composicion del frontispicio índica el asunto de que trata nuestra obra. La celebrada portada monolítica de Tiahuanaco ocupa la parte principal, en la que se ven esculturas semejantes á las de este famoso monumento. Sobre la cornisa se hallan colocadas algunas estatuas de las mas interesantes de los Muyscas, que se encuentran en las cabeceras del rio Magdalena cerca de Timana.

En ambos lados de la portada están situados los catorce retratos de los Empéradores peruanos, comenzando por la izquierda con el de Manco-Capac, fundador de la dinastía Incana y concluyendo con el del desgraciado Atahuallpa. En la base de este monumento, se ven el Cactus peruano, el magay (Agave americana), ramas de cascarilla (Cinchonae spec.) y la coca (Erythroxylon coca), como tambien estatuas destrozadas entre las cuales se nota un busto gigantesco de Tiahuanaco. Un indio con su muger llevando un hijo á las espaldas en trage nacional adornan este cuadro.

Por el claro de la puerta se presenta á lo léjos parte de la cordillera de Arequipa, vista desde la *Pampa colorada*, camino de Islay, en la que descuella el imponente volcan cónico de *Misti*, cuya altura asciende á 20,300 piés ingleses.

40*

A su derecha los picos aislados de *Pichupichu*, á la izquierda los nevados de *Chachani* y los magestuosos cerros de *Ambato* y *Corpuna* cubiertos en todo tiempo con nieves eternas. Sobre esta cadena señorea el Cóndor como soberano de estas regiones, llevando en sus garras el título de la obra.

᠎Lámina I. Momia envuelta con cubiertas y amarrada con una soga de cabuya en forma de red, como se halló en las Huacas, ó sepulcros antiguos de la costa del Perú. (véase pág. 202.)

᠎Lámina II. Momia cubierta en parte con una manta de lana roja, bien conservada en su tejido y color. Del ojo izquierdo le cuelga una membrana seca; el labio inferior rajado dejando ver el hueso de la mandíbula.

᠎Lámina III. Momia de muger desnuda, teniendo entre las piernas un palo sobre el cual apoya la cabeza, y amarrada con una soga que da seis ó siete vueltas. Por las huinchas, ó fajas del mismo cordel, que la ciñen la frente, se infiere ser momia de gente comun. Se sacó de los sepulcros de Cajatambo.

᠎Lámina IV. Momia cubierta en la parte inferior, con una manta de algodon, color pardusco; sobre la mano izquierda apoya la cabeza inclinada, y los dedos de la derecha, agarran la márgen inferior de las órbitas. Estas tres momias existen en el Museo nacional de Lima.

᠎Lámina V. Cráneo, con sus cabellos negros, gruesos y espesos, perfectamente conservados, en el lado izquierdo de la cara permanece el cútis avellanado.

Cráneo, de individuo de la raza de los Chinchas. Entre estos cráneos se notará el contorno del occipucio de este último en el que se muestra el gran hueso interparietal. (véase pág. 33.)

᠎Lámina VI. Momia de un loro (Psitacus Illigeri Tsch.) encontrado á los piés de la momia de un niño de doce ó catorce años de una Huaca de la provincia de Tarma.

Momia de un feto de siete meses extraido del vientre de su madre. (véase pág. 32.)

᠎Lámina VIᵃ Momia de niño de los Indios llamados Opas, de tamaño natural, vista de frente y de perfil, hallada en una Huaca de la provincia de Lampa. (véase pág. 32.)

Lámina VII. Conopas, ó ídolos de oro, macizos y huecos muy dignos de notarse, el primero por sus estraños adornos, y el cuarto por su gorro (es de dos pulgadas y cinco líneas, pesa un castellano y medio tomin), el sexto, por su capilla; el octavo lleva entre sus brazos una flauta de Pan, y el noveno por parecer representar una muger cargando un niño. El tercero que está en poder de Don Pio Tristan, se encontró en Cuzco y pesa como cinco onzas. El ídolo grande del medio es todo hueco, bien soldado por el espinazo y las piernas, tiene en la cabeza un adorno de piedrecitas jaspeadas, labradas cuadrilongas y de un color blanco sucio, con pintas verdes, amarradas con un alambre de plata; mide seis pulgadas de largo y pesa ocho onzas. Se encontró en un sepulcro de las islas de la laguna de Titicaca y enriquece la coleccion del Museo de Lima.

Lámina VIII. Conopas de oro interesantes por sus formas estrañas; la mayor parte de ellas, sacadas de los sepulcros y colgadas al cuello de las momias. La cuarta figura tiene el tipo oriental.

Es imposible indicar la significacion de estos Conopas, no cabiendo duda que cada uno representa la Deidad protectriz del individuo que lo llevó consigo.

La primera figura es un anillo como los que usaban la gente noble, y la última indica al parecer un cetro. El vaso, ó copa del centro, es muy delgado, todo de una pieza, hecho á martillo, con relieves en la parte superior en forma de caras y plumas, en el medio se notan tres figuras, la una agarrando un baston adornado con una cara y montera en el puño (véase pág. 230), á los piés unas fajas y en la parte del asiento labores entre dos líneas; pesa 18 castellanos. Se asegura haberse hallado en las Huacas de Cuzco. Consérvase en el Museo nacional de Lima.

Lámina IX. La primera figura representa un Llamapconopa de plata hueca, muy delgado, soldado por el vientre y la parte inferior de las piernas; pesa seis adarmes. La segunda representa un Zarapconopa, llevando en las manos dos calabazas (fruta de una especie de *Crescentia*) y mazorcas de maiz; de las espaldas y muslos le salen mazorcas, y en la cabeza se nota una especie de gorro que parece representar tres mazorcas juntas. La cara es expresiva, y mide el todo dos pulgadas de largo, siendo de plata sólida. La tercera es un vaso de plata sumamente delgado representando una figura grotesca hecha en molde; la cuarta es un vaso del mismo metal, delgado, de seis pulgadas de alto, y dos y media de diámetro, figurando la cara de un hombre, con una nariz aguileña; lleva en la cabeza una espécie de gorro. La quinta, vaso

de tres pulgadas y líneas de largo, representando una figura humana adornada con un embudo en la cabeza; es hueca, y parece hecha como
las demas en molde y á martillo. La sexta, lo mismo que la segunda. Se
conservan estas piezas en el Museo nacional. La séptima representa un ídolo,
ó Conopa; hácese mencion en la página 230 del texto.

Lámina X. Representa un Indio Orejon, con montera en forma
estraña, cargando á las espaldas un animal que parece un venado.

Vaso hueco en forma de un Caparro, ó Mono oki (Lagothrix Humboldti,
Geof.), como se encuentran en las montañas del Pangoa y á las orillas
del Chanchamayo. La cabeza está bien formada, pero los piés toscos,
asemejándose mas á los del oso; sobre el asa esta colocado un monito
agarrándose de la boca (véase pág. 227).

Lámina XI. Figura de un vaso que al juzgar por los piés, parece
un venado, con un bozal sobre el hocico, no obstante que la cabeza
aunque bien delineada no caracteriza bien el venado,. ni ningun otro
cuadrúpedo del Perú.

Conopa hueco, en figura humana, y sentada, cubiertas las espaldas,
cabeza y cuello con una especie de capilla; de las orejas y de la nuca
salen dos tubos unidos; lleva en el pecho una faja blanca (véase pág. 228).

Lámina XII. Vaso duplicado en forma de dos redomas, con cuellos
derechos, terminando uno de ellos con una cara humana, y el otro tiene
una boca para echar cualquier licor.

Ambas se comunican entre sí (véase pág. 227).

Zarapconopa muy bien labrado (véase pág. 227).

Lámina XIII. Vaso representando la flor y el fruto del plátano,
pudiendo servir de comprobante que esta planta fué conocida de los indígenas ántes de la llegada de los Españoles.

Vaso, en forma de un pez, muy bien amoldado, en el asa esta colocado un mono disforme agarrándose de la boca.

Lámina XIV. Vasija con el retrato muy interesante de un hombre,
teniendo en ambas manos un báculo, ó lanza con una cara humana á la
punta de la asta, representando una Deidad (véase pág. 230).

Conopa figurando una India, con sus cabellos trenzados, cargando un
fardo á las espaldas.

Lámina XV. Vaso cuadruplo, huéco, interesante por sus comunicaciones interiores. La contra-abertura se halla en la extremidad superior del vaso, junta á la que está adornada con la cabeza de un animal. De la boca al cuello hay una asa que se asemeja á una culebra.

Conopa digno de notarse por sus proporciones disformes y por los labores estraños de su cara (véase pág. 227).

Es probable que este vaso haya servido para recibir las ofrendas de maiz á alguna Huaca, ó Mallqui.

Lámina XVI. La primera y la última figuras representan Conopas de barro, encontrados en las Huacas de Chancay, distinguiéndose tanto por la expresion de sus fisonomías como por sus gorros, de los ídolos que se hallan en los sepulcros del interior del Sur.

El vaso duplicado del centro representa dos tarugas (Cervus antisiensis Orb.), macho y hembra, al primeró al lado izquierdo le faltan las puntas de su cornamento.

Lámina XVII. Vaso duplicado, en parte pintado, con un pez de la familia de los tiburones, y el otro figura un animal fantástico.

Vaso con sus apéndices en forma de frutas. Sobre el asa á cada lado de la boca tiene aberturas.

Lámina XVIII. Conopa de barro hueco, representando una lagartija; con la extremidad de su cola toca la boca y forma un círculo.

Vaso duplicado, al parecer tambien un Conopa; la cabeza, el pescuezo y la garganta cubiertos con una especie de casco en forma de mitra. Los labores de los vasos son solo adornos sin otra significacion. El asa y la boca están rotos.

Lámina XIX. Vaso de barro, que probablemente serviria para el maiz de los sacrificios; se parece como el último de esta lámina, á la cabeza de un animal y al tipo egipciaco. El vaso del centro representa un mono bien figurado.

Lámina XX. Conopa doble en forma de botellas, comunicándose por el centro y parte superior. Es digna de notarse la direccion de los ojos, muy diferente de la que se observa en las demas cabezas. Los dibujos que adornan estos vasos, parecen tener una significacion simbólica.

Vaso cuadruplo con comunicaciones interiores.

Lámina XXI. Hermoso vaso sonoro en forma de Zarapconopa (véase pág. 229). La figura de este vaso es semejante á la de la piña, lleva relieves de mazorcas de maiz, y á la extremidad una figura de Indio con mitra representando las mazorcas de maiz, en la cual se nota la abertura para salir el aire.

Vaso duplicado figurando el uno un pájaro semejante al loro, y el otro una botella adornada con figuras místicas.

Lámina XXII. Vaso redondo con diseños mencionados en la pág. 230.

Vaso doble, cuya parte principal representa un loro con sus alas mal pintadas.

Lámina XXIII. Vaso duplicado, notable por sus vivos colores. El uno figura una botella adornada con diseños de plantas, el otro un gato montés, bastante bien representado. Entre ambos hay dos comunicaciones, la una forma la boca del gato, en la que se halla el agujero por donde sale el aire al llenarlo, produciendo un sonido muy semejante al miaullado del gato. (Véase pág. 229).

Dos botellas unidas por sus cuerpos, con una asa en los cuellos, adornadas con diseños que al parecer indican ser pájaros flamencos.

Lámina XXIV. Conopa, figurando un Indio Orejon, sentado con sus piernas cruzadas. Lleva en la cabeza una especie de gorra, tiene la nariz aguileña, la boca cerrada y las facciones muy marcadas, dando á la fisonomía un carácter severo. Del cuello sale una culebra enroscándose sobre el pecho, costado y pierna izquierda, y la cabeza va á colocarse en las partes genitales. Ignoramos la significacion de este emblema.

Conopa representando una muger, cuya cabeza está ceñida con una soga, y sus extremidades caen sobre el pecho. En las orejas lleva argollas y en el cuello una especie de collar. La postura particular en que se halla hace suponer que está dando á luz una criatura; así se infiere por la expresion de la fisonomía que indica un vehemente dolor. (Véase pág. 227).

Lámina XXV. Vasos unidos parecidos á huevos, ó quiza á la fruta conocida con el nombre de pepino.

Vaso duplicado figurando dos animales fantásticos, con sus caras muy rayadas; sobre el asa se halla un mono agarrándose de la boca.

Lámina XXVI. Conopa representando un sacerdote ofreciendo el sacrificio. Así se debe juzgar por su gorra, por la copa que lleva en las manos, y por el cíngulo adornado de labores místicos. ·

Conopa representando un Indio llevando de los piés á otro que cuelga por las espaldas. Los bigotes es probable que los pintasen despues de desenterrado, imitando los que usaban los conquistadores. El del lado derecho que comienza debajo del ojo, indica el poco manejo del pincel del curioso en su imitacion. (véase pág. 226.)

Lámina XXVII. La primera y tercera figuras representan cántaros para usos domésticos. La del centro es un cubilete adornado con dibujos cuadrados y cruces regularmente delineadas. (Véase pág. 230.)

Lámina XXVIII. Vaso muy notable por sus hermosos labores y la perfeccion de su ejecucion. Se ven los conductos interiores. (Véase pág. 229.)

Platillo de barro colorado, regularmente para uso doméstico. ·

Lámina XXIX. Cabeza de barro colorado muy fino, encontrada en una Huaca de las inmediaciones de Arequipa. (véase pág. 227.)

Jarra de barro colorado, con vistosos diseños; de las Huacas de Cuzco.

Platillo de barro colorado.

Lámina XXX. Dos tasas de mármol jaspeado, color pardo rojo. Se hallan en la coleccion del Señor Don Manuel Ferreyros.

Lámina XXXI. Tasa redonda de mármol pardusco con sus vetas amarillas. Está adornada con una culebra, cuyas cabezas vienen á rematar en las asas; tiene los ojos de plata.

Tasa redonda de piedra con sus asas. La substancia de que se compone es una especie de Grauwacke. Se encontró en las Huacas de Cuzco. Ambas de la coleccion del Sor. Don Manuel Ferreyros.

Lámina XXXII. Tasa sumamente pesada de jaspe rojo, cuadrilonga, con un ángulo entrante. En el centro tiene un pedazo de hierro engastado que parece nativo. De la coleccion del Sor. Don Manuel Ferreyros.

La flauta de Pan, descrita en la pág. 139 del texto.

Lámina XXXIII. Fig. 1. Hacha de piedra verdosa amfibólica, encontrada en las Huacas de Cuzco. Fig. 2. Hacha de cobre con dos figuras grabadas, mencionadas pág. 230. Fig. 3. Maza de madera llamada Chonta (Martinezia ciliata R. P.) muy pesada. Se nota en la parte superior algunos dibujos labrados en la misma madera, y otros .en los lados laterales. Obsérvase con particularidad que el tejido inferior hecho de pita, y que debia servir para asegurar mas esta maza; permanece aun muy bien conservado. D. Mariano E. de Rivero obtuvo esta maza en Tunga en Colombia (véase pág. 212).

Lámina XXXIV. Fig. 1. Instrumento de cobre que servia de ofensiva. Fig. 2. Hacha de piedra. Fig. 3. Instrumento de piedra con una abertura en el centro que se engancha en un baston. En la actualidad usan los Indios de la Sierra este instrumento para romper las glebas en los campos arados. No se sabe de positivo si tenia el mismo destino en tiempos pasados, ó si servia de arma de guerra. Fig. 4. Pinzas de cobre para arrancarse las barbas. Fig. 5. Instrumento de cobre, cuyo uso ignoramos. Fig. 6. Instrumento de cobre, segun se asegura, para labrar piedras.

Lámina XXXV. Redoma de barro negruzco, adornada en su parte superior con la cabeza fantástica de un animal que parece comer un pie.

Vaso doble, representando un crisol que está pegado con otro en forma de un animal, cuya cabeza se asemeja al del gato; en el cuerpo están pintadas alas toscas.

Lámina XXXVI. Vaso en forma de botella con muchos dibujos de pájaros é insectos, y dos platillos chatos, cuyos colores y diseños se conservan perfectamente bien.

Vaso de barro negruzco de forma muy elegante (véase pág. 228).

Lámina XXXVII. Manta de lana con diseños bien estraños, sacada de las Huacas de Chancay.

Alfombrilla cuadrada en que deben notarse las bandas azules y amarillas que son hechas de plumas, y las chapitas de plata muy cobriza que están pegadas, ó amarradas al tejido. De estas conservaba Don Mariano E. de Rivero doce de mayor á menor.

Lámina XXXVIII. Alfombra de algodon bastante doble.

Tejido de lana con bonitos diseños. Estos tejidos, encontrados en las Huacas de la costa, se mantienen con toda su consistencia y brillo (véase pág. 224).

Lámina XXXIX. En consideracion de que hasta la actualidad no se han publicado las estatuas sumamente interesantes de los Muyscas en Colombia, lo

juzgamos conveniente agregar á la coleccion de los monumentos del tiempo
de los Incas algunas láminas de los monumentos de sus vecinos los Bochicas·
A primera vista se conoce en estas estatuas un tipo muy estraño y distinto
del Incano; llevan un carácter señalado, y la expresion de las caras, y las
proporciones de los cuerpos indican no pequeño grado del cultivo artístico
entre los Muyscas. Los ídolos que van dibujados se encuentran en las cabeceras del valle del rio Magdalena cerca de Timana. Estas ruinas de las que
existen grandes escombros y otros muchos restos, están en el interior de un
bosque espeso. Es de sentir que ni las tradiciones den algunos aclarecimien-
tos sobre la significacion de las estatuas.

La primera figura de esta lámina representa una estatua de vara y
ocho pulgadas de largo, y tres cuartas y seis pulgadas de ancho de hombro
á hombro. Los caractéres que lleva en el gorro, sin duda fueron puestos
por alguno de aquellos, que, al principio de la conquista, visitaron las ruinas
de la poblacion en que se halla.

La segunda figura representa un ídolo de vara y media de largo, dos cuartas y
pulgadas de oreja á oreja, dos cuartas cinco dedos de la barba á la terminacion
del gorro, ó montera; el grueso es de dos á tres cuartas en diferentes partes. Ambas
estatuas, lo mismo que las que siguen, están hechas de piedra areniscia, ó gres.

Lámina XL. Estatua que mide de largo vara y cuatro pulgadas, de
ancho tres cuartas, y cinco pulgadas de hombro á hombro. La cara tiene
tres cuartas de ancho y tres cuartas y pulgadas de largo.

Un mono, con cuerpo disforme, cuyas dimensiones son una vara de largo del
ano á la nuca, media vara de la nuca á la barba, y de esta á la frente inclusive,
cuarta y dos pulgadas; de ancho de la frente á las orejas cuarta y cuatro pulgadas.
De hombro á hombro, ó medido por encima, tiene de ancho media vara y tres pulgadas.

Lámina XLI. Segun se infiere, la primera figura tiene alguna conexion con el calendario astronómico de los Muyscas, pues los dos animales uno en pos de otro, y el agujero que se nota en medio, dan á entender
que esta asercion no carece de fundamento.

La segunda figura representa una masa de granito de tres varas de largo
y media de grueso, con símbolos, ó diseños que no se pueden descifrar. Se
encontró en el pueblo de Chavin de Huanta, Departamento de Junin (Perú),
donde hay restos de fortificaciones y edificios de los Incas.

᠌ Lámina XLII. Estatua de una vara y sesma de largo, media vara de ancho de uno á otro hombro, tiene la cabeza fuera del birrete, y la cara de barba á la frente es un poco mas de tercia; de ancho media vara y cuatro dedos.

Estatua de una vara y sesma de largo, sobre tres cuartas·de ancho; de hombro á hombro tres cuartas de ancho. La cabeza tiene de largo cuarta y cuatro pulgadas, y de ancho entre las orejas tres cuartas.

. Lámina XLIII. En esta lámina son representados los grabados en tres masas de granito del alto de la Caldera á ocho leguas al Norte de Arequipa. (véase pág. 101).

Las demas figuras son un pájaro en un círculo, y un Conopa representando un hombre con los brazos abiertos, ambos de plata muy cobriza, y tres Conopas pequeños de piedra verdusca, de los cuales el último parece representar un perro.

· Lámina XLIV. Idolo de plata y oro representando nna muger hueca y desnuda, con una especie de gorro en la cabeza, y con lazos que le caen sobre los hombros.

Idolo de pórfido verde sumamente tosco, parado sobre una base, con su túnica que le llega hasta las rodillas. Los brazos y manos mal figurados reposan sobre el vientre. En la cabeza tiene una especie de toca, con un lazo en medio de la frente. Está en nuestro poder.

Idolo de una mezcla de plata y estaño macizo con fajas embutidas de oro, plata y cobre puros, que parecen hacer una sola masa; llevando un gorro puntiagudo en la cabeza. Esta figura y la primera pertenecen al Señor Teniente-Coronel Gamarra. Se encontraron en Cuzco.

᠌ Lámina XLV. El primer diseño representa la vista de un palacio, ó templo en la isla de Coati en la laguna de Titicaca. (Véase pág. 296.)

Debajo el plan de dicho palacio.

El cuarto diseño representa parte de este edificio. Hemos encontrado el dibujo original en poder de un Señor de la Sierra, que, por haberse hecho en siglos anteriores, lo copiamos, aunque las proporciones no sean conformes con el plan, solo con el objeto de que se tenga una ·idea mas exacta de la labranza de las piedras que estan talladas en forma de diamante, ajustadas por sus cuatro ángulos agudos; por la figura de las puertas y de las cruzes que están en ángulos rectos perfectamente tallados y de que hemos hablado en el cuerpo de la obra.

El diseño á mano derecha representa las ruinas de un edificio de singular construccion en la isla de Titicaca en la laguna del mismo nombre.

Lámina XLVI. Ruinas de Tiahuanaco. En el primer diseño se notan piedras en forma de columnas, en parte labradas, en parte brutas y dispuestas en línea á cierta distancia unas de otras. Su elevacion es de 6 ó 7 varas castellanas.

En el segundo diseño vense un conjunto de piedras labradas de diferentes tamaños, presentando concavidades, cuadrados, cuadrilongos, y en otros formando como asientos con espaldares, todas de una sola pieza y de un largo como de 12 varas con tres divisiones. Son de piedra arenisca. La tradicion refiere que aquí administraban justicia los antiguos monarcas.

En el tercer diseño están representadas las dos puertas monolíticas mencionadas pág. 295, y una de las columnas, de las que se ven en el primer dibujo, en escala mayor.

A la derecha de la lámina se ven ídolos, columnas, la figura y talla de las piedras y una muestra de los batientes de las portadas, toda de una pieza.

La mayor parte de estas ruinas se componen de rocas areniscas, calcáreas y graníticas.

Lámina IIIL. Esta lámina representa el diseño de una mesa cuadrada formada de arenisca, y cuyos piés son cuatro columnas de la misma substancia en las cuatro extremidades, y una en el centro que no es enteramente cilíndrica como las demas, y se distingue por algunos labores en la parte superior. La altura total es de siete cuartas y sesma, incluso el grueso de la piedra, que es de dos cuartas, de suerte que la altura tan solo de la superficie inferior de la piedra ó mesa al suelo, es de cinco cuartas y sesma. La distancia de una á otra columna, es decir, el ancho y largo de ella, es de siete pulgadas; sobre la columna central se apoyan dos piedras sobrepuestas de menor diámetro, hallándose adaptadas á la principal por la parte inferior. En las dos columnas de la fachada principal, se ven figurados el sol y la luna.

Esta mesa parece haber sido destinada por los antiguos Muyscas, para los sacrificios ofrecidos á sus Deidades, y existe entre las ruinas cerca de Timana.

`Lámina IIL. Vista del rodadero, ó restos de las murallas de la fortaleza de Cuzco.

`Lámina IL. Ruinas de Collcampata, supuesta residencia del Inca Manco-Capac y de Huacatupac-Paullu-Inca, hijo de Huaynacapac, en la plaza de San Cristoval de Cuzco, con el cerro de Sacsahuaman. Las paredes de los edificios y terrados son de construccion ciclópica, y se componen de trozos de piedras calcáreas, de un amarillo sucio á la superficie.

`Lámina L. Vista de una parte de la muralla inferior y de la del medio de la fortaleza de Cuzco. Se observa en ellas piedras de 4 varas, 1 pie y 6 pulgadas de altura, 5 varas y 1 pie de largo, y 2 varas y 2 piés de ancho.

`Lámina LI. Vista de la parte del Convento de Santo Domingo de Cuzco, edificada sobre los restos ciclópicos del templo del Sol.

El segundo diseño representa la piedra del rodadero mencionada pág. 251.

`Lámina LII. El primer diseño representa el pueblo y la fortaleza de Ollantaytambo; el segundo la muralla que encierra la fortaleza por arriba y deja ver las andenes, ó terrados que conducen hasta lo alto del castillo.

`Lámina LIII. Primer diseño. Vista del cerro de Clustoni y de Hatuncolla (véase pág. 293). En el primero nótanse chulpas de diferentes tamaños, en una de ellas se observan esculturas de lagartijas; en el segundo las ruinas de otros edificios.

Segundo diseño. Condorhuasi (casa de gente grande) cerca de Asangaro, ó pueblo del Indio Huillca-Apasa. Diámetro interior 12 piés ingleses; altura interior 12 piés, por afuera 23.

`Lámina LIV. Vista de las ruinas del templo de Pachacamac, del templo del Sol, de la casa de las vírgenes escogidas, del palacio de los Incas y de la antigua poblacion en el valle de Pachacamac. Obsérvanse en la mar las isletas de Santo Domingo, Farallones y Pachacamac.

· Lámina LV. Plan horizontal de las mismas ruinas. A. Templo de Pachacamac. B. Templo del Sol. C. Palacio de los Incas. D. Casa de las vírgenes escogidas. d. Hospederías. E. e. caminos (véase pág. 289 y 290).

· Lámina LVI. El primer diseño representa las seis portadas de la casa del Inca en Huánuco el viejo, y debajo de este se halla el plan horizontal de estas portadas (véase pág. 279). En el tercer diseño esta representado el mirador descrito pág. 278 y en el cuarto la torre cerca del pueblo de Chupan á orillas del Marañon en la parte superior de un cerro que descuelga sobre el mismo rio (véase pág. 281).

Lámina LVII. Detalles del palacio del Chimu-Canchu en las inmediaciones de Trujillo, cuyo plan se halla en la siguiente lámina:

fig. A. Vista de la sala C del primer palacio (lám. LVIII).

fig. B. Pared tallada D (lám. LVIII).

fig. C. Pared tallada E (lám. LVIII).

fig. D. Perfil de la muralla principal y una excavacion que sirve de entrada por I al segundo palacio y junto á esta el perfil de la segunda muralla.

fig. E. La muralla esta construida de adobes sobre piedras.

fig. E. Perfil de uno de los 63 departamentos del terraplen A en el primer palacio (lám. LVIII).

fig. F. Huaca del Obispo.

fig. G. Perfil de una muralla del templo del Sol.

fig. H. Vista de la ciudad de Trujillo, tomada del camino de Huaman.

Lámina LVIII. Plan de los dos edificios principales, ó palacios del régulo Chimu-Canchu en las ruinas de Mansiche, conocidas bajo el título „ruinas del Chimu", á dos millas al Oeste de la ciudad de Trujillo.

El primer palacio es el mas conocido por su extension y proximidad. En el se encuentra un terraplen (A) extraordinariamente sólido con sesenta y tres departamentos subterráneos, que al parecer fueron sepulcros de gente principal, pues de allí se han sacado varios cadáveres adornados con prendas de plata y oro.

Hay una excavacion en B de 5 á 6 varas hácia el edificio debajo del cimiento donde se encuentran piedras de vara y media de diámetro tan bien colocadas, que dejándolas al aire, no se desprenden con tan enorme peso. Así mismo hay una pieza con su entrada de dos varas (C), cuyas cuatro paredes están cubiertas de nichos perfectamente cuadrados de 10 pulgadas, y en forma de tablero.

Se infiere que las paredes de la plaza D estuvieron labradas de realce pues se conserva aun la mas próxima á la letra del modo que demuestra la figura D (Lám. LVII). El terraplen F está sobre una pared formada de adobes colocados en cocadita, como suele decirse, y lo mismo los de los saloncitos H.

El segundo palacio es vulgarmente conocido por el de la Huaca de Don José Misa, por haber este emprendido algunos labores en él, principalmente en el lugar á mano izquierda, donde hizo una excavacion de 17 varas con la inclinacion de 45 grados. Sacó multitud de cadáveres y piezas de plata y oro, herramientas y un ídolo de madera. (Véase pág. 267 — 273.)